지피지기하는 국민 백전백승하는 외교

알기 쉽고 알고 싶은 외교 이야기

지은이 양봉렬은 서울대학교 정치학과를 졸업하고, 미국 하버드대학교 케네디스쿨에서 행정학 석사학위를 받았다. 만학으로 2016년 2월 광주대학교에서 「동아시아 지역 경제통합에 관한 연구」로 경영학 박사학위를 취득하였다.

1978년 제12회 외무고시에 합격한 후 외교부에 입부하여 33년 동안 직업 외교관의 길을 걸었다. 2000년 6월에 개최된 역사적인 남북정상회담을 준비하기 위한 선발대의 일원으로 약 2주 동안 평양에 파견되어 활동하였고, 2005년 1월부터 2007년 8월까지 김대중 전 대통령 비서실에 파견되어 비서관으로 일했다. 2007년 9월부터 3년간 주 말레이시아 대사를 역임하였다. 2010년 10월부터 외교부 본부에서 아세안 대사로 활동한 후 2011년 6월에 퇴임하고, 같은 해 7월부터 3년간 광주과학기술원 대외부총장을 역임하였다. 2014년 9월부터 현재까지 전남대학교 정치외교학과 초빙교수로 위촉되어 한국 외교에 대해 강의하고 있다.

공저로 『중국의 부상과 동남아의 대응』(2011년, 동북아역사재단), 『대사들, 아시아 전략을 말하다』(2013년, (주) 늘품플러스)가 있다.

지피지기하는 **국민**
백전백승하는 **외교**

알기 쉽고 알고 싶은 외교 이야기

인　쇄　2016년 8월 25일
발　행　2016년 8월 30일

지은이_양봉렬
발행인_지병문
발행처_전남대학교출판부
등　록_1981. 5. 21. 제53호
주　소_61186 광주광역시 북구 용봉로 77
전　화_(062) 530-0571~2
영업부_(062) 530-0573
팩　스_(062) 530-0579
홈페이지_http://www.cnup.co.kr
이메일_cnup0571@hanmail.net

값 17,000 원

ISBN　978-89-6849-343-0 (03340)

이 도서의 국립중앙도서관 출판예정도서목록(CIP)은 e-CIP홈페이지(http://www.nl.go.kr/ecip)와 국가자료공동목록시스템(http://www.nl.go.kr/kolisnet)에서 이용하실 수 있습니다.
(CIP제어번호: CIP2016020979)

지피지기하는 국민 백전백승하는 외교

알기 쉽고 알고 싶은 외교 이야기

양봉렬 저

전남대학교출판부

■ 추천사

21세기는 국민외교의 시대이다. 사드배치 문제, 위안부 문제 등 민감한 외교 문제에 대하여 국민들이 직접 행동으로 나서고 있는 최근의 사례에서 보듯이 외교가 국민들의 요구에 좌우되고 있다. 국민 외교의 시대에 국익을 극대화하는 외교가 펼쳐지기 위해서는 우리 국민 개개인의 외교 역량이 매우 중요하다는 점은 아무리 강조하여도 지나치지 않을 것이다.

때 마침 우리의 외교 역량을 키우는데 도움이 되는 내용을 주제로 '지피지기하는 국민, 백전백승하는 외교'가 최근에 전남대학교 출판부에서 출간되었다. 이 책은 직업 외교관 출신으로 현재 전남대학교에서 우리 외교에 대하여 강의하고 있는 양봉렬 초빙교수가 준비된 외교 대통령으로 추앙받는 김대중 전 대통령의 외교 비전과 업적을 바탕으로 우리에게 외교가 왜 그렇게 중요한지, 그리고 우리 개개인이 어떻게 외교역량을 키울 수 있는지 등 우리가 알고 싶은 외교 이야기를 사례를 중심으로 알기 쉽게 풀어낸 외교 교양서적이다.

김대중 대통령은 질곡의 우리 현대사를 겪으면서 한반도가 강대국에 의해 좌우되는 운명을 극복하여 평화와 번영을 이루어 나가는 방안을 찾기 위하여 일생을 통해 고심에 고심을 거듭하였다. 김대중 대통령은 한반도 주변의 4대 강대국과의 관계를 잘 활용하여 '1동맹 3친선체제'를 잘 유지·발전시켜 나가고, 더 나아가 갇힌 동북아의 틀을 벗어나 더 넓은 동아시아지역에 공동체를 형성하여 나가는 길이 우리 외교의 비전임을 늘 강조하였고, 이를 실현하기 위하여 대통령 재임 시에는 물론이고 퇴임 후에도 각고의 노력을 다하였다.

양봉렬 대사가 김대중 대통령을 보좌하던 2006년부터 준비하기 시작하여 10년 만에 출간하게 된 이 책이 우리 국민이 외교의 중요성을 인식하고, 준비된 외교 지도자를 뽑아 격랑에 휩쓸리고 있는 우리의 미래를 밝게 열어 나가는데 큰 도움이 될 것으로 기대한다.

2016. 8.

김대중평화센터 이사장 이희호 (Lee)

■ 들어가는 말

2006년 초 이 책을 구상하여 쓰기 시작한 이후 출판하기까지 약 10년의 세월이 지났다. 33년 동안 직업 외교관으로 외교 현장에 근무하면서 얻은 경험과 아울러 서강대학교 국제대학원과 전남대학교 정치외교학과의 초빙교수로 강의를 하면서 틈틈이 자료를 보완하는 작업을 거쳐 이 책을 완성하게 되었다.

이 책을 쓰게 된 동기는 두 가지이다. 첫째는 필자가 김대중 전 대통령과 맺은 2번의 인연 때문이다. 필자는 국민의 정부 시절에는 청와대 의전 비서실에 파견 근무하면서, 또한 김대중 대통령 퇴임 후에는 비서관으로 그분을 지근에서 보좌한 인연을 가지고 있다. 곁에서 지켜본 김대중 전 대통령은 우리 현대사에서 그 어느 지도자보다 준비된 외교 대통령이었다. 김대중 전 대통령의 외교에 대한 뛰어난 통찰력과 원대한 비전, 그리고 치밀한 실행력을 거울삼아 이 책의 기본 골격과 내용을 구상했다. 이 책의 곳곳에 김대중 대통령의 외교 철학과 업적이 인용되고 있다는 점을 미리 밝혀 둔다.

둘째는 우리 젊은이들에게 세계화 시대에 맞는 열린 외교적 사고 능력을 키워 주고 싶다는 필자의 소박한 소망 때문이다. 우리는 통상 민감한 외교 문제에 대하여 국익을 먼저 따져 보는 자세보다는 감정적인 대응을 앞세우는 경우를 종종 겪는다. 민주주의 국가에서의 이와 같은 외교의 취약성은 180년 전에 이미 프랑스의 사상가 알렉시스 드 토크빌(Alexis de Tocqueville)에 의하여 지적된 바 있다. 그는 민주주의에 관한 고전으로 꼽히는 명저 『미국의 민주주의』에서 "외교문제를 다루는 데 있어서 민주주의 국가들은 침착하기보다는 충동적이고, 순간적인 열정 때문에 오랫동안 숙고하여 마련한 계획을 포기하는 경향이 있다."라고 썼다.

또한 우리는 외교가 대통령이나 외교관과 같은 특정인들이 하는 일이라고 생각하고, 자기와는 관계없다고 여기는 경향이 있다. 물론 이런 현상은 우리에게만 있는 것은 아니므로 심각하게 생각할 필요가 없다고 말할 수도 있다. 그러나 우리나라의 경우 외교가 우리의 생존을 좌우할 만큼 중요하기 때문에 우리가 다른 나라 국민들보다 훨씬 더 외교를 잘 알 필요가 있다고 믿는다.

전문가들의 시각에서는 이 책의 주제와 내용이 단순화되고 저널리스틱하다는 비판이 제기될 수 있다고 생각된다. 그러나 이 책은 외교 전문가들이 아닌 우리 젊은이들을 대상으로 쓴 것이고,

그들이 알고 싶어 할 것으로 예상되는 주제와 내용을 큰 맥락에서 다루고 있다는 점을 미리 밝혀 둔다. 특히 이 책은 독자들이 가급적 쉽게 읽을 수 있고, 외교적으로 사고할 수 있는 능력을 키우는 데 중점을 두었다. 필자의 조그마한 정성이 독자들로 하여금 외교를 좀 더 중요하게 생각하고, 스스로 외교관이 되는 데 일조할 수 있기를 간절히 바란다.

이 책은 5부로 구성되어 있다. 1부의 주제는 분단된 한반도와 외교적 사고이다. 1장에서는 필자가 2000년 6월 약 2주 동안 평양에서 역사상 최초로 개최되는 남북정상회담을 준비하면서 겪은 경험을 정리하여 보았다. 필자는 남북정상회담을 준비하면서 우리 한반도가 주변 강대국의 영향에 얼마나 민감한지를 생생하게 체험하였는데, 이를 독자들과 함께 나누고 싶었다. 2장에서는 외교의 다양한 특성과 역사적 사례 활용의 유용성, 그리고 세계화 시대에 바람직한 외교적 사고에 관한 필자의 생각을 정리하였다.

2부에서는 외교가 다른 나라보다 우리에게 왜 더 중요한가에 대한 답을 구하고자 닉슨 쇼크가 몰고 온 한반도 정세 변화와 미국 등 다른 나라의 사례를 살펴보았다. 또한 우리 외교에 가장 중요한 과제인 통일과 북한 핵 문제의 외교적 측면도 함께 다루었다.

3부에서는 우리나라와 미국, 중국, 일본 러시아 등 주변 4대 강대국과의 관계를 살펴보았다. 이들 강대국들의 대외정책의 기본 특징과 이들과 우리와의 상호 관계의 중요성과 바람직한 미래에 대하여 살펴보았다.

4부에서는 중장기적인 관점에서 우리 외교의 새 지평을 열어줄 동아시아공동체 형성의 중요성과 현황, 그리고 그 중심 역할을 하고 있는 아세안에 대하여 다루었다.

마지막으로 5부에서는 '지피지기하는 국민이 백전백승하는 외교를 만든다'는 이 책의 주제를 종합적으로 살펴보았다. 이를 통해 '1동맹 3친선 체제'와 중용외교의 필요성, 그리고 남북 관계와 4강 외교의 상관관계를 비롯하여 개개인의 외교 역량의 중요성에 대하여 함께 생각해보는 기회를 갖고 싶었다.

부록에는 필자가 지난 몇 년 동안 주요 외교 이슈 등과 관련하여 언론, 잡지와 대학 등에 기고한 글과 강연문을 실었다.

끝으로 지병문 전남대학교 총장님의 도움이 없었다면 이 책의 출판이 어려웠을 것이라는 점을 밝히면서, 지 총장님께 진심으로 감사의 말씀을 드린다. 아울러 책을 출판하는 과정에서 음양으로 도움을 준 고형일 교수님, 이두휴 교수님과 책을 감수하여 주신 김현정 박사님, 책의 내용에 젊은이들의 감각을 살려 준 김영은, 나혜원 전남대학교 학생 그리고 전남대학교출판부 직원 여러분께 고마움을 전한다.

2016년 7월

전남대학교 용지관 연구실에서

양 봉 렬

목 차

부 록 외교관련 기고문, 강연 원고 모음

part

01

분단된 한반도와 외교적 사고력

2000년 6.15 남북 공동선언에 합의한 후 손을 맞잡은 김대중 대통령과 김정일 위원장
출처: 김대중 평화센터
http://www.kdjpeace.com/home/bbs/board.php?bo_table=d04&wr_id=62&sca=&sfl=wr_subject&stx=%B1%E8%C1%A4%C0%CF&sop=and

1

평양에서 목격한 한반도의 지정학적 현실

제1차 남북정상회담을 준비하며

2000년 5월 31일 오전 10시, 나는 역사상 최초로 개최되는 남북정상회담을 준비하기 위해 구성된 사전 선발대 30명의 일원으로 판문점 군사 분계선을 넘었다. 남북정상회담이 개최되기 2주 전이었다. 난생 처음 북한을 방문하는 설렘과 두려움, 그리고 사명감이 교차되어 긴장되었다. 선발대 모두가 나와 같은 심정이었을 것이다.

당시 나는 외교부에서 청와대 의전비서실로 파견되어 대통령의 국빈 행사 업무를 담당하고 있었다. 국빈 행사란 대통령이 외국을 방문하거나 또는 외국의 정상이 우리나라를 방문하는 경우 정상회담 등 제반 일정을 계획하여, 행사를 준비하고 실행하는 일을 말한다.

나의 업무 중 하나는 대통령의 해외 방문 일정이 확정되면 대상 국가에 미리 가서 대통령 방문에 필요한 여러 가지 의전 관련 사항을 사전에 조율하고 협의하는 것이었다. 내가 당시 남북정상회담에 앞서 선발대로 평양을 방문하게 된 것은 이러한 업무를 수행하기 위해서였다.

우리 일행은 긴장된 가운데 판문점 지역 내 북한 측 통일각에서 30분 정도 머무른 다음, 북한 측이 제공한 차를 타고 평양으로 향하였다. 북한은 우리 일행을 위해 구형 벤츠 4대와 15인승 마이크로버스 2대를 준비해 주었다. 주홍색, 연두색 등 특이한 색깔의 벤츠가 인상적이었다.

우리는 168km에 이르는 개성~평양 간 고속도로를 타고 약 3시간 후인 오후 1시 30분경에 숙소인 평양 백화원 초대소에 도착하였다. 가는 도중 휴게소에서 30분 정도 쉬었으니 2시간 30분쯤 차를 탄 셈이었다. 평양이 이렇게 우리 가까이 있었다.

우리가 달린 고속도로 상태는 말끔하였다. 손님을 맞이하기 위해 미리 손질을 해놓은 듯 보였다. 그러나 평양에 도착할 때까지 우리가 본 차량은 겨우 두세 대에 불과했다.

가는 길에 산악지대가 많아 자주 터널을 통과해야 했다. 내가 세어 본 바로는 일행이 통과한 터널이 18개였다. 군데군데 남쪽을 향해 위장된 군 포병기지가 싸늘한 기운을 풍겼다. 출발 후 꽤 지나서야 모내기가 한창인 논을 볼 수 있었다.

우리 일행은 중간 지점인 서흥 휴게소에서 잠시 쉬었다. 서흥 휴게소는 개성~평양 간 고속도로에 세워진 유일한 휴게소이다.

이 휴게소는 도로 양 방향에서 이용할 수 있도록 고속도로 위를 가로질러 건축되어 있었다. 서흥 휴게소 안에는 실내 기념품 판매점도 보였지만 이날은 간이 판매대가 야외에 설치되어 한복을 곱게 차려입은 북한 여성들이 술, 인삼, 차, 건조식품 등을 팔고 있었다. 아마 우리가 지나갈 것을 알고 임시 판매대를 준비한 듯했다. 북한 여성 판매원들은 우리를 친절히 맞아 주었으나 입담이 과한편이였다. 기회만 있으면 "위대한 장군님이…"로 시작하여 청산유수로 말하는 통에 나중에는 아예 피해 다녔던 기억이 난다.

업무 협의차 서울로 나왔다가 6월 8일 판문점을 통해 다시 평양으로 들어갔다. 오후 늦은 시간 어느 지역을 지나는데 멀리 한 마을이 보였다. 일렬로 사람들이 늘어서 있어서 호기심에 자세히 보니 마을 우물에서 양동이에 물을 담아 옆 사람에게 차례차례 건네주고 있었다. 가뭄으로 말라버린 논과 밭에 그런 식으로 물을 대고 있었다.

이 광경을 보고 문득 내 어린 시절 시골 고향 마을 풍경이 떠올랐다. 가뭄이 들어 논과 밭에 물이 부족할 때면 동네 어른들은 한 줄로 늘어서서 해가 저물 때까지 마을 우물에서 물을 채운 물동이를 차례로 옆 사람에게 옮겨 물을 대곤 했었다. 북한은 우리의 바로 그 60년대 초반의 모습을 하고 있었다.

도로 주변에 보이는 개성의 주택들은 몹시 낡아 보이는 아파트였다. 시골에는 소위 '하모니카집'이라 불리는 2~3층의 다세대 주택이 대부분이었다. 이들 주택은 페인트칠도 안 돼 있어 몹시 초라해 보였다. 산에도 잡초만 무성할 뿐 나무를 보긴 어려웠다. 그나마 있는 나무들도 어린 묘목들뿐이어서 그간 땔감으로 베고 새로 심은 것임을 짐작케 했다.

평양에 들어가는 입구는 '통일대로'라 불렸다. 대로 주변에 거대한 아파트 단지가 마치 서울의 아파트 숲을 연상시켰다. 후에 들으니 전기가 부족하여 그 높은 층을 걸어서 올라 다니고 물도 아래에서 길러다 먹는다고 했다. 그야말로 이름만 아파트일 뿐 주민들의 고통이 이만저만이 아니겠다 싶었다.

우리는 대동강을 가로지르는 다리를 건넜다. 낡은 군함 앞에 많은 학생들이 모여 있었다. 안내원에게 물으니 1968년 1월 동해에서 납치된 미국 군함 '푸에블로 호'라고 소개했다. 동해에서 납치된 군함이 평양의 대동강에 있는 것을 보고 자초지종을 물으니 2년 전 김정일 위원장의 지시로 원산에서 이곳으로 옮겨왔다고 했다. 북한이 상투적으로 주장하는 '미 제국주의'에 승리한 상징물로 학생, 주민 등의 교육을 위해 평양 한복판으로 옮겨다 놓은 것이었다.

평양 시내의 도로는 넓었으나 차량은 드문드문 지나갔다. 대동강 지류에 자리한 공원에는 한낮에도 딱히 할 일이 없어 뵈는 사람들이 많았다. 실업자가 없다는 북한도 실상은 그렇지 않은 모양이라는 생각이 들었다.

평양 시내 곳곳에는 수신호로 교통을 정리하는 여성 교통안내원이 있었는데, 그 모습이 신기했다. 동서남북으로 연신 신호를 보내는 모습이 마치 기계처럼 빠르고 정확했다. 저녁이 되자 평양 시내는 출퇴근하는 시민과 학생들로 북적거렸다. 전동차 등 차량 통행도 낮 시간대에 비해 많아졌다.

파격적인 정상회담

백화원 초대소는 평양 시내 북동쪽 교외에 있었다. 2개 동에 90여 개 객실을 갖춘 대형 영빈관이었다. 백화원으로 가는 길에 김일성 주석의 유해가 안치된 금수산 주석궁이 위용을 드러내고 있었다. 백화원 초대소는 북경의 영빈관인 조어대를 모델로 지었다고 한다. 숲속 큰 연못에는 잉어 등 큰 물고기가 많았고 주변 산책로는 조용하고 녹음이 짙었다. 우리들은 행사를 준비하면서 도청을 걱정하여 중요한 대화를 할 때면 연못 주위를 걷곤 했다. 도청도 방지하고 산책도 하고 일석이조였다.

평양에 체류한 2주 동안 행사가 개최되는 지역을 답사하는 일 외에 대부분의 시간을 백화원에서 보내야 했다. 북한 측은 매일 하루 세 번 메뉴를 바꾸어 가며 우리를 정성껏 대접했다. 식사 때마다 음식 메뉴판이 함께 나왔는데 대부분 낯선 북한말로 적혀 있어 무슨 종류의 음식인지 알 수 없는 경우가 많았다. 외국 명 음식으로는 '케피르'가 유일했는데 일종의 요구르트였다.

음식들은 대체로 담백했다. 요즘 유행하는 웰빙식이라 할 수 있었다. 보통 2~3가지 전채에 밥, 국, 된장찌개 등 주요리가 넉넉히 나왔다. 점심과 저녁에는 식사와 함께 술이 빠지지 않았다. 맥주, 들쭉술에다가 30도 이상의 독한 전통주인 감로주, 황구렁이술, 소주 등을 식탁 위에 준비해 놓아 북한의 다양한 술 문화를 엿볼 수 있었다.

외식도 여러 차례 하였다. 하루는 평양냉면으로 유명한 옥류관에서 물냉면을 먹었다. 졸깃한 면발과 담백한 국물 맛이 일품이었다. 보통 크기보다 작은 그릇에 나와 양은 적은 편이었다. 우리 일행 대부분이 한 번에 두세 그릇씩 비웠다. 일행 중 어떤 이는 다섯 그릇을 먹기도 했다. 그만큼 맛이 좋았다.

북측은 우리를 정성껏 대해 주었다. 그러나 그들과의 정상회담 준비는 애로사항이 많았다. 특히 김정일 위원장이 참석하는 행사는 경호 문제라며 세부 일정 일체를 비밀에 붙였다. 김정일 위원장이 공항에서 김대중 대통령을 영접하는지, 언제 김대중 대통령과 김정일 위원장이 회담을 갖는지, 김대중 대통령이 주최하는 답례 만찬에 김정일 위원장이 참석하는지 등 모든 일정은 행사 직전이 되어서야 겨우 알 수 있었다.

내가 근무했던 사우디아라비아에서도 비슷한 일을 경험한 적이 있지만 북측의 의전은 일반적인 국제관례를 한참 벗어나 있었다. 북측은 처음부터 "국제관례에 따르지 말고 우리 식으로 하자. 자주적인 입장에서 모든 문제를 풀어 나가자."라고 말해 우리를 불안하게 하였다.

남북의 지도자들이 손을 잡고 '우리의 소원은 통일'을 합창하는 한 컷의 사진으로 유명한 6월 15일 김정일 위원장 주최 오찬. 이 행사는 하루 전날, 그것도 저녁 늦게 결정되었다. 김대중 대통령과 김정일 위원장이 6.15 공동선언문에 서명한 직후 김정일 위원장이 즉석에서 우리 대통령을 오찬에 초대한 것이다. 일반 정상회담에서는 볼 수 없는 파격이었다.

오찬 준비를 위해 북측 인사들과 밤을 새웠다. 평소 우리가 연락하기 전에는 아는 체도 하지 않던 북측 인사들이 부리나케 우리를 찾기 시작했다. 김정일 위원장의 위세를 실감할 수 있었다.

오찬에는 양측 인사 70여 명이 참석했다. 남북한 핵심 수뇌부가 모두 모인 그 자리는 잊지 못할 광경이었다. 특히 북측의 조명록 국방위 부위원장 등 군 최고 인사들과 대남 관계를 총괄하던 김용순 비서, 김정일 위원장의 매부 장성택, 1994년 북핵 문제 대미 협상 수석대표 강석주 외교부 부부장 등이 눈에 띄었다.

이날 오찬은 그야말로 산해진미의 경연장을 방불케 했다. 이름도 들어본 적 없는 곰발통찜, 야자상어날개탕, 산삼주, 프랑스산 고급 포도주 등 놀라운 요리와 술들이 이어졌다.

다른 연회처럼 각 테이블별로 북측 참석자들이 돌아가며 독주를 권했다. 정상들이 참석한 연회에서 드문 광경이었다. 나도 40도가 넘는 산삼 주를 6잔이나 마셨다. 점심 때 건배주로 그 독한 산삼 주를 그만큼 마셨으니 더 이상 무슨 말이 필요하랴.

문득 키신저 전 미 국무장관의 자서전『나의 백악관 시절』의 한 대목이 생각났다. 닉슨 대통령이 1972년 2월 중국을 방문하며 겪은 중국인의 음주문화에 대한 내용이었는데, 김정일 위원장 주최 오찬에서 겪은 북한의 음주문화가 이와 거의 비슷했다. 키신저는 이렇게 적었다.

> "끝없는 축배가 계속되었다. 우리는 마오타이주를 마셨다. 이 술은 너무 독해 비행기 연료로 사용해도 되겠다는 생각이 들 정도였다. (중략) 테이블에 둘러앉은 모든 중국 지도자들은 반드시 미국측 인사들과 축배를 하고 나서야 술을 들었다. 그들은 유쾌하게 '건배!'를 외친 후 술을 마셨는데 '건배'는 문자 그대로 '잔을 비운다'는 뜻이었다. 건배를 제의한 이는 잔을 비운 후 실제로 이를 상

대방에게 보여 일일이 확인시켜 주었다. 이는 상대방을 부끄럽게 만들어 같이 따라 잔을 비우게 하는 효과가 있었다. 연회에 참석한 중국 관리들은 우리보다 두 배나 많았고 자기 나라 술에 이미 익숙한 터라 축배는 만찬 때마다 더욱 늘어갔다."

김정일 위원장에 대한 신변경호는 상상할 수 없을 정도로 철저했다. 6월 13일 김대중 대통령을 비롯한 우리 측 일행이 도착하던 날, 나는 공항에 가지 못했다. 백화원 초대소를 지켜야 했기 때문이었다.

그런데 김대중 대통령과 김정일 위원장이 백화원 초대소에 도착할 즈음 갑자기 완전 무장한 북측 위병들이 나타나 나를 방에서 나오지 못하도록 했다. 대통령 일행을 맞이해야 한다고 항의했지만 소용없었다. 한 위병이 방에서 나오지 말라고 하더니 막무가내로 나를 방안에 밀어 넣었다. 그런 후 문을 닫고는 아예 문 앞을 지키고 서 있는 것이 아닌가. 주변의 모든 문 앞에서 똑같은 상황이 벌어졌다. 결국 나는 우리 대표단 일행이 도착한 후에야 방에서 나올 수 있었다.

6월 14일 오후 개최된 김대중 대통령과 김정일 위원장 간 단독 정상회담에 이르는 과정도 예외는 아니었다. 대통령 일행은 오전 북측 공연을 관람하고 옥류관에서 점심을 하고 있었는데 북측으로부터 점심을 마치는 대로 백화원 초대소로 돌아와 달라는 전갈이 왔다. 북한은 그때까지도 우리에게 김대중 대통령과 김정일 위원장 간 회담이 언제 시작되는지 알려주지 않고 있었다. 다만 비어있는 시간대로 대략 예상만 하고 있던 우리는 드디어 일전의 순간이 왔음을 감지하고 정신을 가다듬었다.

예상했던 대로 김대중 대통령과 김정일 위원장 간의 회담은 그날 오후 백화원 초대소에서 개최되었다. 우리 측 2명(임동원 국정원장, 이기호 경제수석), 북측 1명(김용순 노동당 비서)만이 배석자로 참석했다.

회담장 밖으로 가끔 김정일 위원장의 쩌렁쩌렁한 음성이 들려왔다. 나는 당시 김정일 위원장이 대범하고, 솔직하며, 대내외 정세에 밝다는 느낌을 받았다. 중간 휴식 시간에 김대중 대통령과 김정일 위원장은 서울에서 긴급 수송되어 회담장 밖 테이블위에 펼쳐 놓은 국내 신문들을 함께 보았는데 김정일 위원장이 ≪서울신문≫을 보고 "이 신문이 전엔 ≪대한매일신문≫이 아니었느냐."라고 물었다. 그만큼 그는 우리 내부 사정을 잘 알고 있었다.

회담 중 김정일 위원장은 자신들을 겨누지만 않는다면 중국과 일본을 견제하기 위해 주한 미군이 한반도에 주둔할 필요가 있다고 말해 김대중 대통령을 놀라게 했다. 또한 그는 "구 정치인들을 깜짝 놀라게 하자.", "김 대통령을 통일 대통령으로 만들자."라는 말도 했다고 한다.

남과 북의 자화상

길지 않은 평양 여행에서 나는 우리가 처한 한반도 현실에 대해 두 가지를 새삼스레 깨달았다. 첫째는 북한 경제가 생각보다 훨씬 낙후되어 우리가 많이 도와주어야겠다는 점이다. 주마간산 격이었지만 내가 본 북한의 생활상은 너무나 충격적이었다. 우리의 1960년대 초를 생각하면 그 궁핍함이 어느 정도인지 상상할 수 있을 것이다. 그때 내가 다니던 시골 초등학교에서는 미국이 원조해준 옥수수 빵을 나눠 주곤 했다. 그때처럼 북한 주민들은 우리와 국제사회가 준 식량으로 근근이 살아가고 있었다.

북한 주민들은 여전히 사회주의 계획경제시대 의식 속에 살고 있었다. 한마디로 경쟁을 몰랐다. 함께 간 동료는 한 북한 사람이 이렇게 말했다고 전했다.

> "왜 남조선 사람들은 출퇴근하느라고 몇 시간씩 고생을 합니까? 우리 공화국 사람들은 국가가 직장 가까운 곳에 거처를 마련해주어 걸어 다닙니다."

세계는 하루가 다르게 변하는데 북한의 인식은 이처럼 뒤처져 있었다. 이는 우리가 지향하는 통일, 자유민주주의와 시장경제 체제의 통일로 가는 데 넘어야할 높은 산으로 생각되었다. 북한 주민들이 바깥세상을 알게 하고 스스로 살아갈 수 있게 도와주는 것, 자본·기술 등 다양한 지원을 통해 북한 경제를 일정 수준으로 향상시키는 것. 이런 것들이 고통을 줄이면서 평화적으로 통일하기 위해서 시간이 걸리더라도 사전에 풀어야할 과제가 아닐까 하는 생각이 들었다.

또 하나 느낀 점은 한반도는 우리나 북이나 모든 면에서 외세의 영향을 강하게 받을 수밖에 없는 운명을 가졌다는 점이다. 우리가 정치, 경제는 물론이고 생활 전반에 걸쳐 미국의 강력한 영향을 받고 있다는 점을 아무도 부인할 수 없을 것이다. 이제까지 우리 안보는 한미동맹이 지탱해 주고 있고, 미국의 투자와 시장이 없었다면 유례없던 경제성장은 불가능했을 것이다. 또한 우리의 음악, 영화 등 대중문화도 많이 미국화 되어 있다. 일상 대화에 영어를 자연스럽게 쓰고 있고, 영어가 없는 잡지, 간판을 찾아보기 힘들 정도이다.

반면 내가 본 북한은 곳곳에 중국의 기운이 물씬했다. 중국의 에너지, 식량 지원이 없으면 북한의 경제가 마비될 지경으로 알려졌고, 음주문화를 비롯하여 북한의 일상생활에 중국의 문화가 깊숙이 침투해 있었다. 붓글씨체로 써진 간판들, 우중충한 시골의 연립주택, 음식은 물론 북한 주민들이 사용하는 언어 속에도 중국의 문화가 녹아 있었다.

좋든 싫든 생존과 번영을 위해서 남은 남대로, 북은 북대로 미국과 중국의 절대적 영향을 받으며 살아갈 수밖에 없는 현실이 새삼스레 느껴졌다. 역사적으로 보아도 우리는 늘 주변 강대국과의 관계를 잘 다루느냐, 못 다루느냐에 따라 나라의 운명이 갈렸다는 생각이 이어졌다. 우리 국민이 이러한 우리의 지정학적인 운명을 알고, 이를 잘 극복해 나가는 지혜를 가져야겠다는 생각을 되새겨 보았다.

2000년 6월 15일 김정일 위원장 주최 오찬 차림표

찬음식	더운음식
게사니향료찜튀기	록두지짐
산나물무침	야자상어날개탕
수정랭묵	곰발통찜
	깨쏘가리
식빵, 빠다	새우볶음밥
삼색찰떡	은실맑은국
배속김치	통수박
	복숭아아이스크림
	쵸콜레트케이크, 인삼차

출처: 지은이 소장 자료

2

외교적 사고력을 기르자

우리에게 외교는 자신들의 삶과 직접 관련이 없고, 대통령이나 장관, 그리고 외교관 등 소수의 지도자나 전문가 집단이 하는 일 정도로 간주되는 경향이 있다. 이는 다른 나라에서도 마찬가지이다. 일상생활에서 직접 피부로 외교의 영향을 느낄 수 있는 경우가 드물기 때문이다.

그러나 중국으로부터 시시때때로 날아오는 황사 때문에 깨끗한 공기의 중요성을 알게 되듯이 외교 또한 외부로부터 위협이 가해졌을 때나 외부와의 갈등이 발생하였을 때에는 그 중요성을 피부로 느끼게 된다. 외부의 위협으로부터 나라를 지키기 위해서 평소 국방을 튼튼히 하듯이 다른 나라와의 우호협력 관계도 평소에 신의와 정성을 가지고 다듬는 노력이 필요하다.

특히 외교는 지도자의 외교적 능력이 중요하다. 대외적인 위기를 맞았을 때 지도자의 판단과 대응 능력이 결정적이기 때문이다. 율곡 이이 선생은 왜적의 침입에 대비하여 10만의 병사를 양병해야 한다고 주장하였으나, 그 당시 선조를 비롯한 조정 중신들은 이를 받아들이지 않았고, 결국 우리 역사에 가장 치욕적인 임진왜란이 일어나 나라와 백성이 처참히 유린당하는 비극을 맞이하였다. 민주주의 국가에서는 지도자를 선거로 뽑기 때문에 외교적 리더십을 갖춘 지도자를 뽑기 위해서는 국민들의 안목이 필요하다.

또한 21세기 세계화 시대는 국민 외교의 시대이다. 우리 국민들이 세계와 부단히 접촉하고 교류하는 만큼 개개인이 나라의 이미지를 높여나가는 자세가 중요하다.

외교의 다양한 의미와 역사

외교는 다양한 의미로 사용되고 있다. 첫째는 넓은 의미에서 외교 정책이나 외교 정책의 실행을 의미하는 경우이다. 예를 들면 "한국의 외교는 현실주의적이다."에서 외교는 외교 정책을 뜻하는 것으로 해석되는 반면, "외교부 장관이 파리에서 개최된 기후변화 회의에 참가하여 활발한 외교 활동을 하고 있다."에서의 외교는 외교 정책의 실행을 의미하다.

두 번째 좁은 의미로는 협상, 협상의 기술(art or skill)을 의미하는 경우이다. "외교는 국제 관계를 협상으로 다루는 것이다.", 또는 "외교는 평화적인 협상으로 어려운 국제 문제를 해결하는 기술이다."에서의 외교는 협상이나 협상 기술을 의미한다.

한편 외교는 매너를 의미하는 경우도 있다. “그는 매우 외교적이다.”라는 표현에서의 외교는 매너를 의미하는데, 지적능력(intelligence)과 기지(tact)가 뛰어나고 말을 잘 하면서 핵심을 비켜가는 데 능숙한 경우에 사용된다.

역사적으로 외교의 의미는 많은 변화를 보여 왔다. 초기에 외교는 단순히 국가를 대표하여 메시지를 전달하는 메신저의 역할을 의미하였다. 군주나 총사령관의 명을 받은 사신이 적국의 성 앞에서 메시지를 크게 낭독하는 장면을 고전 전쟁영화에서 볼 수 있는데 원시적인 형태이긴 하지만 그 당시의 외교는 그렇게 단순한 의미였다. 이 시대에 훌륭한 사신이 되기 위해서는 큰 목소리와 정확한 기억력이 중요시되었다.

웅변가가 외교관의 역할을 하게 된 시기부터는 외교의 의미에 설득이 추가된다. 상대를 설득하기 위해서 웅변 능력을 중요하게 여기게 된 것이다. 춘추전국시대에 웅변가인 소진과 장의가 합종연횡의 전략을 펼치면서 보여준 활약이 바로 설득 외교의 진수이다.

소진은 연나라, 제나라 등 6개 약소국 간 합종책을 써 공동으로 강대국인 진나라로부터의 위협에 맞서도록 했고, 장의는 반대로 진나라의 입장에서 연횡책을 써 약소국 간의 합종책을 깨는데 성공함으로써 결국 천하를 통일하였다. 합종과 연횡은 지리적인 위치에 따라 명명된 것으로 약소국들이 남과 북에 걸쳐 종으로 위치해 있었기 때문에 합종책이라 명명되었고, 연횡책은 진나라가 서쪽 끝에 위치해 있었기 때문에 동쪽에 위치한 약소국들 간의 합종을 깬다는 의미에서 명명된 것이다.

비잔틴 시대에 외교에 ‘관찰과 보고’의 의미가 추가되었고, 15

세기 이태리 도시국가 시대에 이르러서는 '협상과 상주외교'의 개념이 형성되기 시작하였다. 이후 19세기 나폴레옹 전쟁을 마무리하는 비엔나 회의를 거치면서 상주외교의 개념과 상주외교관에 대한 지위, 계급과 규범 등이 제도화되었다.

2차 대전 이후 외교는 아시아, 아프리카 등에 다수의 신생국가가 탄생되고, 국제연합 등 다자외교가 확대됨으로써 더욱더 다변화되고 복합적으로 변화되었다.

21세기에는 정보통신의 발달 등으로 세계화가 급격히 진행됨에 따라 외교는 더 이상 외교관만의 전문영역이 아니고 정부, 기업 및 민간단체와 국민 개개인이 모두 외교관이 되는 시대가 되었다. 우리 국민이 외교에 대한 이해를 높이고, 외교적 사고를 키우는 데 더 관심을 가져야 하는 이유가 바로 여기에 있다.

외교는 윈-윈을 지향한다

기능적인 의미에서 "외교는 국제 관계를 평화적인 방법으로 유지하고 발전시킴으로써 상호 윈-윈하는 가운데 자신의 국가 이익을 증진시키는 모든 활동이다."라고 정의될 수 있다.

이 정의에 따라 외교의 특징을 4가지로 정리하여 보면, 다음과 같다.

첫째, 외교는 국내 문제가 아닌 국가 간의 관계, 즉 국제적인 문제를 다룬다. 국내 통치는 확립된 법의 지배 하에서 정통성을 가진 정치권력이 권위를 가지고 국가를 다스리며 정해진 법과 절차에 따라 갈등을 해결하고 질서를 유지한다. 그러나 국제 사회는 확립된 법의 지배를 받지 않는 영역으로 각국은 자국의 안전과 번영을 스스로 확보해야 할 책임을 지게 된다. 따라서 모든 국가는 외교를 다루는 국가 기관을 다른 기관과 분리하여 별도로 두고 있다.

국가에 따라 외교 업무를 다루는 국가 기관의 명칭은 다양하다. 우리나라 경우, 현재 외교부(Ministry of Foreign Affairs)라고 하는데, 외무부에서 외교통상부를 거쳐 현재 명칭으로 변경된 것이다. 중국도 외교부로 부르며, 일본은 외무부(또는 외무성), 미국은 국무부(Department of States)로 부른다. 건국 초기에 미국 내 주(States) 간의 업무를 주로 하던 국무부가 외교도 함께 담당했기 때문인데 지금도 그 명칭을 그대로 쓰고 있다.

둘째, 외교의 궁극적인 목표는 평화이며, 수단 또한 평화이다. 이런 의미에서 외교는 전쟁과 대비되는 개념이다. 통상 무력 충돌의 위험이 발생되면 먼저 외교 교섭을 통한 해결을 추진한다. 그러나 이러한 외교적 노력이 실패하면 전쟁이 일어나게 된다. 강압외교(coercive diplomacy)는 전쟁이 발생하기 전 단계에 무력의 시위나 제한적인 무력을 사용하면서 교섭으로 상대방을 굴복시키는 경우를 말한다. 외교와 전쟁은 국제 관계에서의 갈등을 해결하는 제도라는 점에서 상호 보완적이라고 할 수 있다.

셋째, 외교는 상호 윈-윈을 지향한다. 18세기 초 부르봉 왕가의 외교관인 카리에르(Callieres)는 그가 쓴 최초의 외교 지침서인 『군주와의 교섭방법에 관하여』에서 다음과 같이 말한다.

"상호 이익이 되지 않는 협정은 오래가지 못한다. 이 조건을 충족시키지 못하는 조약은 조약이라 할 수 없으며, 스스로의 몸 안에 파기의 씨앗을 품는 것과 같다."

다시 말해서 그는 외교는 제로섬 게임이 아닌 윈-윈 게임이 되어야 한다고 주장한다. 어느 한 쪽만 일방적으로 이익을 본다면 이는 필연적으로 상대방의 보복을 불러 결국 모두가 손해를 보는 결과를 낳게 되기 때문이다. 우리는 다른 나라와의 외교적 교섭에서 완전한 승리를 원하는 경향이 있다. 그러나 완전한 승리는 전쟁에서나 있을 수 있으며, 외교는 그 기본 속성상 일방적인 승리가 가능하지도, 또한 바람직하지도 않다. 외교 교섭에서 우리의 일방적인 승리는 상대방의 패배를 의미하며, 이는 어느 시점에서는 또 다른 갈등을 불러일으키는 원인이 된다.

실례로 1차 대전이 끝난 후 맺은 베르사이유 조약은 2차 대전의 씨앗이 되기도 했다. 1차 대전 후 영국과 프랑스 등의 연합국은 패전국인 독일에 과도한 배상을 요구하였다. 이에 독일 국민들은 대외 팽창주의를 부추긴 히틀러를 지지하게 되었고, 결국 더 많은 참사를 불러온 두 번째 세계대전이 일어나게 되었다.

1차 대전이 끝난 후 전후 문제를 처리하기 위하여 개최된 파리강화회의에 영국 대표단의 일원으로 참석한 거시 경제학의 창시자인 케인즈는 패전국인 독일에게 과도한 배상을 요구할 경우 또다시 전쟁이 발발할 수 있음을 경고한 바 있다. 그러나 이러한 그의 경고는 받아들여지지 않았는데, 2차 대전이 발발함으로써 그의 경고가 옳았음이 증명된 셈이다. 케인즈는 평화의 비용으로 연합국 간 부채를 서로 탕감해 주고, 독일에 대한 배상금도 대폭 줄여야 한다고 주장하였는데, 이는 2차 대전이 끝난 후 미국이 유럽의 전후 복구를 위해 마련한 마샬 플랜(Marshall plan)으로 현실화되었다. 평화를 유지하기 위해서는 마땅한 대가를 치러야 한다는 1세기 전 케인즈의 주장은 우리가 어떻게 북한과 협력해야 하는지를 심사숙고하게 만든다.

외교가 상호 윈-윈해야 하는 이유는 외교의 기본 규범이 공존과 상호주의(coexistence and reciprocity)이기 때문이다. 공존은 나라들이 서로 "살고, 살도록 하는" 관계 속에서 존재하며, 이는 정도 차이가 있지만 상호 의존적인 상관관계를 의미한다.

외교에서 상호주의는 반드시 등가의 주고받기를 의미하는 것은 아니며, 타협이 필수적이다. 이는 상거래에 적용되는 특정적 상호주의(specific reciprocity)와 가족이나 친한 친구 간의 거래에서 나타나는 확산적 상호주의(diffuse reciprocity) 사이에서 결정된다. 특정적 상호주의란 개별 사안마다 즉각적이고 동등한 가치에 입각한 상호주의를 의미하고, 확산적 상호주의는 시기와 등가 면에서 유연한 경우를 의미한다.

외교에서 특정적 상호주의를 주장하면 할수록 타협은 더 어려워지며, 반대로 분산적 상호주의를 추구하는 경우에는 협상이 더 쉬워진다. 1998년 7월 러시아가 매수와 기밀문서 유출 혐의로 우리 외교관을 추방하였을 때 우리도 이에 맞서 러시아 외교관을 추방하였는데, 이는 특정적 상호주의의 대표적인 사례이다.

개인의 의사결정과정을 분석한 전망이론(prospect theory)은 윈-윈의 결과를 지향하는 국가 간의 교섭에 유용하게 활용할 수 있는 5가지의 지혜를 우리에게 알려 준다.

첫째, 일반적으로 현상 타파보다는 현상 유지에 더 위험을 감수하는 경향이 있다.

둘째, 손실을 본다고 인식하는 경우 이를 회복하기 위해 과도한 위험을 감수하려 하고, 이익을 보는 경우 이를 기득권화하여 과도한 위험에도 불구하고 이를 지키려 하는 경향이 있다.

셋째, 손실을 좀처럼 인정하려 하지 않기 때문에 이미 지출된 비용을 지키기 위하여 계속 비용을 투입하게 된다. 그러나 "매몰비용은 이미 매몰되었다(sunk cost is sunk)."라는 경제이론은 이미 소진된 비용에 집착하면 더 많은 비용을 치르게 된다는 점을 가르쳐 준다.

넷째, 상대가 이미 행동으로 옮긴 경우를 원상회복시키려는 것보다는 사전에 못하게 하는 것이 쉽고, 이미 입은 손실을 감수하게 하는 것보다는 사전에 이득을 보지 못하도록 하는 것이 쉽다.

다섯째, 국가 간에 손실을 공동으로 부담하는 것보다는 이익을 공동으로 분배하는 것이 쉽다.

국가 이익과 실용적 사고

외교의 네 번째이자 가장 중요한 특징은 외교가 국가이익의 실현을 목적으로 한다는 점이다. 국가 이익이란 매우 추상적이고 광범위한 개념인데 궁극적으로는 국제관계에서 자국의 안보와 번영을 꾀하기 위해 필요한 것을 의미한다. 국가 이익은 정책을 선택하는 기준이 되거나, 또는 선택된 정책을 정당화시켜준다. 때때로 동일한 정책을 놓고 국가 이익에 도움이 된다는 주장과 국가 이익에 반한다는 주장이 동시에 제기되는 경우도 있다. 따라서 국가 이익은 때때로 자의적이고, 논쟁적인 개념이다. 이는 이념, 역사, 상황, 시기 등의 차이에 따라 국가 이익의 구체적 내용이 상이하게 나타나기 때문이다. 또한 국가 이익은 국제 환경과 국가의 제반 여건에 따라 달라지며, 현재와 미래의 연속성과 유연성이 국가 이익의 결정에 중요하게 작용한다.

처음으로 소련을 '철의 장막'이라 부른 처칠 전 영국수상은 국익의 중요성을 다음과 같이 비유했다.

> "나는 여러분에게 러시아의 행동을 예측해 줄 수 없다. 그것은 깊은 수렁 속 미스터리로 포장된 수수께끼 상자와 같다. 그 상자를 열 수 있는 열쇠가 있다면 그것은 아마도 러시아의 국익일 것이다."

굳이 처칠의 언급을 빌리지 않더라도 국익은 외교의 최고 가치이다. 한 나라의 외교 정책이나 외교 행위의 궁극적 목적은 그 나라의 크고 작은 국익을 극대화하는 데 있다. 국익은 추상적인 개념으로 때때로 서로 상반되는 정책을 제시하면서 자신의 입장이 국익에 부합한다고 주장하여 혼란을 야기하기도 하나, 기능적인 의미에서 보면 국가 안보, 경제 번영, 문화, 재외국민 보호 등 모든 분야에서 평화와 번영을 증진시키는 것이다.

무엇보다 전쟁을 방지하여 평화와 안정을 확보하는 것이 최우선적 국익이다. 경제적인 면에서 국익을 추구하는 것 또한 중요한 일이다. 국민의 복리 증진이라는 국가의 기본 목표를 달성하는 방법이기 때문이다. 우리 문화와 국가 브랜드를 세계에 널리 알리는 일 또한 중요한 국익이다. 아울러 오늘날처럼 세계화된 국제적 환경에서는 테러 방지나 환경 문제, 인권 문제 등 범세계적 문제에 적극 대처하는 것도 우리 국익을 높이는 길이다.

국익은 시기에 따라 달라진다. 중장기적 목표의 국익이 있고 단기적으로 추구해야 하는 국익이 있다. 우리를 예로 들면 중장기적 국익으로는 한반도와 주변의 평화, 안정을 위해 유럽의 유럽안보협력기구(OSCE)[1]와 같은 동북아 또는 동아시아 집단안보협력체와 경제통합체의 설립 추진 등을 들 수 있다. 단기적인 국익으로는 북한 핵 문제 해결을 위한 국제 공조 강화와 경제 활성화를 위한 국제경제 협력 강화, 그리고 한류 확산을 위한 문화 협력 확산 등을 들 수 있겠다.

국익을 극대화하기 위해서는 문제의 본질을 흐리고 잘못된 대응으로 국익을 해치는 결과를 낳기 쉬운 감상적인 태도를 지양하는 것이 바람직하다. 또한 현실을 냉철하게 분석하여 진정한 국익이 무엇인지 깊이 생각한 후 대응책을 모색하는 실용적 자세를 갖추는 것이 중요하다.

때때로 우리는 감상적 민족주의에 따라 행동하고는 한다. 그 결과 많은 경우 실리를 제대로 취할 수 없었다. 특히 일부 정치 지도자들은 국민감정에 편승하여 외교 문제를 정치적으로 이용하는 태도를 보이기도 했다. 그러나 이는 현명한 지도자가 취할 태도는 아니다. 지도자는 국민의 뜻을 잘 살피고 존중해야 하지만

1 데탕트 시대를 연 1975년 유럽안보협력회의가 냉전이 끝난 후 유럽안보협력기구로 변경되었다. 유럽안보협력기구(OSCE)는 현재 유럽, 중앙아시아, 북아메리카 등 57개국이 가입한 세계 최대의 안보협력기구로 오스트리아 빈에 본부가 있다.

지혜로운 지도자라면 때때로 국민의 뜻과 국익이 부딪칠 때, 무엇이 진정한 국익인지 판단하여 국민을 설득할 것이다.

종합적으로 볼 때 우리가 외교적 사안을 접할 때 세 가지를 염두에 둘 필요가 있다. 첫째는 외교가 상대적 성격을 띤다는 점이다. 즉 지정학적 위치, 국력, 그리고 상대가 누구냐에 따라 외교의 목표와 방법, 그리고 그 중요성이 달라진다. 둘째는 외교가 실수를 용납하지 않는다는 점이다. 한 번의 외교적 실패는 만회하는 데 매우 고통스런 대가를 지불하게 된다. 실수를 바로잡는 데 많은 시간이 걸리며, 아무리 시간을 가지고 노력해도 고치지 못하는 경우가 있다. 그러므로 냉정하게 생각하고, 현실적으로 분석하며, 신중하게 대처하는 자세가 무엇보다 중요하다.

셋째는 오늘날 외교는 공개 외교가 원칙이나, 국익을 극대화하기 위하여 때때로 비밀 협상을 필요로 한다. 외교에 비밀이 과다하게 많다거나, 협상 과정에서 이해관계 당사자들과 협의를 하지 않았다는 비판이 제기되는 경우가 있는데, 이는 외교 협상의 특징을 오해한데서 비롯된 것이다. 2000년 남북 정상회담이 성공하게 된 것은 김대중 대통령의 절대적인 신임을 받던 박지원 장관과 임동원 원장의 노련한 비밀 협상 덕택이었다. 또한 2015년에 타결된 미국과 쿠바의 관계 개선과 이란과의 핵 협상이 성공한데는 오바마 대통령의 신임을 받는 소수의 전문가 그룹이 상대국가의 대표와 사전에 비밀 협상을 집중적으로 전개하여 이견을 좁힌 결과이었다.

역사는 외교의 스승

스페인 태생의 미국 철학자인 산타야나(George Santayana)는 이렇게 말했다.

> "역사의 교훈을 잊어버린 국민은 다시 그러한 실수가 거듭 반복되는 운명에 처하게 될 것이다."

이는 역사의 교훈이 나라의 운명에 얼마나 중요한가를 잘 표현하고 있다고 생각된다.

한국전은 1949년 투르만 정부가 남한의 전략적 가치를 낮게 평가하여 철군한 지 6개월 만에 일어났다. 1950년 6월 25일 새벽 한국전쟁이 발발했다는 보고를 받은 투르만 대통령은 신속한 참전을 결정한다. 그는 회고록에 이렇게 적었다.

> "한국전 발발 보고를 받고 1930년대에 발생했던 3개의 사건이 떠올랐다. 1931~32년 만주사변, 1935년 이태리의 에티오피아 침공, 그리고 1938년 독일의 오스트리아 점령이었다. 한국이 무너지게 놓아두면 공산주의자들은 기고만장해져 다른 국가들을 침략할 것이고, 약소국들은 저항도 못한 채 쓰러질 것이다. 이는 결국 3차 세계대전을 부르지 않겠는가."

투르만은 이처럼 역사적 사례에서 교훈을 얻어 북한의 침공을 막아야 한다고 결정하였고, 이는 한반도의 공산화를 막는 데 결정적인 기여를 하였다.

그러나 투르만은 한국전 참전 목적이 원상회복이냐, 북진 통일이냐를 놓고 상황에 따라 왔다 갔다 했다. 미국이 이렇게 우왕좌왕하는 동안 중국이 북측에 가세하였고, 전쟁은 3년이나 계속되었다. 그러나 이 기간에 실제로 전면적인 전투가 지속된 것은 1년에 불과하였다.

일부 학자들은 투르만 대통령이 1930년대 유럽에서의 교훈을 좀 더 철저히 따져 남한의 영토를 원상회복하는 수준에서 북진을 멈추었거나, 또는 침략자를 응징한다는 차원에서 약간의 영토를 더 확보하는 정도에서 만족했어야 했다고 지적하고 있다. 키신저는 2014년에 발간한 『세계질서(World Order)』에서 "중국이 한국전에 개입한 것은 유엔군이 압록강까지 진격하는 것에 위기감을 느껴 대응한 측면이 있다."라면서, "한국전쟁 때 미군이 평양-원산 정도에서 북진을 멈추었으면, 한반도가 통일됐을 것"[2]이라고 주장하였다.

존슨 대통령은 미국을 베트남 전쟁의 질곡에 빠뜨린 멍에를 짊어지고 있는데, 이는 역사에서 교훈을 얻지 못한 대표적인 케이스이다. 1965년 존슨 대통령은 월남전 시작 이래 처음으로 월맹을 공중폭격하고 월남 내 반정부 세력인 베트콩과 싸우기 위해 미군을 증파함으로써 월남전에 본격적으로 참가했다. 미국은 전면전이 아닌 제한전 형태로 베트남 전쟁에 점차 깊게 개입하였는데 전문가들은 이를 결정적 패인으로 분석한다. 제한전이란 '점증적으로 개입하고 제한적으로 싸우는' 전쟁 방식을 말한다.

---

2 2014년 9월 17일자 조선일보 A35면 「평양-원산 선에서 멈췄다면 통일됐을 것」 제하 기사에서 인용

일부 전문가들은 만일 존슨과 그의 막료들이 한국전을 거울삼아 단기 전면전으로 베트콩을 일거에 몰아 붙였다면 조기에 전쟁을 종결시킬 수 있었을 것이라고 주장한다. 또한 1차 인도차이나 전쟁에서 10년 동안 막대한 인력과 비용을 투입했음에도 실패한 프랑스를 반면교사로 삼았더라면 미국은 애당초에 베트남 전쟁에 나설 필요도 없었고 패전의 악몽을 겪지 않아도 되었을 것이라고 주장하는 전문가들도 있다.

이처럼 역사가 주는 교훈을 잘 활용하면 잘못된 결정을 막을 수 있으나, 역사의 교훈을 잘 읽지 못할 경우에는 돌이킬 수 없는 결과를 낳기도 한다. 그렇다면 어떻게 하면 역사를 올바로 활용하여 잘못된 결정을 피할 수 있을까?

첫째는 우리가 비교 대상으로 삼는 역사적 사례에 대한 고정관념을 검증하는 일이다. 우리는 역사에 대하여 편견을 가지기 쉽다. 영화나 드라마, 또는 왜곡된 정보에 오염되어 사실을 잘못 알고 있는 경우가 많기 때문이다. 따라서 우리가 어떤 역사적 사례에 대하여 알고 있는 고정된 통념이 맞는지 여부를 비판적으로 따져 보아 그 실체를 정확히 알 필요가 있다.

1961년 케네디 대통령은 취임한 직후 쿠바의 카스트로 공산정권을 무너뜨리기 위해 쿠바 망명자들과 중앙정보국(CIA)에 의해 비밀리에 계획된 쿠바 비밀 침투작전을 승인했다. 이 작전은 외부에서 소수 병력이 침투하면 쿠바 내부에서 강력한 반 카스트로 세력이 항쟁을 일으킬 것이라는 검증되지 않은 믿음에 근거하고 있었다. 이렇게 감행된 작전은 카스트로 정권의 강력한 저항에 부딪쳐 무참한 실패로 끝났다. 또한 작전 계획의 중요한 전제로 당연히 일어날 것으로 기대했던 쿠바 내부에서의 반 카스트로 항쟁은 없었다.

되짚어 보면 케네디 대통령과 참모들은 1959년 카스트로 정권이 쿠바의 공산화에 성공했다는 역사적 실체를 정확히 이해하지 못한 채 공산주의는 나쁘기 때문에 외부에서 충격을 주면 쿠바 국민 다수가 카스트로 공산정권에 항쟁을 일으킬 것이라는 근거 없는 고정관념에 빠져 있었다. 이 사건을 '피그만 사건'이라 부르는데, 케네디 정부의 대표적인 외교 실패 사례이다.

둘째로 현재의 사건과 역사적 사례 간의 유사점과 차이점을 분석함으로써 현재의 사건에 대한 대응 방안을 추려내 보는 것이다.

한국전을 예로 들어보자. 한국전은 1930년대 유럽에서 발생한 일련의 전쟁들과 비교할 때 유사점과 차이점이 있다. 한국전쟁이나 유럽전쟁은 모두 무력침공, 즉 김일성 정권과 히틀러 정권에 의해 침략 전쟁을 겪었다는 점에서 유사점을 가지고 있다. 즉 한국전쟁에서는 북한의 무력침공이 있었다. 이는 명백한 유엔헌장 위반이었기 때문에, 피해국인 한국은 국제사회의 도움을 요청했다. 유럽전쟁에서는 상대측인 독일의 히틀러 세력이 국제연맹 헌장 등 국제적 규약을 어기고 무력침공을 했다. 또한 유럽 전쟁 시에 히틀러가 주변 국가를 계속 공격하여 영토를 확장하였던 것과 유사하게 2차 대전이 끝난 후 소련은 1946년 그리스 사태, 1948년 베를린 봉쇄 등과 더불어 동구권 국가들을 공산 세력권으로 만들었다.

반면 차이점도 있다. 1930년대 유럽 전쟁 때와는 달리 한국전쟁에서는 유엔을 통한 집단안보체제가 작동하고 있었다. 또한 미국 여론은 공산주의 세력 확장을 방관하는 유화책을 지지하지 않았다. 반면 유럽전쟁 때에 미국의 여론은 이에 개입하는 데 호의적이지 않았다. 그리고 유럽전쟁 시에는 미군이 유럽에 주둔하지 않았으나, 한국전쟁이 발발하였을 때는 미군이 한반도에 가까운 일본에 주둔하고 있었다.

이렇게 유사점과 차이점을 분석하면, 유럽전쟁 때와는 달리 한국전쟁은 명분과 실제 면에서 즉시 침략군을 막아야 한다는 결론에 쉽게 도달할 수 있다. 침략자의 영토 확장 야욕을 막지 않으면 유럽전쟁 시 유화정책의 결과로 2차 대전이 유발된 것과 같이 공산세력이 아시아의 다른 지역에서 또 다시 전쟁을 일으킬 수 있기 때문이다.

또한 북한의 남한 침략은 명백한 유엔헌장 위반이기 때문에 이를 막기 위해 개입하는 것은 국제사회의 지지를 받을 수 있다. 미국 국내 사정도 즉시 미군을 파병하기에 좋은 여건이었다. 여론이 공산권의 세력 확대에 반대하였고, 미군이 일본에 주둔하였기 때문에 파병이 용이하였다.

결론적으로 투르만은 유럽전쟁을 교훈 삼아 북한의 침략을 막지 않으면, 소련을 위시한 공산권 세력이 또 다른 지역에서 침략전쟁을 일으킬 것이기 때문에, 전쟁에 즉시 개입하여 북한 침략군을 막아야 한다고 결정하였다. 그리고 유엔의 결의에 따라 유엔군의 명목으로 미군을 파병하였다. 이는 냉전의 구도 하에서 공산세력의 확산을 막아야 한다는 미국의 봉쇄정책이 본격적으로 적용된 첫 번째 케이스였다.

셋째로 외교에서 잘못을 피하기 위해서는 현재의 결정이 미래에 어떤 결과를 가져올지를 예측해 보는 것이 바람직하다. 특정한 시점에 택한 선택이 미래에 어떤 결과를 초래하게 될지를 미리 예측해 보는 것이다.

2차 세계대전으로 피폐해진 유럽을 살리는 데 결정적으로 기여했던 마셜 플랜의 주인공인 마셜 장군이 국무장관으로 재직 중이던 1948년에 미국의 가장 큰 화두는 중국의 공산화를 막는 것이었다. 중국의 공산당 세력이 갈수록 확산되자, 당시 워싱턴 정계와 학계 일부에서는 중국에 군사고문단을 파견해야 한다고 주장했다.

그러나 마셜 장군의 생각은 달랐다. 그는 중국에 군사고문단을 파견하게 되면, 이는 추후에 미국의 책임과 의무를 발생시키게 됨으로써 미국 국민이 이를 결코 달가워할 리가 없다고 판단했다. 또한 중국도 장기적으로는 내정간섭 운운하며 저항할 것이 분명하다고 생각하였다. 이와 같이 마셜 장군은 현재만이 아니라 미래의 시점에서 미국 정책이 가져다줄 결과를 미리 내다보고 군사고문단의 파견에 반대하였다.

결국 미국은 군사고문단을 파견하지 않았고 중국은 공산화되었다. 미국이 군사고문단을 파견했다고 해도 당시 장개석의 국민당이 국민들의 지지를 잃었기 때문에 중국의 공산화는 막지 못했을 것이다. 그렇게 되면 국내외에서 비난만 들었을 것이 명백했다. 이러한 점에서 군사고문단 파견에 반대한 마셜 장군의 판단은 옳았다.

<올바른 역사 활용 방법의 예>

1. 1930년대 유럽전쟁과 한국전쟁 비교 분석

유 사 점 (likenesses)	무력 침공과 외부 지원 요청 독재체재의 세력 확장 주의 (히틀러와 스탈린)
차 이 점 (differences)	독일 직접 침략 vs 소련 사주에 의한 북한 침략 국제안보체제 미비 vs 유엔 미국 내 여론 (고립 정책 vs 개입 지지) 미군 유럽 부재 vs 일본에 미군 주둔

2. 옵션

a. 북한 침략 비난
b. a + 경제 제재
c. b + 봉쇄
d. 현상 회복을 위한 군사 개입
e. 북진 통일을 위한 군사 개입

출처: Richard E. Neustadt and Ernest R. May(1986), Thinking in Time, The Free Press, pp. 42-44.

세계화 시대의 외교

우리는 지금 21세기 세계화 시대에 살고 있다. 세계화는 상호 의존성이 높아지고 교류가 넓어지는 현상이다.

국가 간의 경계가 불분명해지는 세계화 현상은 특히 경제 분야에서 두드러진다. 교역이 대폭 자유화되어 세계 어느 곳에서나 우리 상품을 팔 수 있고, 우리나라에서도 10여 년 전까지 상상도 못했던 각양각색의 외국 상품을 쉽게 살 수 있다. 또한 다양한 국적의 외국인을 주변에서 흔하게 볼 수 있다. 오늘날 우리 국민은 세계 어느 곳이든 아무 때나 쉽게 갈 수 있다.

그러나 세계화의 흐름 속에서 테러리즘, 전염병의 확산 등 부정적인 현상도 일어난다. 2016년 6월 영국이 국민투표를 통해 EU에서 탈퇴하기로 결정한 브랙시트(Brexit)에서 보는 바와 같이 세계화로 초래된 극심한 경제 불평등과 이민문제 등으로 인해 세계화에 대한 거센 역풍이 불고 있다.

사실 세계화는 금세기 현상만은 아니다. 18세기에 증기기관차와 전보가 발명될 때, 그리고 20세기에 제트엔진과 인터넷이 발명되었을 때도 세계화 현상이 나타났다.

18세기 아담 스미스는 그의 명저인 『국부론』에서 "자본에 대한 과다한 과세는 자본의 해외유출을 가져옴으로 실시해선 안 된다."라고 주장했다. 자본의 해외유출을 염려할 만큼 국경 없는 자본 이동의 가능성, 즉 경제의 세계화 현상을 지적하고 있다.

또한 영국의 유명한 경제학자 케인즈가 1차 세계대전 이전에 쓴 글을 보면 마치 오늘날 자유주의자들이 쓴 글이 아닐까 착각할 정도이다.

> "한 런던 시민이 침대에서 모닝 차를 마시며 세계 어느 곳이든 전화를 걸어 원하는 물건을 원하는 시간에 원하는 양만큼 주문할 수 있다. 세계 어디든 원하는 기업에 원하는 만큼 투자할 수 있는 시대가 오고 있다."

1990년대 초부터 시작된 오늘날의 세계화는 이전 세기들의 세계화 현상과는 다른 특징을 보인다. 가장 큰 차이점은 정보 통신의 발달로 세계가 네트워크화되어 정보 조작의 여지가 줄고, 개인 선택의 폭이 크게 확대되었다는 점이다. 한 세기 전에 활용된 전보는 개인보다는 집단 간의 거리를 좁혀 주었다. 반면 오늘날 인터넷은 정부나 기업보다 개인의 전유물로 통한다.

전 세계 개인들이 자유롭게 만나는 또 하나의 이합집산의 세계, 인터넷은 테러리스트이거나 반세계화주의자이거나 또는 단순한 애호가이거나 차별 없이 뜻이 같은 개인들이 모이고 행동할 수 있는 공간이다. 이는 인터넷을 매개로 하여 개인의 정치적 행위와 권리가 국경을 초월하여 확산되고 있음을 보여준다. 인터넷이야말로 세계화 시대의 첨병이며 이를 통해 세계가 네트워크로 엮어지고 있다.

19세기 세계화가 개인 간의 접촉을 촉진시켰다면 20세기 세계화는 해외여행 비용을 대폭 감소시켜 대중의 국제적 이동을 극적으로 증가시킨다.

또한 정부의 선택폭은 담보상태에 있는 반면, 1990년대 이전부터 시작된 민주주의의 세계적 확산, 속박 받지 않는 언론, NGO 세력의 성장, 그리고 국제 범죄와 테러리스트 네트워크의 증가 등 정부의 자율성을 침해하는 요소는 늘어나고 있는 상황이다.

세계화 현상은 너무나 복잡하고 광범위하여 예측이 어렵다. 또한 우리가 쉽게 이해할 수 없는 새로운 이슈들을 낳고 있다. 한 예로 중국에서 발생한 전염병 사스(SARS)가 지구 다른 쪽에 위치한 토론토의 경제에 심각한 타격을 준 경우를 들 수 있다. 사스로 인해 외국인의 중국 여행이 제한되자 토론토에 살고 있는 많은 중국인들의 중국 여행이 급감하여 결국 토론토의 여행 산업이 흔들리게 되었고, 이는 결국 토론토 경제에 큰 타격을 주었다.

세계화 현상은 경우에 따라 가난한 나라에게 엄청난 혜택을 주기도 하고, 반대로 가난한 나라, 잘사는 나라 모두에게 피해를 주기도 한다. 정부나 개인의 개입을 무력화시키는 세계화 현상이 있는가 하면, 이들의 개입이 필요한 현상도 있다.

결국 고정관념에서 벗어나 열린 마음으로 변화를 바라보는 자세만이 세계화의 진정한 의미를 이해하는 길이 될 것이다. 그렇다면 세계화 시대에 어떠한 사고방식을 갖는 것이 우리의 국익을 극대화하고 외교력을 높이는 데 도움이 되는 것일까?

첫째는 세계인적 마인드를 가지는 것이다. "생각은 세계적으로, 실천은 사는 곳에서(think globally, act locally)"라는 말이 있다. 이 말은 세계화 시대를 살아가는 우리에게 꼭 필요한 지혜를 일러 준다. 세계인적 마인드를 가지기 위해서는 우물 안의 개구리식 사고방식에서 벗어나 고정관념을 깨는 사고(out of box thinking)를 하는 것이 바람직하다.

이를 보여 주는 좋은 케이스가 한국적이면서도 세계인의 정서에 부합하는 '한류'의 매력이다. 오늘날 중국, 동남아는 물론이고 중동, 유럽에서도 많은 사랑을 받고 있는 K-POP, 한국 드라마나 영화의 인기는 세계인적 마인드를 가지고 우리 고유의 미를 살리지 못했다면 가능하지 않았을 것이다.

두 번째는 균형 있는 사고를 하는 것이다. 개인사에서도 마찬가지지만 특히 외교 문제에 있어서 균형 잡힌 사고는 대단히 중요하다. 이상과 현실, 이성과 감정, 원칙과 실제 등 서로 대치되는 요소들을 균형 있게 바라보는 습관이 필요하다. 균형은 단순히 중앙이나 중립을 의미하는 것은 아니다. 균형은 양 극단이 서로의 입장을 조화롭게 반영할 수 있는 최선의 결과를 지향하는 것을 의미한다. 일방적인 승리 대신 상호 윈-윈하는 결과를 추구하는 외교의 특성상 상대방의 입장을 고려할 수밖에 없으며, 우리의 국익과 상대방의 국익 간에 균형을 생각하는 사고가 요구된다.

외교 문제는 여러 요소가 중첩되어 복합적인 성격을 띠는 경우가 많다. 서로 상충하는 요소들 중 무엇이 우선순위인지 살펴보는 습관은 외교 감각을 키우는 좋은 방법이다. 장기적인 이익과 단기적인 이익 간에 조화도 필요하다.

세 번째는 끈기를 갖는 것이다. 끈기가 가장 필요한 사람은 약자이다. 강자는 실수를 하더라도 힘으로 만회할 수 있지만, 약자에게 끈기마저 없다면 강자에게 쉽게 밀릴 수 있다. 다시 말해 약자가 원하는 것을 얻기 위해 무엇보다 은근과 끈기를 발휘하는 것이 필요하다.

이는 국가 간 관계에도 적용된다. 우리나라같이 강대국에 둘러싸여 상대적으로 약자 입장에 놓여있는 상황은 늘 끈기를 요구한다. 우리의 국익과 그들의 국익이 같을 수 없기 때문에 때로는 그들의 입장에 찬성하면서, 때로는 반대하면서 우리 입장을 관철하는 끈기를 갖는 것이 바람직하다.

외교에서 끈기를 보여준 좋은 사례가 김대중 대통령이 재임 시 대북한 강경정책을 추진한 부시 대통령과 가진 두 차례 정상회담이다. 첫 번째 정상회담은 부시가 대통령에 취임한 후 얼마

뒤인 2001년 3월 워싱턴에서 개최되었다. 그리고 이에 대비되는 또 하나의 정상회담은 부시 대통령이 방한한 2002년 2월 서울에서 열렸다. 이 두 번의 정상회담은 극명한 대조를 이루었다. 첫 번째 정상회담은 부시 대통령의 강경한 대북한 정책과 투박하고 미숙한 태도로 성공적이지 못했다. 두 번째는 김대중 대통령의 끈기가 부시 대통령으로 하여금 햇볕정책의 기조에 동조하게 만든 경우이다.

부시 대통령은 대통령 선거 운동을 할 때부터 클린턴의 대북 포용 정책을 비판했다. 당선만 되면 제네바 합의로 진행 중인 경수로 제공 프로젝트를 파기하겠다고 공언하는 등 대북 강경 정책을 표방했다. 만일 부시 정권이 들어서고 선거 공약대로 대북 강경책을 밀어 붙인다면 2000년 6월 역사상 최초의 남북정상회담과 6.15 남북공동선언, 그리고 이를 계기로 새로운 분수령을 맞은 남북 화해·협력의 분위기가 일시에 경색될 위기에 처해 있었다.

김대중 대통령은 이러한 부시 정부의 대북 정책을 기존 포용 정책의 기조로 바꾸어 놓아야 한다는 절대적 과제를 안고 있었다. 첫 번째 정상회담을 위해 김대중 대통령은 장고를 거듭했고, 많은 시간을 들여 철저히 준비했다. 그의 햇볕정책이 부시 대통령의 거부로 좌초된다면, 그 당시 활발히 진행되고 있었던 남북화해협력 사업이 중단될 위기에 처할 수 있었기 때문이었다.

이에 우리 정부는 온건파로 알려진 파월 미 국무장관을 사전에 집중적으로 접촉하여 그의 지지를 확보하는 데 성공했다. 파월은 공개적으로 클린턴 정부의 대북 포용정책을 지지한다고 말하기까지 했다.

그러나 그는 체니 부통령 등 네오콘 세력의 압력에 밀려 결국 이러한 입장을 정상회담 직전에 번복하고 말았다. 부시 대통령 또한 우리 측 설명은 뒷전으로 하고 정상회담 내내 김정일 위원장과 북한 체제에 대한 부정적 견해만 드러냈다. 급기야 기자회견에서 김정일 위원장을 믿을 수 없는 인물로 표현하는 등 극도의 불신을 드러냈다. 부시의 이러한 강경 입장으로 1차 회담은 성공적이지 못한 것으로 평가되었다.

그러나 김대중 대통령은 다양한 방법으로 끈질기게 대북 포용정책의 필요성을 설득해 나갔다. 마침내 2002년 2월 김대중 대통령은 한국을 방문한 부시 대통령을 다시 만났다. 당시는 부시 대통령이 한 달 전 미국 의회연설에서 북한을 이란, 이라크와 함께 '악의 축'이라고 부르면서 전세계에 미국의 강경한 입장을 재확인시켰던 시기로서, 한반도에 전쟁의 그림자가 드리워지는 절체절명의 위기 상황이었다. 김대중 대통령은 부시 대통령에게 이렇게 말했다.

> "레이건 대통령은 소련을 '악마의 제국'이라 불렀지만 전략무기감축협상을 갖는 등 소련과 대화했다. 닉슨 대통령도 한국전에서 싸운 중국을 찾아가 데탕트 시대를 열었다. 닉슨의 데탕트 정책이 없었다면 등소평의 개혁개방정책도 없었고, 그랬다면 오늘의 중국도 없었을 것이다. 공산주의 국가는 봉쇄로 변화시킬 수 없다. 대화로써 변화시켜야 한다. 공산주의 국가는 압력을 가할수록 안으로 저항력만 키운다. 쿠바를 보라. 미국은 지난 50년 동안 이 조그만 섬나라를 봉쇄했지만 결국 변화시키지 못했다. 북한에게도 포용정

책을 펴야 한다. 대화하고, 교류협력해서 자꾸만 밖으로 끌어내야 한다. 그렇게 할 때 진정으로 북한을 변화시킬 수 있다."

부시 대통령은 김 대통령의 이 말에 설득되었다. 그는 회담 직후 개최된 기자회견에서 김 대통령이 언급한 "레이건 대통령은 악마의 제국인 소련과 대화했다."라는 말을 자신의 말처럼 하면서 "북한을 공격하지 않겠다. 북한에 식량 지원하겠다. 그리고 북한과 대화하겠다."라고 약속했다. 김 전 대통령의 끈기와 인내가 이뤄낸 쾌거였다. 그러나 부시 대통령의 이 약속은 이후 2002년 10월 네오콘이 들고 나온 북한의 고농축 우라늄 문제로 지켜지지 않았다.

그렇지만 모두가 불가능하다고 생각했던 일을 끈질기게 시도하여 마침내 설득에 성공한 김 대통령의 인내와 끈기는 우리가 큰 나라를 상대할 때 가져야 할 자세에 대하여 모범적인 교훈을 주고 있다.

part

02

우리에게 외교가 왜 중요한가?

우리나라 최고 외교관으로 추앙받는 서희 선생 동상
출처: 국립외교원
http://www.knda.go.kr/knda/hmpg/kor/bbs/NoticeBbsView.do?bbsSn=376

1
우리 외교의 ABC

저명한 프랑스 문명사학자인 페르낭 브로델(Fernand Braudel)은 그의 역작인 『문명의 역사』에서 강대국을 이웃으로 둔 한반도가 이로 인해 얼마나 많은 시련과 역경을 견디어 내야 하는지에 대하여 이렇게 기술하고 있다.

> "한국은 일본, 만주, 시베리아와 중국에 둘러싸인 특별한 전략적 위치 때문에 역사적으로 많은 희생을 당해왔다. 이는 과거에나 현재에도 늘 그래왔고 지금도 그런 것처럼 무슨 짓을 하거나 자신을 정당화하는 강국들을 주변에 둔 작은 나라가 얼마나 큰 위험에 노출되어 있는지를 보여주는 대표적인 예이다. 이태리처럼 한국은 외부 세계에 자연적으로 조성된 하이웨이가 될 불운을 안고 있다. 중국은 한국을 자국으로 통하는 게이트웨이로 간주하여 투르크스탄이나 북부 베트남처럼 외부의 위협으로부터 보호되어져야 한다고 생각한다. 일본은 한반도에의 접근이 확보되지 못하면 불안하여

어찌할 바를 모르게 된다. 따라서 일본이 강해지거나 또는 특별히 위협을 받는다고 느끼게 되면 결과적으로 한국이 희생되게 된다. 16세기 말에 토요토미 히데요시의 한반도 점령 시도나 20세기 초 한반도 식민지화가 그런 예이다. 한국은 또한 블라디보스토크 연해가 얼게 되는 때에는 소련의 출구이기도 했다. 이미 차르가 지배하는 시절부터 러시아는 이 루트에 관심을 가졌다."

한반도가 이와 같이 주변 강대국들에 의해 희생되기 쉬운 태생적인 운명을 가지고 있다는 냉혹한 현실을 인식하는 일이 우리 외교의 ABC이다. 이와 같이 강대국들의 이해가 첨예하게 교차하는 우리 주변의 지정학적 구조의 변화를 읽지 못해서 우리가 잘못된 외교를 하면 언제든지 강대국의 희생양이 될 수 있다. 더구나 우리 한반도는 남과 북으로 분단되어 있어 더욱더 외부 환경 변화에 취약할 수밖에 없다.

1970년 초 미국과 중국 간의 관계 개선으로 한반도 정세가 요동쳤는데 이 사례를 보면 왜 우리가 세계정세 변화에 눈과 귀를 열어 놓아야 하는지를 잘 알 수 있다. 냉전이 시작된 후 최초로 국제정치의 구조를 바꾼 계기가 된 이 사례는 한반도 정세에 큰 격랑을 몰고 왔다.

닉슨 쇼크

"저우언라이 수상과 닉슨 대통령의 국가 안보보좌관 키신저 박사는 북경에서 무려 17시간 동안 긴 회담을 가졌다. 저우언라이 수상은 적절한 시기에 닉슨 대통령이 중국을 방문할 수 있도록 초

> 청했다. 닉슨 대통령은 이 초청을 기꺼이 수락했다. 중국과 미국 지도자들의 회담에서는 양국 관계정상화 모색 등 공동 관심사가 논의될 것이다."

1971년 7월 15일 저녁에 미국 전역에 생중계된 이 짧은 발표는 '닉슨 쇼크'라 불릴 만큼 전 세계에 엄청난 충격을 주었다. 20여 년 동안 원수같이 지내던 두 나라가 함께 하겠다는 선언인데다 이를 협상한 키신저의 중국 방문이 워낙 극비리에 진행되었기 때문이다. 핵심 관계자를 제외하고 누구도 그의 중국 방문에 대해 알지 못했으며, 외교를 담당하는 국무성조차 중국과의 비밀 협상 과정에서 철저히 배제되었다.

키신저 회고록에 따르면 당시 아빈 메이어 일본 주재 미국 대사는 이발하는 도중에 미군 라디오 방송으로 닉슨의 중국 방문 발표를 듣고 닉슨이 실수로 중국을 언급한 것이 아닌가 생각했다고 한다. 그만큼 닉슨의 중국 방문 발표는 충격적이고 전격적으로 이루어졌다.

닉슨의 중국 방문은 그 내용 면에 있어서도 세계정세의 일대 전환을 예고하는 것이었다. 이는 미국과 중국의 20년 동안의 적대관계에 종지부를 찍고 관계 정상화를 알리는 신호탄이었으며, 세계 정치 구도를 미국과 소련의 양자 구도에서 중국이 추가되는 삼각체제로 바꾸는 전략적 선택이었다.

한국전쟁 이후 세계는 민주 진영을 대표하는 미국과 공산 진영을 대표하는 소련이 사사건건 대립하고 있었다. 이러한 양극 구조에서 중국은 미국과 손잡고 같은 공산권 국가인 소련을 견제하는 양상으로 세계정세를 변화시켰다.

미국이 중국과 관계 개선을 꾀한 직접적인 동기는 극도로 악화된 중국과 소련 간의 관계 때문이었다. 소련은 주권 제한을 표방하는 브레즈네프 독트린을 명분으로 1968년 체코 사태에 무력으로 개입하여 반정부 세력을 무자비하게 진압했다. 또한 1969년 소련과의 동북부 접경에 위치한 우수리 강 유역에서 소련군과의 군사 충돌이 잇달아 발생하자 중국은 소련을 안보 위협의 대상으로 보기 시작했다. 당시 소련은 40개 사단을 중국과의 국경선에 대폭 배치하는 등 강경한 군사조치를 취했다.

한편 미국 또한 베트남 전쟁의 실패로 국내외로부터 반전 여론에 시달리고 있었다. 오랜 전쟁으로 어려워진 경제도 발목을 잡고 있는 상황이었다. 이러한 상황에서 미국은 소련과의 대결국면을 데탕트로 전환시킬 필요가 있었다.

이를 위해 닉슨은 중국 카드를 이용하여 소련의 대결 정책을 변화시키는 연계 전략(linkage strategy)을 펼치기로 했다. 데탕트 시대를 열어 소련과 대결이 아닌 협상으로 국제 문제들을 해결하고자 했던 것이다. 연계 전략이란 중동 문제, 전략무기감축협상, 인도차이나 문제, 중부 유럽 안보 문제, 중·소 국경 분쟁 등의 제반 국제 문제를 개별 사안별로 다루지 않고 패키지로 묶어 주고받는 협상을 통해 해결하는 전략을 지칭한다.

소련은 닉슨의 중국 방문을 소련을 포위하려는 음모라며 극렬하게 비난했다. 그러나 소련의 내심은 따로 있었다. 닉슨의 중국 방문이 성사되자, 소련은 갑자기 중요한 국제 문제를 논의하는 데 북경보다 모스크바가 중요하다는 인상을 주려고 열심이었다. 예를 들어 닉슨의 중국 방문이 발표된 후 도브리닌 주 미국 소련 대사는 키신저에게 닉슨 대통령이 북경에 가기 전 모스크바에 와 줄 수 있는지 문의하였다. 평소 닉슨의 소련 방문에 미온적이었던 소련이 갑자기 태도를 바꾼 것이다. 키신저는 회고록에서 중국 방문 발표를 기점으로 당시 교착상태에 있었던 베를린 협상과 우발적 핵전쟁 방지 협상이 신기하게 풀리기 시작했다고 밝혔다. 미국이 중국과의 관계 정상화를 도모한 궁극적인 목적은 소련과의 데탕트였는데, 소련은 미국의 의도대로 대립보다는 대화로 국제 문제를 해결하는 데 협조하였다.

일방적으로 바뀐 한반도 정책

닉슨 쇼크는 한반도 주변 정세와 남북한 관계를 요동치게 하였다. 먼저 미국과 중국 간에 한반도 문제를 논의한 내용을 살펴보자.

1971년 7월 키신저가 극비리에 베이징을 방문했을 때 한국 문제를 먼저 제기한 측은 미국이 아닌 중국이었다. 저우언라이는 키신저와의 첫날 만남에서 주한 미군 철군 문제를 거론했다. 이에 대해 키신저는 다음과 같이 답해 주한 미군 철수 가능성을 열어 둔다.

> "우리의 관계가 예상대로 진전되고, 인도차이나 전쟁이 끝나 한국군이 귀환하게 되면 닉슨 대통령의 임기 종료 전에 다는 아니더라도 일부 미군이 한국에서 철수하는 상황을 상정해 볼 수 있을 것이다."

다음 날 계속된 회담에서도 저우언라이는 "최근 실시된 주한 미군 2 만 명의 감축이 주한 미군 철수의 시작을 의미하느냐?"라고 묻는다. 이에 키신저는 "주한 미군의 철수는 계속될 것이다." 라고 답했다. 사실상 철수를 시인한 것이다. 저우언라이는 최종 회담에서 한반도 문제를 재론하며 주한 미군을 대체하여 일본 자위대가 한반도에 들어와서는 안 된다고 강조했다. 추후에 공개된 미국 측 보고서는 "당시 키신저는 한반도 긴장 완화를 위해 각자의 동맹국을 설득하자고 제안했고, 저우언라이는 이에 대해 침묵했다. 키신저는 이 침묵을 동의로 간주했다."라고 기록하고 있다.

또한 1972년 2월 닉슨·저우언라이 정상회담에서 주한 미군 철수 문제와 일본 자위대의 남한 주둔 가능성이 거론되었다. 닉슨은 이미 주한 미군 1/3이 철수했고, 미군 감축은 계속될 것이라고 재확인해 주었다. 더불어 "일본의 한국 개입은 중국이나 미국의 이해관계에 부합하지 않는다."라고 명확히 대답했다.

1972년 2월 27일 발표된 상해 코뮤니케를 살펴보면, 한반도 문제는 미국과 중국 간 합의를 보지 못한 이슈로 남아 있다. 미국과 중국은 상해 코뮤니케에 한반도 문제에 대한 각자의 입장을 그대로 실었다. 일반적으로 정상회담에서 발표되는 내용은 양측이 합의한 사항만을 포함하는데 상해 코뮤니케는 한반도, 대만 등 양측 간 이견이 있는 문제에 대해 다음과 같이 각자의 입장을 병기하는 독특한 방식을 택했다. 키신저는 회고록에서 이는 중국이 제안한 방법이라고 밝혔다.

중국 측은 말했다.

"중국은 1971년 4월 12일 조선민주주의인민공화국이 제의한 한반도 평화통일 8개항과 유엔한국위원단의 해체를 전적으로 지지한다."

미국 측은 말했다.

"미국은 대한민국과의 긴밀한 관계를 유지하고 이를 계속 지지할 것이다. 미국은 한반도 긴장 완화와 대화 증진을 위한 대한민국의 노력을 지지할 것이다."

그때까지 미국의 대한반도 정책은 우리의 입장에 따라 '유엔 결의안에 따른 한반도 문제 해결'이라는 입장을 고수했었다. 그러나 미국은 중국과의 관계 개선을 계기로 대한반도 정책을 한국화, 즉 '한국인들에 의한 한반도 문제 해결' 기조로 바꾸게 되는데, 이는 북한과 중국의 입장을 받아들인 결과였다.

또한 미국은 한반도 문제가 미국과 중국, 그리고 미국과 소련 간에 시작된 데탕트에 걸림돌이 되지 않도록 남북대화를 촉구하고, 남한과 북한의 유엔 동시 가입도 권유했다. 미국은 이렇게 중국과 소련을 상대로 한 세계 전략의 변화에 따라 한국과는 한마디 상의도 없이 한반도 정책을 바꾸었다. 미국에게 한반도 정책은 자신이 필요한 세계 전략에 따라 언제라도 바꾸어질 수 있는 것에 불과했던 것이다.

1973년 3월, 미 행정부가 작성한 『국가안보정책 메모 154: 미국의 대한반도 정책』을 보면 이 점을 분명하게 확인할 수 있다.

"미국은 단순히 남한에 미칠 영향뿐만 아니라, 남북관계와 동북아 역학관계에 미칠 전반적인 영향을 종합적으로 판단하여 대북 정책을 결정하여야 한다."

수세적인 남한, 공세적인 북한

1971년 초 2만 명의 주한 미군 감축이 일방적으로 진행된 상황에서 미국과 중국 간 데탕트는 한국 정부에 큰 충격을 주었다. 돈 오버도퍼 전 워싱턴 포스트 특파원에 따르면 당시 박정희 대통령은 "한국이 얼마나 오랫동안 미국을 신뢰할 수 있겠는가?"라면서 미국에 대한 심각한 불신을 표시하였다고 한다.

박정희 대통령은 닉슨에게 한국 정부의 우려 사항을 친서로 전달하고 정상회담을 요청하였으나 받아들여지지 않았다. 이후 한국 정부는 미국의 권유에 따라 북한과 직접 대화에 나서게 되었다.

다른 한편으로 박정희 대통령은 영구 집권을 위한 유신 조치를 강행하였다. 그는 미국과 중국 간 긴장 완화로 한국의 국익이 위협받는 상황에서 안보를 지키고 대북 협상을 하려면 내부적 결속과 국력을 다져야 한다는 명분을 내걸었다.

갑작스런 미·중 데탕트에 북한도 당황하긴 마찬가지였으나, 북한은 미국과 중국의 협상 과정에서 중국과 긴밀히 공조하였다. 키신저가 중국을 떠난 후인 1971년 7월 30일, 북한의 김일 제1부수상은 북경으로 저우언라이를 찾아가 한반도 평화통일 8개항을 미국 측에 전해 달라고 요청하였다. 8개항은 주한 미군 철수, 미국의 북한 정찰 활동 중단, 미국의 남한에 대한 핵무기 등 각종 무기 제공 중단, 일본 자위대 주한 미군 대체 주둔 반대, 유엔한국통일부흥위원단 해체 등을 담고 있었다.

중국은 키신저가 10월 북경에 다시 왔을 때 이를 미국 측에 전달했다. 뒤이은 11월 1일부터 3일까지 김일성은 북경을 비밀리에 방문하여 저우언라이로부터 키신저와의 회담 결과를 전해 들었다. 또한 닉슨 방중 직후인 1972년 3월 7일부터 9일까지 저우언라이는 평양을 방문하여 정상회담 결과를 북한 측에 설명했다.

북한의 8개항은 상해 코뮤니케에 중국의 입장으로 그대로 반영되었다. 북한은 중국을 통해 유엔한국위원단 해체와 유엔군 사령부 해체 문제를 끈질기게 물고 늘어졌다. 그러나 1973년 11월 유엔 총회는 유엔한국위원단 해체만을 결의하였다.

중국을 통해 유엔군 사령부 해체 문제가 해결되지 않자, 북한은 미국과의 직접 접촉을 시도했다. 중국을 통한 대미 접촉과 남북대화만으로는 더 이상 자신의 입장 관철이 어려웠기 때문이다. 이는 북한이 중국과의 공조를 끝냈음을 의미하는 것이었다.

1974년 3월 25일, 북한의 허담 부총리 겸 외교부장은 제5기 최고인민회의 3차 회의 연설에서 미국에 북미평화협정체결을 제안하였다. 인민회의는 이를 미국의회에 협정 체결을 요청하는 공식 서한으로 채택했고, 이로써 미국과의 직접 협상이 시도되었다.

그러나 미국은 우리와 중국과의 관계를 고려하여 서한 접수 자체를 거부했다. 우선 우리 측의 반대가 심했고, 중국을 도외시한 채 북미 직접 협상을 할 수 없었기 때문이었다.

우리의 입장에서 북한의 북미평화협정 제안은 어이없는 것이었다. 바로 얼마 전까지 남북평화협정체결을 제안했던 북한이 1973년 8월 느닷없이 남북대화를 중단하고 미국에 평화협정 체결을 제안했으니 우리가 북미 접촉을 반대하는 것은 당연하였다.

그러나 미국은 남북한 긴장 완화 추진 방침에 따라 다른 한편으로는 북한의 국제사회 진출에 협력하였다. 1973년 5월 북한이 세계보건기구에 가입함으로써 역사상 최초로 유엔 기구 회원국이 되었을 때 미국은 지지도 반대도 아닌 모호한 입장을 취하였다. 그러면서도 미국은 남북한 유엔 동시 가입을 지지했다.

떠밀려 시작된 최초의 남북대화

미국과 중국 간의 데탕트로 미국의 한반도 정책이 한국인에 의한 한반도 문제 해결로 기조가 바뀌고 남북 간 대화를 권장함에 따라 분단 이후 최초로 남북 정부 간 대화가 시작되었다. 그 결과, 1972년 7월 최초의 정부 간 합의문인 7.4 남북공동성명이 채택되었다. 성명문은 통일 3대 원칙으로 '자주, 평화, 민족 대단결'을 선언하는 내용을 담고 있다.

남북 대화가 성사된 것은 무엇보다 미·중 간 관계 정상화 합의가 이뤄지면서 주변 4대 강국이 한반도 분단의 현상 유지와 평화 구축을 위한 남북한 직접 대화를 지지했기 때문이었다.

1971년 2월 포터 주한 미국대사는 의회 청문회에서 이렇게 증언했다.

"본국 정부의 허락을 받아 한국 정부와 남북 대화 추진 문제를 협의하였으나 부정적인 반응이었다. 그러나 이를 실현할 방안을 조용히 협의 중에 있다."

미국과 중국 간의 데탕트 국면을 활용하여 남북 대화를 먼저 제의해온 측은 북한이었다. 1971년 8월 6일 김일성은 시아누크 캄보디아 국왕을 환영하는 연설에서 "남조선의 민주공화당을 포함한 모든 정당, 사회단체 및 개별 인사들과 언제든지 접촉할 용의가 있다."라고 말했다.

이에 대해 우리는 남북적십자 회담을 개최하자고 응대하여 분단 이후 최초의 남북 대화가 시작되었다. 그러나 7.4 남북공동성명으로 급물살을 타던 남북대화는 1973년 3월 평양에서 열린 제2차 남북조절위원회 회담 이후 교착 상태에 빠졌다.

그러던 그 해 8월, 북한이 김대중 전 신민당 대통령 후보 납치 사건을 비난하면서 회담에 응하지 않아 남북대화는 사실상 끝나고 말았다. 북한이 대화를 중단한 이유는 남북 간의 현격한 입장차 때문이었다. 우리는 인도적 문제를, 북한은 정치적·군사적 문제를 먼저 해결하자고 주장하여 북한 입장이 관철될 여지가 없었다. 결국 북한은 미국과의 직접 대화로 입장을 바꿨다. 그러나 앞서 지적했듯이 미국은 중국과 우리와의 관계가 먼저였기 때문에 북한의 요청을 받아들이지 않았다.

한편 소련과 일본은 미국과 중국의 관계 개선 및 이에 따른 한반도의 현상 유지와 긴장 완화 추세에 뒤질세라 각각 남북한과의 접촉을 시도했다. 예를 들어 1971년 9월 소련 태생의 이란 축구팀 코치가 친선 축구대회 참석 차 서울을 방문하였는데, 이는

1948년 8월 한국 정부 수립 이후 처음 있는 일이였다. 또한 1972년 1월 일본의 조일의원친선증진연맹이 북한의 무역진흥협회와 무역 협정을 체결하기도 했다. 한국 정부는 무역 협정 체결을 반대하였으나, 일본 정부는 이를 인정했다.

1973년 8월에는 북경에서 역사상 최초로 미국과 북한 간 외교관 접촉이 이루어졌다. 키신저는 황후아 유엔 주재 중국대사에게 이를 알리고 중국이 이에 상응하여 유엔 내에서 남한 외교관과 접촉해 줄 것을 요청하였다. 미국의 권유에도 불구하고 중국은 우리와의 접촉을 거부했다. 북한의 반대를 의식해서였다.

여기서 한 가지 관심을 끄는 것은 중국과 소련이 주한 미군 철수를 주장하면서도 주한 미군의 빈자리에 일본 자위대가 들어오는 것을 극도로 반대했다는 점이다. 앞에서 살펴본 바와 같이 닉슨과 저우언라이 정상회담에서 중국은 이 문제를 강력하게 제기했고, 소련 역시 1969년 6월 모스크바 국제공산당대회에서 '아시아 집단안전보장체제'를 제안하며 일본을 견제하였다. 1971년 9월에는 그로미코 외상이 유엔에서 세계 무기 감축 회의 개최를 제안하였다. 이는 모두 일본을 견제하려는 목적에서 제안된 것이었다. 미국의 세계 전략 변화는 이와 같이 소련과 일본의 대한반도 정책에 큰 영향을 미쳤다.

미국은 세계 전략이 우선이다

1970년대 초 미국과 중국 간의 관계 개선과 이에 따른 주변 강대국들의 대한반도 정책 변화, 그리고 남북한 관계 변화를 통해 우리는 기억해야할 몇 가지 교훈을 얻을 수 있다.

첫째는 미국이 한반도 정책을 세계 전략의 종속 변수로 삼고 있다는 점이다. 미국은 중국과 관계 개선을 협상하는 과정에서 우리의 안보에 결정적인 주한 미군 철수를 우리와 사전에 한마디 상의도 없이 중국과 논의하였고, 한반도 정책의 기조도 바꾸었다.

역사적으로 볼 때 이와 같이 강대국끼리 우리와 직결된 문제를 자기들 끼리 논의하거나 결정한 사례는 드물지 않았다. 임진왜란 때 우리를 지원하기 위해 파견된 명나라군은 우리 모르게 왜군과 한반도를 분할하는 방안을 논의하였다. 1871년 신미양요 때 미국 정부가 제일 먼저 한 일은 청국에 항의하는 것이었다. 또한 미국은 카쓰라-테프트 밀약으로 일본의 한반도 지배를 인정한 바 있다. 1968년 푸에블로 호 나포사건[1]이 발생하였을 때 미국 정부가 달려간 곳은 북한이 아닌 모스크바였다.

이와 같이 우리가 무기력하게 주변 정세 변화에 휩쓸리지 않으려면 강대국 간의 관계 변화를 잘 관찰하고 세심하게 대비하여 우리 국익이 손상되는 일이 발생하지 않도록 하는 것이 바람직하다.

둘째는 남북 관계가 결국 미국의 세계 전략 변화에 따라 큰 영향을 받는다는 점이다. 7.4 남북공동성명을 탄생시킨 1970년대 초 남북 화해 무드는 미국과 중국 간의 관계 개선, 그리고 미국과 소련 간의 데탕트가 없었다면 불가능했다. 이후 남북 관계도 마찬가지이었다. 1990년대 초 남북 기본 합의서와 한반도 비핵화 선언이 채택된 것도 소련의 해체와 동구권 자유화 바람을 타고 남

1 1968년 미국의 정보수집함인 푸에블로 호가 원산 앞 공해상에서 북한에 의해 나포된 사건

북대화가 활발히 전개된 결과이었다.

셋째는 남북관계가 순탄치 않을 때 북한은 일관되게 통미봉남通美封南의 입장에서 미국과 직접 접촉을 추구한다는 점이다. 앞에서 본 바와 같이 북한은 1970년대 초 남북대화를 통해 자기들의 입장이 관철되지 못하자 미국과 직접 접촉을 시도하였으나, 미국의 거부로 뜻을 이루지 못했다. 그 후 1988년에 가서야 북한은 미국과 처음으로 공식적인 접촉을 할 수 있었다. 북한 핵 문제와 관련한 6자회담[2]이 교착상태에 빠졌을 때 북한은 늘 미국과의 비공식 접촉을 갖고, 회담을 재개하는 조건 등에 관하여 협의하곤 한다.

넷째는 대영제국의 꽃을 피운 파머스턴(H. Palmerston) 수상의 "국제정치에는 영원한 우방도 없고, 영원한 적도 없다."라는 명언을 명심해야 한다는 점이다. 닉슨 쇼크는 150여 년 전 그가 말한 국제사회의 권력 속성이 오늘날에도 동일하다는 점을 우리에게 일깨워 준다. 또한 2016년 5월, 오바마 대통령이 미국 현직 대통령으로는 클린턴 다음으로 16년 만에 베트남을 방문하여, 대 베트남 무기 수출 금지 조치의 해제를 선언한 것도 이를 확인해 주는 사례이다. 중국의 부상이라는 공동의 적을 만난 미국과 베트남이 전쟁까지 치룬 과거를 묻고, 손을 맞잡은 것은 적의 적은 동지라는 만고의 진리를 가르쳐 준다.

결론적으로 우리는 세계정세를 비롯한 강대국 간의 상호 관계 변화와 이에 따른 그들과 남북한 관계 변화, 그리고 남북한 관계 자체 변화 등을 종합적으로 고려하여 우리의 대응책을 마련하는

---

2 2003년 미국, 중국, 일본, 러시아 및 남북한이 함께 모여 북한 핵 문제를 해결하는 방안을 논의한 다자 협의체로서 9.19 합의 등의 성과를 거두었으나, 2008년 이후 중단된 상태이다.

것이 필요하다. 김일성은 남한을 해방시키기 위해 필요한 조건 중 하나로 주요 사태가 유럽이나 중동에서 발생하여 미국의 시선을 한반도로부터 멀어지게 하는 것이라고 했다. 이는 세계정세의 변화가 한반도 정세에 직접적인 영향을 미칠 수 있음을 잘 보여준다.

더 나아가 우리는 강대국 간의 관계 변화에 소극적으로 대응하는 데에서 벗어나 그들이 서로 싸우지 않고 협력하는 분위기를 조성해 나가도록 만드는 적극적인 자세를 가지는 것이 바람직하다. 그들 간에 경쟁하고 대립하게 되면 우리는 어느 한 편을 들어야 하는 상황을 맞게 되어 어려운 선택을 강요당하기 때문이다.

이를 위해 우리는 중장기적으로 동북아 차원에서 또는 동아시아 차원에서 지역 협력체를 결성하는 데 앞장서는 적극적인 자세가 필요하다. 이를 통해 우리와 같은 처지에 있는 아세안 등 중소국가들과 힘을 합쳐 강대국 간의 갈등과 대립을 평화롭게 해결할 수 있는 구조를 만들어 나가야 할 것이다. 동아시아에 지역 협력체를 결성해 나가는 데 있어서 유럽의 경험을 주목할 필요가 있다. 1, 2차 대전의 악몽을 겪은 유럽 국가들은 전쟁 재발을 막고 공동 번영을 꾀하기 위해 1952년 유럽석탄철강공동체(European Steel and Coal Community)[3]를 만들었고, 이는 오늘날 EU로 발전하여 유럽의 통합과 번영을 이끌고 있다. 또한 냉전이 한창이던 1975년에 동서진영이 함께하는 유럽안보협력회의(Conference on Security and Cooperation in Europe)[4]를 개최하여 동서갈등과 대립을

[3] 철강과 석탄 산업을 공동으로 관리할 목적으로 프랑스, 서독, 이태리 및 베네룩스 3국 등 6개국이 참가하여 만든 국제기구로 유럽 경제 통합의 출발이 되었다.

[4] 1975년 헬싱키에서 미국, 소련 등 35개 국가들이 모여 유럽의 항구적인 평화와 협력을 위

해소하는 데탕트 시대를 열었고, 이는 결국 냉전을 끝내는 데 기여하였다. 이러한 유럽의 경험을 교훈삼아 우리도 동아시아 지역협력체 결성에 주도적으로 대응하는 것이 바람직하다.

한 헬싱키 협정을 만들었고, 데탕트 시대를 본격적으로 여는 계기가 되었다.

2

나라 살리는 외교, 나라 망치는 외교

외교를 잘하면 나라를 살리고, 잘못하면 나라를 망치는 우를 범하게 된다. 우리와 미국 등 다른 나라의 역사에서 지피지기知彼知己하여 나라를 살린 외교와 부지기 부지피不知己 不知彼하여 나라를 망친 외교의 대표적인 사례를 살펴봄으로써 외교가 얼마나 한 나라의 안보와 번영에 중요한가를 알아보자.

서희의 담판

"그대의 나라 고려는 옛 신라 땅에서 건국한 신라의 후예이다. 고구려의 옛 땅은 우리 것인데 어째서 당신들이 우리 요나라 땅을 침범하는가?"

"그렇지 않다. 우리는 바로 고구려의 후예이다. 그래서 나라 이름을 고려라 했으며, 수도도 고구려의 옛 수도인 평양으로 정한 것이다. 국경으로 말하면 귀국의 동경[1]이 오히려 우리 영토 안에 들어와야 하는데 어찌 거꾸로 침범했다고 하는가?"

"고려는 우리 요나라와 인접해 있으면서 왜 바다를 건너 먼 송나라를 섬기고 있는가? 이런 까닭에 정벌하게 된 것이니 만일 땅을 떼어 바치고 국교를 회복한다면 무사하리라."

"우리나라가 귀국과 국교가 통하지 못하는 이유는 우리 때문이 아니다. 압록강 중간을 여진족이 강점하고 있으면서 간악하게 교통을 차단하기 때문에 육로로 귀국에 가기가 바다 건너 송으로 가기보다 곤란한 형편이기 때문이다. 따라서 귀국과 국교가 통하지 못한 것은 우리 탓이 아니라 여진족 탓이다. 만일 여진족을 내쫓고 우리의 옛 땅을 회복하여 거기에 성과 보를 쌓고 길을 통하게 한다면 어찌 국교가 통하지 않겠는가?"[2]

이는 서기 993년 거란족이 세운 신흥강국 요나라가 고려를 침범했을 당시 고려의 협상대표인 서희가 요나라의 장수 소손녕과 나눈 담판을 그린 대화이다.

담판 결과, 고려는 영토를 빼앗길 위기에서 오히려 강동 6주를 얻어 신라가 삼국을 통일한 이후 청천강 이남으로 축소되었던 영토를 압록강까지 넓히는 쾌거를 올린다. 한 번의 담판으로 역사상 최고의 외교관에 등극한 서희. 그를 보면 주변 정세를 읽는 통찰력과 협상력이 나라를 구하는 데 있어 얼마나 결정적인 역할을

---

1 지금의 중국 하북성 보정시 일대라는 설이 있음.

2 김병기외(2006), 『한국사의 천재들』, 생각의 나무, pp. 53-57.

할 수 있는지 알게 된다.

서기 993년은 만주를 비롯한 중국 동북부의 광활한 땅에 거란족이 일으킨 요나라가 세력을 키우고 있었던 시기였다. 이러한 시기에 요나라의 장수 소손녕이 대군을 이끌고 고려를 침범하자 이에 놀란 고려 조정 대신 다수는 싸울 엄두도 못 내고 땅 일부를 떼어주고 화의를 청하자는 주장을 폈다.

이때 서희는 요나라의 침략 목적이 영토가 아니라 고려와 송나라의 국교 단절, 그리고 고려와 요나라의 국교 수립에 있음을 간파했다. 그는 협상 대표를 자청하여 소손녕과의 협상에 나섰다.

서희는 요나라가 고려와 싸울 경우 송이 요를 칠 수 있고, 그렇게 되면 요나라는 두 나라와 동시에 전쟁을 해야 하는데 아직 요나라에게는 그럴 만한 능력이 없음을 꿰뚫어 보았다. 또한 요나라는 고려가 아닌 송나라를 노리고 있음을 읽고 있었다. 이에 서희는 요나라에게 퇴각할 명분만 주면 충분하다고 판단한다. 서희는 요나라와 국교를 맺지 못한 이유가 두 나라 사이를 막고 있는 여진족에게 있으니 고려가 여진족을 내쫓고 성과 보를 쌓도록 하면 국교 수립이 용이할 것이라고 요나라 장수 소손녕을 설득했다. 그 결과 고려는 압록강 동쪽 280 여리의 영토를 요나라로부터 넘겨받게 된다. 서희의 탁월한 정세 파악 능력과 협상력이 위력을 발휘하는 순간이었다.

서희가 살았던 10세기 하반기 동북아 정세는 매우 유동적이었다. 당나라를 멸망시킨 송나라와 발해를 멸망시킨 요나라, 그리고 고려가 삼각 체제를 이루고 있었는데, 요나라는 힘이 커져 송나라와 고려에 도전하는 신흥강국으로 부상 중이었다. 고려는 송나라와 국교를 맺었으나, 요나라와는 국교를 거부하여 사이가 좋지 않았다. 이에 요는 송을 멸망시켜 중원의 패자가 되고자 했으나 송과 국교를 맺은 고려가 후방에서 공격하는 것을 염려했다. 결국 요는 고려와의 관계를 먼저 정리해야 했다. 서희는 바로 요나라의 이러한 내심을 정확히 읽고 침략을 받은 약자가 아닌 당당한 강자의 입장에서 협상할 수 있었다.

외교란 이렇게 중요한 것이다. 잘하면 화살 하나 쏘지 않고도 영토를 늘리지만, 잘못하면 화살 하나 쏘지 못하고 망할 수도 있다.

망국 외교

"근세 한국 역사의 잘못은 국제 외교의 부재에 있다."라는 말과 같이 19세기 말 우리가 나라를 잃는 과정은 망국 외교의 대표적인 사례이다.

중국은 1882년 임오군란이 발생하자 이를 빌미로 조선에 군대를 파견했다. 그 후 10여 년 간 사실상 조선은 중국의 안방이나 마찬가지였다.

그러나 일본이 1894년 청일전쟁에서 승리하여 중국을 제압한 데 이어 1904년 러일전쟁에서 이기면서 한반도에서 중국과 러시아 세력을 제거하게 되었다. 이와 함께 미국과의 '카쓰라·테프트 밀약'[3]을 통해 미국의 필리핀 식민 지배를 인정하는 대신 일본의

[3] 카쓰라·테프트 밀약은 1905년 7월 카쓰라 일본 내각대신과 테프트 미국 육군장관 간에 나눈 대화기록으로 러일전쟁 직후 일본의 한반도에 대한 지배권과 미국의 필리핀에 대한 지배권을 상호 인정하였다.

한반도 지배를 인정받음으로써 한반도를 차지하게 되었다.

이런 상황에서 고종 황제는 일본의 침탈을 막기 위한 최후의 방법으로 미국의 시어도어 루즈벨트 대통령에게 밀사를 급파하여 도움을 청했다. 그러나 미국 역사상 최초로 제국주의 정책을 펼친 루즈벨트 대통령은 고종의 청을 묵살했다. 그는 이렇게 말했다.

> "한국은 의심할 여지없이 일본의 것이다. 조약상으로 한국은 분명 독립국이어야 한다. 그러나 한국은 스스로의 독립도 지키지 못하는 처지다. 제 스스로도 지키지 못하는 독립을 다른 나라가 지켜줄 수 있다고 생각하는 것은 말이 되지 않는다."[4]

이 얼마나 냉엄한 말인가? 우리는 19세기 급변하는 세계정세를 읽지 못해 결국 나라를 잃었다. 당시 우리의 위정자들은 당파싸움, 세력싸움에 눈이 멀어 제국주의라는 거대한 파도가 밀려오는 것을 보지 못했다. 동북아에 몰아쳐오는 세계의 도도한 변화를 읽지 못하고 자신의 운명을 다스리지 못한 형벌은 길고, 무자비하며, 파괴적이었다. 일제 식민지 35년, 쓰라린 망국 외교의 참담한 결과는 한국인의 가슴에 두고두고 한으로 남아 있다.

1945년 일본이 결국 항복하고 광복이 되었을 때도 우리는 무기력했다. 38선으로 한반도의 허리가 잘릴 때에도, 미군정이 실시될 때도 우리의 지도자들은 무기력했다. 우리 민족의 뜻이 무엇인지도 알려고 하지 않고, 무작정 군정을 시작한 미국도 문제이지

---

[4] Henry Kissinger(1994), *Diplomacy*, London: Simon & Schuster, p. 41.

만, 당시 우리 지도자들은 그러한 미국에 우리의 뜻을 알리거나 설득하지 못했다. 당시 미국은 한국에 대한 지식과 정보의 대부분을 일본에서 얻었다.

분단에 이은 민족의 비극, 한국전쟁도 마찬가지였다. 한국전 발발 과정은 왜 우리가 외교를 잘해야만 하는지를 분명하게 보여준다. 한국전쟁의 원인에 대해서는 내부 분열론, 외세론 등 다양한 의견이 있으나 직접적인 도화선은 바로 미국의 정책이었다.

유엔 결의에 따라 한반도에 단일정부를 수립하는 정책이 수포로 돌아가자 남북한은 각기 단독 정부를 세웠고, 미국과 소련은 당시 남북에 주둔하던 미군과 소련군을 1949년 말까지 철수시키기로 합의하였다. 그러나 소련은 막대한 무기지원과 더불어 군사고문단 명목으로 2,000여 명의 소련군을 북한에 남긴 반면, 미국은 100여 명의 고문단만 남긴 채 모두 남쪽을 떠났다.

설상가상으로 1950년 2월 미국은 미국의 극동방위선을 알류샨 열도, 일본, 오키나와, 필리핀을 잇는 선으로 정하는 '애치슨라인'을 발표함으로써 한반도를 제외하였다. 당시 미국은 한반도의 전략적 중요성을 낮게 평가했고, 급기야 미국의 아시아 방위선에서 한반도를 제외시켜 버린 것이다.

이 선언은 북한과 소련이 남침을 결정한 직접적인 원인이 되었다. 당시 소련은 미국의 개입 가능성 때문에 남침을 꺼리고 있었다. 그런데 마침 미국에서 '애치슨라인'을 발표하자 그간 끈질기게 남침을 주장하던 김일성의 요구를 들어주었다.

미국 독립의 성공과 외교

오늘날 세계 유일의 초강대국으로 국제 정세를 주도하는 미국! 미국이 독립 초기 종주국이었던 영국과의 전쟁에서 승리하여 독립을 쟁취하는 데 결정적인 역할을 한 외교의 힘을 보면, 외교가 얼마나 중요한지를 실감하게 된다.

독립 초기 미국은 북미 대륙 동부 13개 주가 모여 만든 신생 연방국가에 불과했다. 당시 미국은 영국, 스페인, 프랑스 등 유럽 제국주의 열강들의 식민지에 둘러싸인 약소국의 입장이었다.

프랑스와의 동맹을 성사시킴으로써 미국의 독립에 결정적인 기여를 한 인물은 미국 독립의 아버지(founding fathers) 중 1인으로서 추앙받고 있는 벤자민 프랭클린이다. 다재다능한 그는 정규 고등교육을 받지 못하였으나, 스스로 터득하여 5개 국어에 능통하였고, 흔들의자, 피뢰침, 프랭클린 스토브, 다 초점 렌즈 등을 발명한 과학자였다.

그는 1775년 영국이 보스턴을 점령하여 전쟁이 발생하자 대륙회의(Continental Congress)[5] 내에 최초로 비밀리에 외국과의 교섭을 책임지는 외국관계 협정위원회(Committee of Correspondence)의 설치를 주도하였고, 스스로 의장을 맡아 전쟁 물자 조달과 동맹 교섭에 주력하였다.

특히 1776년 12월 대륙회의결정에 따라 그는 파리로 파견되었다. 당시 미국의 독립전쟁에 결정적인 기여를 할 수 있는 국가는 유럽 대륙의 강대국이자 영국의 라이벌이었던 프랑스였기 때문에

---

5 1774년 13개 식민지 대표가 처음으로 모여 개최한 미국 독립 전쟁 때의 최고 지도기구

프랑스와의 동맹 교섭은 중요할 수밖에 없었다. 과학자이자 발명가, 그리고 저널리스트이자 사상가로서 이미 세계적인 명성을 얻은 그는 프랑스 각계각층의 명사들과 자유자재로 어울릴 수 있었다.

미국의 동맹 제안에 대하여 초기에 유보적인 태도를 보이던 프랑스는 1777년 10월 미 독립군이 뉴욕 사라토가 전투에서 결정적인 승리를 한 이후 적극적으로 동맹 교섭에 나서게 되었다. 종전 협상 차 파리에 파견된 영국 특사를 대기시킨 채 프랑스 정부와 동맹을 협상한 프랭클린은 프랑스 정부의 긍정적인 방침을 확인한 후 영국 특사에게 미국의 완전한 독립을 보장하지 않은 어떤 종전 협상에도 응하지 않을 것임을 통보하였다. 그의 이러한 노력으로 1778년 2월에 프랑스와 우호통상조약이 체결되었고, 이 조약은 미국의 절대적이고 무제한적인 독립(absolute and unlimited independence)을 선언하는 내용을 담고 있다.

이어서 대륙회의는 프랭클린을 프랑스 특명전권 공사(지금의 대사에 해당)에 임명하여, 미국과 프랑스 군 간에 군사 협력을 조정하는 역할에 집중토록 했다. 또한 스페인, 프러시아, 오스트리아, 러시아 등 유럽 강대국에 외교사절을 파견하여 동맹 확대를 추진하였다. 결국 프랭클린의 앞을 내다보는 외교적 혜안과 탁월한 외교력에 힘입어 미국은 독립 전쟁에서 승리할 수 있었다.

독립을 쟁취한 후 유럽의 이전투구에 신물이 난 초기 미국의 지도자들은 북미 대륙이 사분오열되지 않도록 혼신의 힘을 다했다. 또한 1776년 독립 당시 동부 13개 주로 시작한 미국은 남쪽과 서쪽으로 점차 영토를 넓혀가기 시작했다. 먼저 스페인으로부터 플로리다를 취했다. 이어서 프랑스로부터 루이지애나 일대를 사들여 남동쪽을 넓히고, 텍사스를 연방에 가입시켰다. 텍사스는 1836년 멕시코와의 전쟁에서 이긴 후 독립하였으나, 1845년 미연방으로 편입된 데에는 미국의 전략적인 판단 때문이었다. 미국은 텍사스가 독립국가로 남아있을 경우 일부 유럽국가와 손잡고 미연방을 위협할 수 있다고 판단했던 것이다. 19세기 중엽에는 멕시코와 싸워 캘리포니아를 차지함으로써 북미 대륙 중심부에 다른 독립국가가 들어서는 것을 막았다.

이와 같이 미국은 유럽이나 아시아로부터 고립된 지리적 이점을 살리는 동시에 북미 대륙에 새로운 나라가 들어서지 못하도록 함으로써 외부 문제에 에너지를 빼앗기지 않으면서 발전을 거듭하여 세계 최강국이 될 수 있었다.

또한 미국은 독립 후 고립주의 외교노선을 견지함으로써 외부간섭 없이 내부 발전에 힘을 쏟고자 했다. 당시는 유럽국가들 간 상호 이전투구가 극심하던 시기였다. 워싱턴 초대 대통령은 이임하면서 어떤 이유에서든지 유럽 국가들과 동맹을 맺음으로써 그들 간의 이전투구에 휘말려들지 마라고 경고하였고[6], 후임자들은 이를 충실히 지킴으로써 19세기 후반까지 고립주의 전통은 미국 대외정책의 기조가 되었다.

먼로주의는 1823년 먼로 대통령이 고립주의 노선을 전 미주지역으로 확대한 것이었다. 먼로 대통령은 유럽 국가들에게 자신들의 앞마당인 중남미를 넘보지 말라고 엄포를 놓아 미주대륙 전체를 자신의 영향권으로 만들었다. 엄밀히 말해 먼로 독트린은 고

6 위의 책, p. 32.

립주의라기보다 자신의 텃밭을 지키기 위한 대외적 선언이라 볼 수 있다. 미국의 이러한 고립주의 전통은 오늘날에도 미국의 대외 정책에 큰 영향을 주고 있다.

오늘날 미국이 세계 최강대국이 된 것은 상대적으로 약소국이었던 100 여 년이 넘는 기간 동안 고립주의 외교노선을 현명하게 견지했기 때문이다. 이러한 미국의 외교는 우리에게 외교가 한 국가의 흥망성쇠에 얼마나 중요한지를 보여 주는 좋은 사례이다.

멕시코의 실패

거대한 미국과 국경을 접한 멕시코는 지정학적 이점을 살리지 못해서 시련을 겪은 경우이다. 멕시코는 1846년부터 1848년까지 2년간 계속된 미국과의 전쟁에서 패했다. 그 결과 캘리포니아를 비롯한 오늘날 미 서부의 광활한 지역을 미국에게 내주고 말았다.

이후 멕시코는 미국과의 관계에서 늘 피해의식을 가졌고, 이러한 피해의식은 외교 정책에도 고스란히 반영되어 나타났다. 냉전 시기에 멕시코는 주변 강국인 미국과 함께 하지 않고, 제3세계 비동맹 외교 노선을 취함으로써 미국에 저항하였다. 당시 제3세계 국가들은 타국의 국내 문제 불간섭, 국가 간 국제법적 평등, 분쟁의 평화적 해결과 국제기구를 통한 집단 안보 촉진 등의 외교 정책을 내세웠는데, 멕시코의 이 노선은 미국의 입장과 대치되는 것이었다. 또한 1960년대 쿠바문제, 1970년대 니카라과의 산디니스타 혁명, 1980년대 엘살바도르 좌익혁명 등 지역 문제가 발생할 때마다 항상 미국의 반대편에 서서 미국의 외교 정책을 비난하는 데 앞장섰다. 이처럼 멕시코는 과거의 피해의식에서 벗어나지 못하고 초강대국 미국에 저항하는 데 너무 오랫동안 국력을 낭비하였다. 그러다보니 미래를 내다보면서 인접국인 미국의 힘을 정치·경제적으로 활용하지 못하였다.

멕시코의 대외정책이 바뀌게 된 것은 1988년에 미국 하버드대 출신의 경제학자인 살리나스(Carlos Salinas)가 집권하면서부터였다. 1994년 퇴임 직후 멕시코가 경제 위기를 맞았고, 집권 시절의 부패사건이 폭로됨으로써 살리나스 대통령은 멕시코에서 역적이란 말까지 들었다. 그러나 그는 재임 시에 소신에 따라 미국과 북미자유무역협정(NAFTA)을 체결함으로써 멕시코 경제의 체질을 바꾸는 계기를 마련하였고, 이로써 대통령이 바뀔 때마다 찾아왔던 경제 위기도 더 이상 반복되지 않게 되었다.

하지만 만약에 멕시코가 20년 내지 30년 앞당겨 NAFTA를 체결하였더라면 오늘날 어떤 모습을 하고 있을까? 매년 50만 명의 멕시코인들이 사막과 강을 건너 미국으로 넘어가다 5백여 명이 사망하는 불행한 사태는 피할 수 있지 않았을까? 최소한 미국이 불법이민을 막기 위해 멕시코와의 국경 670마일에 걸쳐 고압전류가 흐르는 방위 벽을 설치하지 않았을 것이고, 멕시코도 이러한 '수치의 벽(wall of shame)'에 자존심이 상하는 일도 없었을 것이다.

벨기에의 지혜

국가 간의 역학 관계는 2가지 형태로 나누어 볼 수 있다.

하나는 강력한 힘을 가진 나라가 다른 나라들을 복종시키는 형태로, 로마제국 등 고대제국이 이에 속한다. 중국 역시 이 경우에 해당한다. 2천년이 넘도록 하나의 제국이 중국을 통치했고, 중국에서의 전쟁은 제국 주도권 쟁탈을 위한 내전적 성격이 강했다. 중국은 주변의 약소민족을 오랑캐로 취급하여 조공을 바치게 하였는데 우리나라도 예외가 아니었다.

다른 하나는 비슷한 세력을 가진 국가들이 이해관계에 따라 편을 갈라 세력 균형을 이루는 형태로, 이의 대표적인 예가 유럽이다. 근대 민족국가가 출현한 17세기부터 2차 세계대전까지 유럽의 근대사는 전쟁으로 점철된 피의 역사였다. 30년 전쟁, 나폴레옹 전쟁, 1, 2차 세계대전 등이 모두 유럽에서 발생하였다.

나폴레옹 시대의 프랑스, 히틀러 시대의 독일에서 알 수 있듯이 어느 한 국가가 강성해져서 공격적으로 변하게 되면 주변 다른 나라들은 세를 합쳐 여기에 맞서게 된다. 힘의 균형을 이루려는 것이다. 그러나 이 균형이 무너지면 여지없이 전쟁으로 이어졌다. 또한 균형이 무너지는 과정에서 상대적으로 힘이 약한 나라들은 강대국들 사이에서 가장 먼저 희생양이 되곤 하였다.

프랑스, 독일, 영국 등 유럽 강자들에 둘러싸인 벨기에의 과거 역사는 강대국 사이에 낀 약소국으로서 희생양이 된 대표적인 케이스이다. 벨기에는 1830년에야 독립된 왕국을 세웠는데 그 전에는 스페인, 오스트리아, 프랑스, 네덜란드의 통치를 받았다. 또한 2차 대전을 일으킨 독일은 프랑스 공격에 앞서 벨기에를 침공했고, 벨기에는 이후 5년간 독일의 지배를 받았다. 지정학적으로 고래 싸움에 새우 등 터지는 운명을 타고 난 것이다.

그러나 오늘날 벨기에는 유럽의 평화와 통합의 구심점으로 우뚝 섰다. 북대서양조약기구(NATO)와 유럽연합(EU)의 본부가 벨기에에 있는 등 오늘날 벨기에는 유럽의 중심적 역할을 하고 있다. 벨기에의 정치 엘리트들은 유럽 정치 협력의 기초를 제공하고, 특별 다수결 제도 도입과 공동 외교정책 실시 등 오늘날 유럽연합(EU)이 경제 분야를 넘어 정치 분야로까지 통합을 확대하는 데 앞장섰다. 또한 벨기에는 19세기 초 룩셈부르크, 네덜란드와 공동 고정환율제를 운영해 본 경험을 바탕으로 유럽통화동맹 창설 과정에서 주도적 역할을 하였다. 이외에도 오늘날 대부분의 EU 회원국 내에서 국경 없는 자유로운 여행을 가능케 한 것도 벨기에가 1985년 네덜란드, 룩셈부르크, 프랑스, 독일과 함께 체결한 쉥겐협정(Schengen Agreement) 덕택이다.

벨기에가 이처럼 외교 강국이 된 것은 주변 강대국 간 화해와 협력 무드를 적극 활용하여 불리한 지정학적 여건을 자신만의 장점으로 개발하는 지혜를 발휘하였기 때문이다. 세계적인 석학 폴 케네디 교수는 한국은 이런 벨기에로부터 배워야 한다고 조언했다. 그는 다음과 같이 말했다.

> "한국은 네 마리의 거대한 코끼리에 둘러싸인 작은 코끼리다. 한국은 영국, 프랑스, 독일 등 유럽의 강대국에 둘러싸인 벨기에가 지정학적 특수성을 살려 오늘날 유럽 대통합 과정의 구심점이 된 것에서 배워야 한다."

벨기에가 유럽의 중심이 된 것은 다름 아닌 외교력 때문임을 교훈 삼아 우리도 우리의 지정학적 운명을 극복하고 동북아시아의 구심점으로 거듭나기 위해서는 우리 스스로의 외교력을 키우는 노력이 절실히 필요하다.

3

분단 극복은 우리 외교의 가장 큰 과제

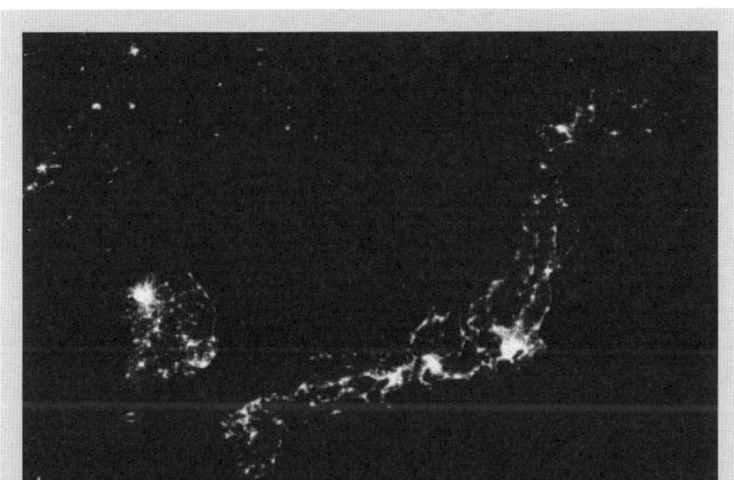

위성에서 본 야간 한반도
출처: NASA
http://earthobservatory.nasa.gov/Features/EarthPerspectives/

세계는 지난 반세기 만에 경제 발전과 민주주의라는 두 마리 토끼를 잡은 한국을 경이의 눈으로 바라보고 있다. 20세기 후반 늦게나마 산업화에 매진하여 세계 10대 경제대국으로 성장한 한국. 그리고 그 과정에서 독재와 끊임없이 맞서 민주주의를 쟁취한 한국은 2차 세계대전 이후 독립한 국가 중에서 경제 발전과 민주화를 동시에 이룬 유일한 나라이다.

우리처럼 국민의 힘으로 민주화를 이룩한 필리핀은 우리가 본격적으로 경제 발전을 시작한 1960년대만 해도 우리보다 훨씬 부유했다. 1962년에 우리나라의 1인당 국민 소득이 87달러일 때, 필리핀은 220달러였다. 그러나 지금은 우리나라가 훨씬 더 잘 사는 나라이다. 2014년 IMF가 발표한 국가별 1인당 GDP에 따르면, 우리나라의 1인당 GDP는 28,000달러를 상회한 데 비해 필리핀은 우리의 1/10을 조금 넘는 수준이었다.

반면 일본은 비록 세계 제2의 경제대국으로 성장했지만, 오늘날 많은 일본의 지식인들이 자국의 민주주의를 걱정할 만큼 민주주의의 기반이 취약한 것으로 평가된다. 2012년 말 취임한 아베 수상은 보수 우경화하고 있는 일본사회의 지지를 바탕으로 역사 수정주의 노선을 취하면서, 11개의 안보법제를 개정하거나 제정하여, 집단자위권을 행사할 체제를 정비하는 등 보수 우경화 노선을 강화하고 있다. 그러나 이를 견제할 야당과 진보적 시민단체의 존재가 미약한 형편이다. 이는 일본의 민주주의가 일본 국민 스스로 쟁취한 것이 아니라, 2차 세계대전에 패한 후 미국으로부터 주어졌기 때문이라는 비판적 시각도 제기되고 있다.

우리는 뽕나무밭이 큰 바다로 변한 것 같은 상전벽해의 기적을 이뤄냈다. 우리보다 늦게 경제 발전을 시작한 중국, 베트남이 우리의 발전 모델을 따랐고, 아시아나 아프리카의 많은 개발도상국들이 우리의 경제발전 모델을 따르고 싶어 한다. 원조를 받던 나라에서 원조를 주는 나라로 유례없는 성장을 한 우리나라가 밝은 미래를 위해 반드시 해결해야 할 과제가 있다. 분단의 극복이 바로 그것이다.

평화통일 이외의 다른 길이 없다

지난 세기 동안 세계에는 큰 변화가 일어났다. 냉전이 종식되었고, 극렬했던 이념 대결이 끝났다. 그리고 교통과 정보통신의 발달은 세계를 하나로 묶어 냄으로써 우리는 오늘날 세계화 시대, 무한 경쟁의 시대에 살고 있다.

그러나 이념 대결 속에 분단과 동족상잔의 전쟁까지 치른 우리는 지금까지도 세계 유일의 분단국으로서 세계 최대의 군사력이 대치하고 있는 상태가 계속되고 있다. 앨빈 토플러는 그의 저서 『부의 미래』에서 한편에서는 냉전의 대결이 계속되고 있고, 다른 한편에서는 정보화에 앞서가고 있는 한반도의 모습을 '한반도에서의 시간의 충돌'이라고 지적했다. 21세기 시대 변화에 적응하고, 급변하는 세계정세 속에 우리 민족의 안전과 번영을 확보해 나가기 위해서는 바로 분단을 극복하는 것이 무엇보다도 시급한 과제이다.

신라가 삼국을 통일한 7세기 이후 1,300여 년 동안 우리는 통일국가로 살았다. 이 긴 세월 동안 한 민족, 한 언어, 한 문화로 이어져와 우리는 물론이고 북한 주민들도 통일의 당위성에 대하여는 이론이 없다. 그러나 이를 어떻게 실현할 것인가, 그 방법에 있어서는 남북한은 말할 것도 없고 우리 내부에서 보수와 진보 간에 첨예한 의견 대립을 보이고 있다.

보수 진영은 온갖 악의 근원인 북한 체제를 먼저 바꿔야하고 이를 위해 북한을 봉쇄하고 압박해야 한다고 주장한다. 반면 진보 세력은 지속적 교류와 협력을 통해 북한을 개혁·개방으로 유도하자고 말한다. 이른바 포용정책을 통해 북의 경제 발전을 돕고, 국제사회 참여를 촉진하여 좀 돌아가더라도 북한체제가 스스로 변화할 수 있도록 도와주자는 것이다. 이렇듯 보수와 진보가 보는 분단 극복의 길은 매우 다르다.

우리는 진정 어떤 통일을 원하는가? 베트남식으로 힘을 통한 무력 통일을 원하는가? 아니면 독일식의 흡수 통일을 원하는가? 아니면 교류 협력을 통한 점진적인 평화 통일을 원하는가?

북한을 압박하고 봉쇄하면 막다른 구석으로 몰린 북한이 군사적 도발을 일으킬 수 있어 극단적인 경우 전쟁의 가능성도 배제할 수 없다. 제2의 한국전쟁은 지난 50여 년 간 피땀 흘려 이룩한 우리의 모든 것들을 순식간에 잿더미로 만들 것이다. 전쟁은 민족 전체의 공멸을 의미한다. 진정으로 한반도에 전쟁이 다시는 없어야 한다고 생각하면 누구도 이러한 방법을 원하지 않을 것이다.

독일식 흡수 통일은 어떠한가? 자유 민주주의 체제의 우월성과 국력의 우위를 무기삼아 우리가 흡수 통일을 주장하면 북한은 절대 이에 동의하지 않을 것이다. 따라서 독일식 흡수 통일은 우리가 앞세워서 추진할 수 있는 좋은 방법은 아니다. 독일도 처음부터 이러한 방법을 추진하였던 것은 아니다. 교류·협력과 지원을 통해 동독이 문을 서서히 열게 함으로써 결과적으로 어느 날 갑자기 통일의 기회가 온 것이었다. 당시 콜 수상 등 서독의 지도자 누구도 통일이 그렇게 갑자기 올 것이라고 예측하지 못하였다.

남은 방법은 화해와 협력을 통한 평화적인 통일뿐이다.

자전거는 두 바퀴로 달린다

분단의 원인을 살펴보면 분단 극복을 위해 우리가 무엇을 해야 하는지 알 수 있게 된다. 여러 가지 논란이 있으나 분단의 원인은 결국 두 가지로 요약될 수 있다. 첫째는 우리 민족의 내부 분열, 즉 국내적 요인이고, 둘째는 당시 우리 운명을 쥐락펴락한 두 강대국, 미국과 소련의 타협, 즉 국제적 요인이다. 해방 후 우리 민족은 좌우, 남북으로 갈라져 서로 원수처럼 싸웠고, 미국과 소련은 어느 한 쪽이 한반도 전체를 차지할 수 없어 결국 한반도를 나누기로 한 것이다. 따라서 분단을 극복하려면 결국 이 두 가지 측면을 통일에 유리한 여건으로 만들어야 한다.

우선 우리 민족 스스로의 노력이 필요하다. 남과 북이 평화적 통일에 대한 공통된 인식을 가지고 서로 다른 점을 인정하고 신뢰를 쌓아 나가는 것이 좋다. 통일의 주체는 남과 북이다. 남과 북이 "이제는 전쟁하지 말고, 평화롭게 교류, 협력하면서 살자. 그리고 평화롭게 통일하자."라는 합의가 필요하다.

우리는 1972년 7.4 남북공동성명, 1992년 남북 기본합의서, 그리고 2000년 6.15 남북공동선언과 2007년 10.4 남북공동선언에서 이미 그러한 합의를 하였다. 그러나 이를 실천하는 과정에서 남북 간 그리고 각자의 내부에서 일치된 의견을 이루지 못함으로써 아직까지 진전을 보지 못하고 있다. 이는 남과 북 이외에 그 어느 주변국도 대신해 줄 수 없는 일이므로 서로 간에 대화의 문을 열어 놓고 협력하고 교류하는 관계를 발전시켜나가는 일이 무엇보다도 필요하다.

두 번째는 미국, 일본, 중국, 러시아 등 주변 강대국들과 국제사회가 우리의 통일을 지지할 수 있도록 해야 한다. 자전거는 두 바퀴로 움직인다. 우리와 북한과의 통합 노력과 함께, 이러한 통합 노력에 유리한 국제적인 여건을 만드는 일이 동시에 필요하다. 이 두 바퀴가 함께 굴러갈 때 통일로 가는 길을 열 수 있다.

통일은 '우리 민족끼리' 하는 것이지만, 주변국의 도움이나 지원이 없다면 어려운 일이다. 주변 강대국 중 어느 한 나라라도 한반도가 통일되는 것을 싫어하거나 심지어 방해한다면 통일은 어려워질 수 있다. 그래서 남북 관계의 발전만큼이나 중요한 것이 통일에 유리한 국제적 여건을 조성하는 일이다.

우리는 통일 문제의 두 바퀴 중 하나인 국제적인 환경을 조성하는 데 기여한 햇볕정책을 되돌아볼 필요가 있다. 햇볕정책은 김대중 대통령이 평생에 걸쳐 완성한 3단계 통일 방안의 첫 단계인 남북연합의 실현을 위한 것으로서, 남북 간에 화해 협력과 이를 위한 대내외적 여건을 조성하는 데 목적을 두었다. 국내 보수 진영은 햇볕정책이 우리 국내의 진보 진영을 대표하는 포용정책이라고 간주하여 결사적으로 반대하고 있다. 보수 진영이 햇볕정책에 반대하는 주된 이유는 햇볕정책이 북한을 일방적으로 도와주는 퍼주기이며, 북한이 핵무기 개발을 할 수 있도록 자금을 제공해 주고, 시간을 벌어 주었다는 것으로 요약될 수 있다. 그러나 이는 햇볕정책의 진면목과 국제적 측면을 오해한데서 비롯된 것이다.

햇볕정책은 김대중 대통령이 동족상잔의 지울 수 없는 상처를 남긴 한국 전쟁과 국민의 안전과 복지는 안중에 없고 자신들의 부귀영달과 권력 유지에 혈안이 된 독재정권의 민낯을 적나라하게 노출한 우리의 파란 만장한 현대사를 몸으로 겪으면서 얻은 교훈에서 나온 실용적인 대북 정책이다. 필자가 이해하는 햇볕 정책의 확고한 세 가지 원칙은 다음과 같다.

첫 번째는 제2의 한국전과 같은 남북 간의 군사 충돌은 절대적으로 막아야 한다는 확고한 평화의 원칙이다. 수백만 명의 민간인 사상자와 천만 명 이상의 이산가족을 만든 한국전쟁과 같은 무력 충돌이 한반도에 다시 일어난다면 우리 민족이 그동안 이룩한 한강의 기적은 잿더미가 되는 것은 물론이고, 우리 민족의 존망이 위태로워질 수밖에 없다. 김대중 대통령은 "전부 40대 이상만 전쟁에 나가라."고 말했던 영국의 유명한 희극배우인 찰리 채플린의 반전 구호를 자주 인용하면서 전쟁에 대한 절대적인 반대 소신을 피력하곤 하였다. 햇볕정책은 이와 같이 김대중 대통령이 몸소 체득한 확고한 평화사상을 밑바탕으로 하고 있다.

둘째는 우리 한민족의 공동 번영과 남북한의 공동 이익을 함께 고려하는 실용성의 원칙이다. 남북한이 이념적, 체제 우선적 대결에서 벗어난다면 상호 화해하고 협력하지 않을 이유가 없기 때문이다. 국민의 정부와 노무현 정부 시절 남북한 간의 경제협력과 인적 교류 등에서 거둔 역사상 유례가 없는 실적은 상호 윈-윈하는 남북 관계를 여실히 보여준다. 개성공단사업과 금강산 관광사업은 말할 것도 없고, 4천 가족에 2만 명의 이산가족 상봉이 있었으며, 2007년에 44만 명에 달하는 인적교류가 있었다.

셋째는 평화롭고 협력하는 남북 관계를 만들어 나가는데 유리한 국제환경을 조성한다는 원칙이다. 국민의 정부 시절 우리는 미국과 북한, 그리고 일본과 북한 간의 관계를 정상화하도록 적극 권고하고 지원하였다. 그 결과 당시 올브라이트 국무장관이 평양을 방문하여 김정일 위원장과 회담하였고, 클린턴 대통령의 방북이 성사 직전까지 갔었다. 또한 고이즈미 일본 총리가 평양을 방문하여 김정일 위원장과 회담을 갖고 평양 선언에 합의한 것은 햇볕정책의 국제적인 측면을 잘 보여주는 사례이다.

그렇다면 어떻게 하면 우리가 통일에 유리한 국제적 여건을 조성할 수 있을까? 독일의 경우를 살펴보면 길이 보인다.

독일 통일은 외교의 승리

2차 대전 이후 우리와 함께 분단의 고통을 겪은 독일은 1990년, 분단 45년 만에 통일되었다. 같은 분단국가로서 전쟁 없이 이룬 통일이기에 독일의 통일 과정은 우리에게 유익한 교훈을 준다.

1945년 분단 이후 대립과 갈등 관계에 놓여있던 동서독 관계는 서독이 1970년대 초에 '동방정책'을 기치로 동독과 '화해를 통한 변화'를 추구함으로써 코페르니쿠스적 변화의 시대를 맞았다. 1972년에 기본조약을 체결함으로써 양 독일 간에 화해와 협력을 본격적으로 추진하게 된 것이다.

이때부터 1990년에 통일될 때까지 18년 동안 서독은 동독에 약 567억 달러에 이르는 거금을 지원했다. 매년 32억 달러를 지원한 것이다. 또한 통일에 유리한 국제적 여건을 조성하기 위해 노력했다. 서독은 소련, 폴란드, 체코슬로바키아 등 주변 공산권 국가들과 오랜 갈등을 해결함으로써 관계를 정상화하였다.

특히 1975년 헬싱키 조약 체결에 앞장서 소련 등 동구 공산권과 서구진영 간에 본격적인 데탕트 시대를 여는 데 기여하였다. 헬싱키 조약에는 당시 미국을 비롯한 서구 자유 진영 국가와 알바니아를 제외한 동구 공산권 국가 등 무려 35개국이 서명했다. 당초 미국 등 서방 진영은 이 조약에 큰 관심이 없었으나, 서독은 소련을 비롯한 동구권과 화해할 절호의 찬스라며 끈질기게 서방 국가들을 설득했다. 서독의 이러한 노력에 서방 국가들은 결국 헬싱키 조약에 참여하게 되었다.

헬싱키 조약은 미국을 비롯한 서방 자유 진영 국가들과 소련 등 동구 공산권 국가들이 함께 참가한 최초의 협정으로 서방 국가들이 동구권 국가들에게 경제 지원을 하는 대신 동구권 국가들은 기본적 인권의 보장을 약속하였다. 이는 데탕트 시대를 활짝 여는 계기가 되었으며, 동구권 국가 내부에서 자유화 운동이 일어날 수 있는 토대를 제공함으로써 냉전을 끝내는 데 크게 기여하였다.

이러한 서독의 동방 정책 추진이 처음부터 순조롭게 이루어진 것만은 아니었다. 서독이 동방 정책을 추진할 때 서독 내에서 많은 논란이 있었다. 보수파들은 동방 정책이 동독의 공산주의 정권을 강화시켜 오히려 통일을 어렵게 만들 것이라고 비난했다. 그러나 이후 역사가 이러한 주장이 잘못되었음을 보여주었다.

독일 통일은 이와 같이 동서독 간 화해와 협력을 꾸준히 추진하면서 동시에 주변 국가들이 그들의 통일을 지지하도록 만들었기 때문에 가능했다. 미국과 소련을 비롯한 동서진영 사이의 데탕트가 없었다면, 또한 유럽통합을 통해 서독과 프랑스, 영국 등 서유럽 주요국들 간에 신뢰가 조성되어 있지 않았더라면 독일 통일은 어려웠을 것이다.

1989년 베를린 장벽이 무너져 갑자기 찾아온 통일의 기회를 맞았을 때 당시 서독이 전개한 외교적 노력은 눈부신 것이었다. 무엇보다도 먼저 서독은 미국과의 공조를 확고히 하였다. 1989년 베를린 장벽이 붕괴된 직후 서독의 겐셔(Genscher) 외상은 미국을 방문해 민족 자결에 의한 통일을 지지할 것임을 확약받았다.[1]

또한 겐셔는 90년 2월 2일 워싱턴을 방문, 베이커 국무장관과 통일에 따른 대외문제를 다룰 기구는 '4+2'가 아닌 '2+4'(동서독+미국, 소련, 영국, 프랑스)가 되어야 한다고 설득하여 동의를 얻었다. 독일이 4대국의 들러리가 되는 것을 막기 위해서였다.[2] 또한 베이커 국무장관은 영국과 프랑스의 동의를 받은 뒤 90년 2월 캐나다 오타와에서 개최된 유럽안보협력회의(CSCE: Conference on Security and Cooperation in Europe) 외무장관회담에서 소련을 설득하

---

1 신동민외(2015), 「독일 통일 '2+4' 프로세스 사례연구-한반도 통일에의 함의」, 『외교』 제115호, 한국외교협회, p. 132.

2 손선홍(2014), 「독일통일을 위한 대외적 문제 해결과 시사점」, 『외교』 제110호, 한국외교협회, p. 114.

여 4+2 회담 개최에 동의를 얻었다.

이어서 2월 24일과 25일에 콜 총리는 캠프데이비드에서 부시 대통령과 정상회담을 갖고 미국이 독일 통일 조건으로 유일하게 제시한 통일된 독일의 나토(NATO) 잔류에 합의하고, 통일독일에 대한 미국의 지지를 재확인하였다. 이외에도 90년 5월 2차에 걸쳐 콜·부시 정상회담이 개최되는 등 콜 총리는 4회에 걸쳐 미국을 방문하였고, 겐셔는 베이커 국무장관과 12회 이상을 만나 협의하였다. 서독은 고비마다 미국과 사전에 해결 방안을 조율함으로써 찰떡궁합을 과시하였다. 미국은 독일의 통일이 급속히 다가오고 있다고 믿고, 당초 이에 반대한 소련과 영국, 프랑스를 서독과 함께 설득하였다.

다음으로 서독은 사실상 통일의 열쇠를 쥐고 있던 소련에 외교력을 집중하였다. 경제적 지원이 이를 뒷받침하였다. 경제적 위기에 빠진 소련에 2억 2천만 마르크 상당의 생필품과 50억 마르크의 차관을 제공하였고, 동독 주둔 소련군 철수 비용으로 155억 5천만 마르크를 지원하였다.

겐셔는 세바드나제 소련 외상과 12차례 이상 협의를 가졌다. 특히 90년 5월 제네바 외무장관회담을 시작으로 3차에 걸쳐 집중적인 조율을 하였고, 7월에는 콜 수상과 고르바쵸프 서기장 간에 정상회담을 2차에 걸쳐 연이어 개최하여 통일독일의 나토 잔류와 독일군 병력 감축 등에 관해 소련의 동의를 받아냈다.

이로써 통일과 관련된 모든 군사적 문제가 해결되었고, 이를 기반으로 9월 12일 모스크바에서 개최된 제4차 2+4 회담에서 총 10개조로 된 '독일과 관련한 종료 규정에 관한 조약(2+4 조약)'이 채택되었다. 이로써 독일 민족이 자유로운 결정으로 통일을 이룩하고, 독일은 통일된 날로부터 완전한 주권을 갖게 되었다.[3]

소련이 끈질기게 반대했던 독일의 나토 잔류를 미국이 관철시킨 것은 독일을 유럽의 군사협력체제하에 묶어 두기 위해서였다. 비록 독일이 철저히 과거를 반성하고 자유민주주의 체제를 견고히 하고 있으나, 독일의 독자적 재무장으로 다시 유럽의 안보가 요동치게 되는 것을 막기 위해서였다.

양 독일 간의 내부적 문제 해결을 위한 조치는 대외적인 문제를 해결하기 위한 외교적 교섭에 앞서거나 병행하여 진행되었다. 89년 11월 베를린 장벽이 무너지자 콜 총리는 '독일과 유럽분단 극복을 위한 10개항'을 발표하여 통일 의지를 분명히 한 후 12월에는 동·서독 정상회담을 개최하여, 양 독일 간 사회·문화·경제관계에 관한 새로운 협정 체결을 논의하였다.

이어 90년 3월에 동독에서 실시된 자유총선에서 조속한 통일을 공약한 기민당 연합이 승리함에 따라 5월 동·서독 간에 '경제·통화·사회 통합 협정'이 체결되었고, 7월에 발효되었다. 90년 8월 22일 동독 인민회의는 서독 기본법 제23조에 따라 90년 10월 3일부터 효력이 발생하는 동독의 서독 가입 안을 가결하였고, 이어 8월 31일 통일조약이 서명됨으로써 10월 3일 독일 통일이 완성되었다.

국제법적으로 볼 때 독일 통일은 동서독과 미국, 영국, 프랑스, 소련 사이에 맺어진 2+4 협정으로 마무리되었다. 동서독 간에 통

---

3 위의 글, pp. 120-125.

일에 합의하고, 이를 나머지 국가가 국제적으로 보장하는 방식이었다.

라이스 전 미국 국무장관은 독일 통일을 유럽통합의 한 과정으로 평가하였다. 유럽통합은 구 동구권 국가들이 유럽연합에 가입하면서 완성되었는데 독일 통일이 이러한 유럽통합의 한 과정으로 해석되고 있다.

독일 통일의 교훈

그렇다면 독일 통일은 우리에게 무엇을 말해주는가?

김대중 전 대통령은 2000년 3월 재임 중 베를린 자유대학에서 한 연설에서 '베를린 선언'을 발표하였다. 이 연설은 이후 역사적인 남북 정상회담과 6.15 공동선언을 이끌어낸 기폭제가 되었다. 김대중 전 대통령은 '베를린 선언'에서 독일 통일이 우리에게 주는 의미에 대해 다음과 같이 요약했다.

첫째, 독일 통일은 민주주의와 시장경제를 함께 발전시켜온 서독 국민의 저력이 있었기에 가능했다.

둘째, 서독은 '접촉을 통한 변화'로 요약되는 동방 정책을 일관되게 추진했다. 이는 동서독 간의 상호 공존과 긴장 완화의 틀을 구축하는 데 기여했다.

셋째, 서독은 진지하고 성의 있는 노력으로 통일독일에 대한 주변국의 우려를 사전에 불식시켰다. 나아가 소련과 동구 공산권의 놀라운 이해와 협력을 얻을 만큼 능란한 외교를 펼쳤다.

넷째, 서독 정부는 여러 현실적 어려움과 제약에도 불구하고 인내심과 정성으로 동서독 간 화해와 교류 협력 정책을 일관되게 추진했다.

또한 김대중 대통령은 더불어 통일독일이 동서독 간 경제적 격차와 특히 심리적 갈등 해소를 위해 얼마나 어려운 시간을 보내고 있는지도 지적했다. 2000억 마르크면 충분하다던 통일 비용이 그 10배를 넘기고도 독일은 여전히 동서독 간 경제적 격차를 보이고 있다. 또한 동서독 국민 사이 깊게 패인 심리적 골이 많은 사회적 문제를 야기하고 있다.

우리의 경우는 어떠할까?

먼저 통일 비용부터 살펴보자. 독일의 경우는 통일 전 서독의 인구가 동독 보다 약 4배 많았기 때문에 서독 주민 4명이 동독 주민 1명을 부양하면 되었으나, 우리는 남한의 인구가 북한의 약 2배임으로 우리 쪽 주민 2인이 북한 주민 1인을 부양해야 한다.

경제력 차이도 크다. 통일 전 동독 주민 1인당 소득은 서독의 43.3% 수준이었으나, 우리 경우 북한 주민 1인당 소득이 우리의 약 1/21에 불과한 실정이다(2013년 한국은행 추산).[4] 이는 우리가 치러야할 통일 비용이 독일 보다 훨씬 더 많고, 우리가 감당하기에는 크게 버거운 수준이 될 것임을 알게 해준다.

독일은 통일 후 20년이 되는 2010년까지 약 2조 1천억 유로로 추산되는 엄청난 통일 비용[5]을 지출했는데, 이는 독일을 경제적 어려움으로 몰아넣었다. 우리의 현 경제력으로 볼 때 이와 같은 통일 비용의 무게를 단기간에 감당하기 어려울 것이라는 점은

4 손선홍(2015), 「통일비용 어떻게 준비해야 하나?」, 『외교』 제115호, 한국외교협회, p. 124.
5 위의 글, p. 115.

자명하다고 하겠다.

우리의 통일 비용과 관련하여 전문기관에 따라 다양한 추산이 제시되고 있으나, 최대 3,000조에서 4,000조 원이 소요될 것으로 예측되고 있다. 이 비용을 30년 동안 조달한다면 매년 100조 원 내외의 비용이 필요할 것으로 추산된다.[6] 이는 현재 우리 예산의 약 1/4에 해당되는 금액이다.

일부 전문가들은 지금 통일이 된다면, 북한에 투입해야 하는 막대한 비용 때문에 우리 국민들의 생활수준이 70년대 이전으로 돌아가게 될 것이라고 주장한다. 이와 같은 제반 사정을 감안하면 우리가 흡수 통일 방식이 아니라, 화해 협력을 통해 북한 경제를 일정 수준까지 끌어올린 후 점진적으로 통일을 이루어 나가야 하는 이유가 명백해지게 된다.

통일 비용뿐만 아니라 우리와 북한 주민 사이에 있는 심리적 이질성 문제 또한 심각하다. 현 상태로 통일이 된다면 남북한 주민들 간의 심리적 갈등은 독일의 경우보다 훨씬 더 심할 것이다. 서독과 동독은 자유롭게 왕래하고 교류함으로써 서로에 대해 잘 아는 상태에서 통일했다. 그러나 통일 이후 25년이 넘게 흐른 지금까지도 양측의 심리적 갈등은 여전히 해결되지 않고 있다. 반면 남북한은 전쟁까지 치렀고, 주민들 간의 접촉과 왕래가 없는 상태가 지속되어 오고 있다.

이상에서 살펴본 바와 같이 독일통일에 대해 우리가 인식해야 할 점은 우리와 독일 통일의 과정이 많이 다르다는 점이다. 독

---

[6] 위의 글, p. 120.

일과 달리 우리의 통일 정책은 일관성이 없으며, 주변 정세 또한 화해협력이 아닌 경쟁과 대립으로 점철되고 있어 통일에 유리한 국면이 조성되지 못하고 있다. 또한 통일 비용이나 양측의 심리적 거리 역시 독일과 우리의 상황은 현격히 다르다.

그러나 한편으로는 독일이 예상하지 못한 시기와 속도로 통일된 것처럼 우리에게도 통일은 예상할 수 없는 시기에 갑자기 올 수 있으며, 이 때 지도자의 외교적 역량이 중요하다는 점을 함께 인식해야 할 것이다.

콜 수상과 갠셔 외상은 베를린 장벽이 무너졌을 때 이를 통일의 기회로 삼아 대내외적으로 통일을 실현할 수 있는 여건을 만들 낸 준비된 지도자이었다. 콘도리사 라이스(Condoleezza Rice) 전 미국 국무장관은 공저인 『통일독일과 유럽의 변환: 치국 경세술 연구(Germany Unified and Europe Transformed: A Study of Statecraft)』에서 "독일 통일은 국가를 운영하는 정치적 리더십의 진수를 보여준다(German unification is proof of statesmanship)."고 말한다.

결론적으로 독일 통일의 경험은 고통이 덜한 통일을 이루려면 사전에 그 기반을 단단히 다져놓아야 한다는 점을 잘 보여준다. 독일 통일은 우리에게 남북이 서로 모든 분야에서 교류하고 협력하여 신뢰를 조성하고, 격차를 좁혀 나가야 한다는 점을 논쟁의 여지가 없는 교훈으로 가르쳐 주고 있다.

한반도 전문가이자 노련한 전직 외교관인 도널드 그레그 전 주한 미국 대사는 그의 회고록 『역사의 파편들』의 마지막 문장에서 이 점을 특히 강조하고 있다.

"한반도의 분단은 끝낼 수 있으며, 반드시 끝내야 하는 비극이다. 이는 북한을 악마화(demonization)하지 말고, 북한과 대화를 하고, 화해가 이뤄질 때에만 실현될 수 있다."

남북경협은 윈-윈의 사업

통일을 위한 우리 스스로의 노력 중 가장 중요한 것은 북한과의 경제 협력이다. 이는 통일 비용의 부담을 줄이는 동시에 한민족 공동의 번영을 이루는 데 기여할 것이다.

한 경제학자는 북방이 우리에게 남아있는 유일한 번영의 동력이고, 남북한이 평화롭게 시장경제를 기초로 통합한다면 북한 경제는 연 평균 13% 가량 성장할 것으로 예측한다. 또한 남북한과 아울러 중국 동북 3성과 연해주까지 아우르는 경제 통합이 이루어진다면 우리 경제가 연 1% 이상 추가 성장할 것이라고 예측한다.[7]

경제 협력은 우선 북한에 큰 이익이 된다. 우리의 협력을 얻어 북한의 각 지역에 공단을 건설하고, 철도, 항만, 도로 등 산업기반 시설을 복구하고, 풍부한 지하자원을 개발한다면 빈사 상태의 북한의 경제를 살리게 될 것이다. 여기에 남한의 자본과 기술뿐만 아니라, 미국과 일본, 기타 국제 투자기관들이 참여하면 북한 경제는 급속히 성장하게 될 것이다.

북한뿐만 아니라, 우리 입장에서 볼 때 우리의 자본과 기술력이 북한의 우수한 노동력과 값싼 토지와 만나게 되면 우리 경제

---

7 2015년 10월 2일자 중앙일보 29면에 게재된 「한반도 번영의 새로운 축은 북방에 있다」(김병연 서울대 경제학부 교수 기고)에서 인용.

에 높은 시너지 효과를 낼 것으로 기대된다. 따라서 우리 경제가 새로운 경제 활로를 찾아야할 현 시점에서 남북경제협력은 절대 놓쳐서는 안 될 절호의 기회라 할 수 있다.

우리 기업들이 값싼 임금을 찾아 동남아 등 국외로 기업을 이전하고 있는데, 이들이 북한으로 기업을 이전하면 언어 장벽이 없는 북한의 우수한 노동력을 활용할 수 있어 훨씬 더 유리한 여건이다.

또한 막혀있는 북으로 철로와 육로가 뚫리면, 지금은 북쪽이 막혀있어 절름발이가 된 우리 한반도가 반도의 기능을 제대로 할 수 있게 된다. 이렇게 되면 물류비용을 대폭 낮출 수 있다. 전문가들은 북한을 통해 중앙아시아, 유럽까지 육로로 물자를 수송하면 물류비용을 20~30% 정도 낮출 수 있을 것으로 보고 있다. 북한으로서도 남에서 대륙으로 오고가는 대륙철도의 통과료만 받아도 연간 수억 불의 수입을 올릴 수 있다고 한다. 이와 같이 북한과의 경제협력은 서로에게 득이 되는 윈-윈의 길이다.

이를 위해 남과 북의 모든 협력 사업이 중단된 현 상태에서 가장 먼저 해야 할 일은 북한과의 대표적인 경제 협력 사업이었던 개성공단과 금강산 관광을 우선적으로 다시 시작하는 것이다. 2015년에 현대경제연구원이 통일외교안보전문가 69명에게 설문조사한 결과에 따르면 90%에 가까운 조사 대상자가 금강산 관광 재개와 개성공단 확대를 지지하였다. 개성과 금강산은 비무장 지대에서 각각 5km, 10km 바로 위에 있는 북한의 군사요충지에 위치한다. 군사요충지에 남북 공동의 산업시설이 들어서고 관광단지가 들어서 있다는 것은 안보 면에서 큰 이득이 된다는 점도 잊어서는 안 될 것이다.

금강산 관광 사업과 개성공단

금강산 관광은 2008년 7월 한 관광객이 북한군의 총격으로 사망한 사건이 발생된 이후 중단되었다. 금강산 관광 사업이 어떻게 시작되었으며, 어떤 의미가 있는지 알아보자.

금강산 관광은 햇볕정책을 대북 정책의 기조로 삼은 국민의 정부가 들어선 이후 본격 추진된 최초의 남북 경제 협력 사업이다. 고 정주영 현대 명예회장은 자신의 마지막 여생을 북한과의 사업에 바쳤는데 그 첫 번째 결실이 금강산 관광 사업이었다. 그의 대북 사업 추진은 국민의 정부의 햇볕정책과 절묘하게 맞아떨어졌다.

당시 북한은 오랜 가뭄과 기아로 경제적 어려움이 극에 달했고, 외화가 몹시 필요했다. 또한 관광 사업은 특정 지역만 개방하면 되므로 북한 주민들과 관광객들 사이의 접촉을 최소화하고 통제하기 쉽다는 장점이 있기 때문에 북한은 금강산 관광 사업에 동의하였다.

1998년 11월 18일 금강호가 이산가족 등 826명을 태우고 동해항을 출발함으로써 역사적인 금강산 관광이 시작되었다. 이후 사업자의 자금난, 순탄치 않은 남북 관계, 관광객 감소로 수차례 중단 위기도 있었으나, 2005년 6월 시작한 지 6년 반 만에 관광객 100만 명을 돌파하는 등 2007년까지 700만이 넘는 관광객이 금강산을 다녀갔다.

북한은 금강산 관광 사업으로 연간 약 2000만 달러의 현금 외화를 얻었다고 알려져 있다. 대북 강경론자들은 금강산 관광 사업으로 벌어들인 외화가 북한 군부의 자금줄이라며, 이 사업에 반대하였다.

그러나 우리의 이익도 컸다. 북한의 해군 기지였던 장전항이 다른 곳으로 이동하고, 동부전선에 평화의 관광지대가 형성됨으로써 우리의 안보 이익이 높아졌다. 또한 금강산 관광은 제한적이나마 북한인들에게 외부 세계를 알릴 수 있는 창구였고, 심리적 파급 효과 또한 컸다. 금강산에서 일했던 수 천 명의 북한인이 남쪽에서 온 관광객들을 매일 접촉함으로써 북한 당국의 일방적인 왜곡된 정보로 심어진 우리에 대한 잘못된 인식을 고칠 수 있었다.

결론적으로 볼 때 금강산 관광 사업은 북한에게는 경제적인 이익을 주는 대신 우리에게는 전략적 이익을 가져왔다. 더 중요한 것은 남북 주민 간에 상호 이질감을 좁혀 나가는 소중한 기회이었다.

다음으로 살펴볼 개성공단은 남북 최초의 호혜적 경제협력 사업이다. 이 사업은 2000년 8월 현대아산과 조선아시아태평양평화위원회가 '개성공단 개발합의서'를 채택하고, 북측 내부 법령 제정과 남북 정부 간 공식 협의를 거쳐 2003년 6월 30일 착공하게 되었다.

개성공단사업은 북측으로부터 50년간 임차받은 토지를 공업단지로 개발한 후 국내외 기업에 분양하거나 관리하는 형태로 운영되었다. 2005년 9월 1단계로 조성된 100만 평의 공단이 기업에 분양된 이후 2015년 11월 현재 124개의 우리 기업이 입주하고 있었다. 또한 2013년 1월에 총 생산액 20억 달러를 달성하였고, 누적 생산액은 2015년 11월까지 31.8억 달러에 이르렀다. 2015년 11월 현재 개성공단에서 일한 북한 근로자 수는 약 54,000명이었다. 그러나 2016년 2월 북한의 4차 핵실험으로 인해 가동이 전면적으로 중단되고 말았다.

개성공단사업은 남한의 자본과 기술, 북한의 토지와 인력이 상호 보완적으로 만나 남북 경협의 새로운 모델이 되었다는 점에서 그 의의가 크다. 또한 북한이 본래 개성에 있던 군부대와 군사 시설을 후방으로 옮기고, 이 지역을 공단부지로 내어준 것은 우리의 영향력을 휴전선 북쪽으로 그만큼 확대시킨 것을 의미함으로 대단히 중요한 성과라고 할 수 있다.

개성공단 출입을 위해 남북 군사당국 간 협조하에 매달 수천 명의 남측 인원과 수백 대의 차량이 군사 분계선을 넘나들었다. 이는 자연스럽게 군사적 신뢰를 구축하고 긴장을 완화시키는 데 큰 도움이 되었다. 또한 개성공단에는 남북 근로자가 함께 근무하여 남북 간 공감대를 넓히고 북한 주민이 시장경제에 눈 뜨는 심리적 효과가 있었다.

북한의 중국화를 막아라

남북한의 경제협력은 북한에 대한 중국의 영향력을 줄여나간다는 차원에서도 대단히 중요하다. 중앙아시아 지역을 비롯하여, 심지어는 시베리아 지역 일대와 북한까지 중국의 경제적 영향력이 급격히 확산되고 있기 때문이다.

자원의 보고인 시베리아는 이미 중국산 물자, 자본, 중국인으로 넘쳐나고 있다고 한다. 이곳은 이미 중국화되었다는 말까지 있다. 중국은 대중이 이용하는 버스에서 식탁 위 음식까지 이곳 생활 구석구석을 지배하고 있다고 한다.

뿐만 아니다. 중국의 막대한 자금이 이곳의 방치된 과학, 기술 인력과 시설에 집중 투자되고 있다. 시베리아 중심도시인 노보시비르스크 근교, 아카뎀고로도크에는 52개의 각종 과학연구소와 6명의 노벨상 수상자를 포함한 18,000여 명의 과학자들이 모여 연구하고 있는데, 중국은 이곳에 막대한 자금을 들여 공동연구 등 다양한 협력을 진행하고 있다고 한다. 그리고 이곳 물자의 80%를 수출하고 있다.

또한 시베리아에는 50만 명이 넘는 중국인이 거주하고 있는 것으로 알려졌다. 시베리아의 중국화를 염려하는 러시아 극우주의자들은 한때 이를 '황색 위기'라 부르면서 시베리아의 중국화를 막는 조치를 요구하였다.

북한의 중국에 대한 경제적 의존도 역시 날로 심각해지고 있다. 이렇게 가다가는 북한이 중국의 동북 제4성이 될지도 모른다는 우려도 심심치 않게 들려온다. 2015년에 현대경제연구원이 발표한 자료에 따르면[8], 북한과 중국 간의 교역은 2010년 10.9억 달러에서 2014년 11.8억 달러로 확대되는 양상이 지속되고 있고, 품목별로는 광물이 최대 수출입 품목을 차지하고 있다. 북한의 교역에서 중국이 차지하는 비중은 70% 수준으로 파악된다. 중국의

8 이해정(2015), 「최근 북중 경제협력 현황과 시사점」, 『현안과 과제』 2015 권30호, 현대경제연구원.

대북한 투자는 2003년 0.1억 달러에서 2013년 5.9억 달러로 급증하였고, 특히 2009년 이후 철도, 항만 등 중국의 북·중 접경 지역 인프라 개발 투자도 지속되고 있다.

또한 인적 교류를 볼 때 중국에 입국하는 북한 인력이 급격히 증가하고 있는데, 2010년 5.4만 명에서 2014년에는 9.3만 명으로 약 2배 증가하였다. 이들 중 60-70%가 의류 제조업 분야에 종사하고 있는 것으로 추정된다.

이외에도 북한의 원자재, 생필품 대부분이 중국에서 들어와 북한 시장에서의 중국 제품 점유율이 70%가 넘는 수준이라고 한다. 북한의 경제가 중국에 넘어간다면 이는 중국의 힘이 비무장지대에까지 미치는 것을 의미한다. 거듭되는 핵실험과 미사일 발사로 북한은 지속적인 유엔 등의 경제 제재에 놓여 있어 북한 경제의 중국 의존도는 나날이 높아지고 있다.

북한 경제가 중국의 경제권으로 편입되는 것을 막으려면 우리가 적극적으로 북한과의 경제 협력을 추진해 나가야 할 것이다.

4

북한 핵 문제, 어떻게 해결할 것인가?

히로시마 평화 기념공원 내 원폭 돔
출처: 히로시마 평화기념공원
https://commons.wikimedia.org/wiki/File:Hiroshima_dome.JPG

핵무기 없는 세상

역사상 최초로 원자폭탄이 투하된 히로시마를 방문하면 세계 평화를 기원하기 위하여 조성된 평화 기념공원을 찾게 된다. 사상자 위령비에는 28만 명에 이르는 사상자의 이름과 함께 "편안히 잠드십시오. 잘못을 되풀이 하지 않겠습니다."라는 비문이 각 나라의 언어로 새겨져 있다. 이는 원자폭탄의 가공할 위력이 얼마나 처참한 희생을 가져 오는가를 일깨워 줌으로써 역설적으로 핵무기가 없는 평화로운 세상을 꿈꾸게 하여 준다.

냉전 시기에 동서 양진영 간의 핵무기 경쟁이 인류를 파멸시킬 수 있다는 공포감을 키웠고, 국제사회에 핵무기 확산을 막아야 한다는 공감대가 형성되었다. 이에 1968년에 유엔에서 핵무기 확산 금지 조약(Nuclear Non-Proliferation Treaty)이 채택되었다. 이 조약은 1967년 1월 1일 기준으로 비핵 국가에 대하여는 핵무기 개발 금지를, 핵 보유 국가에 대하여는 군축을 각각 요구하고 있다.

그런데 이 조약은 핵보유국을 미국, 러시아, 영국, 프랑스, 중국 등 5대국으로 한정하고, 이들 국가에 대하여는 점진적인 군축의 의무를 부과하는 반면, 비핵 국가에 대하여는 엄격한 사찰을 받도록 함으로써 불평등하다는 비판을 받고 있다. 또한 이 조약은 인도, 파키스탄, 이스라엘 등이 사실상 핵무기를 보유한 국가가 되는 것을 막지 못했다는 비난을 받는다.

2009년 4월 프라하에서 행한 연설에서 핵 없는 세상을 약속한 오바마 미국 대통령은 2010년 러시아와 신 핵군축 조약을 맺어 양국의 핵무기를 반으로 감축하는 데 합의했고, 2015년 이란과의 핵협상을 타결하는 등 제한적이나마 핵무기의 확산을 막는 데 성공하였다.

또한 세계 도처에서 무차별적으로 테러를 감행하여 수많은 무고한 희생자를 내고 있는 IS 등 테러리스트 세력에게 핵물질의 유입을 막는 일이 매우 시급한 과제로 등장함에 따라 임기 중 4회에 걸쳐 핵 안보 정상회담을 개최하여 핵물질 이전 방지 등에 관한 국제적인 협력 기반을 넓혔다.

북한의 핵 개발은 핵확산 금지 조약을 중심으로 하는 유엔 핵무기 비확산 체제에 대한 정면 도전이자 핵 없는 세상을 만들려는 국제사회의 노력에 찬물을 끼얹는 일이기 때문에 고강도의 국제적인 압력과 제재를 받고 있다.

북한 핵 문제의 역사

북한은 60년대부터 핵무기를 개발하기 위하여 끈질기게 노력하여 왔는데, 플루토늄을 추출한 것으로 밝혀진 5메가와트 영변 원자로는 1985년 소련에서 들여왔다.

당시 북한은 핵무기확산금지조약(NPT) 가입과 국제원자력기구(IAEA)의 핵안전 및 사찰을 규정하는 안전협정(Safeguards Agreement) 가입 조건에 동의하였다. 북한은 1985년 NPT에 가입했으나, IAEA와의 안전협정은 차일피일 미루다가 1992년이 되어서야 체결하였다. 그러나 이듬해인 1993년 국제원자력기구는 북한이 폐연료봉에서 플루토늄을 추출한 흔적을 찾아냈고, 이로써 북한의 핵무기 개발 계획이 처음으로 세상에 드러났다.

이렇게 불거진 1차 북한 핵 위기는 전쟁 위기까지 초래하는 우여곡절을 겪은 끝에 1994년 10월 미국과 북한 간에 '제네바 기본합의'에 서명함으로써 고비를 넘기게 되었다. 이 합의는 북한이 영변에 있는 5개 원자력 시설을 동결하고, 국제원자력기구(IAEA)의 사찰을 수용하는 대신, 1,000메가와트 급의 경수로 2기와 연간 50만 톤의 중유를 제공받는 내용을 골자로 한다. 1차 북한 핵 위기가 불완전하게나마 대화를 통해 타결된 것은 당시 클린턴 정부가 북한과 직접 대화하여 주고받는 협상을 했기 때문이었다.

그러나 2002년에 시작된 2차 북한 핵 위기 때 부시 정부는 1차 위기 때의 클린턴 정부와는 완전히 다른 입장을 취했다. 2002년 초 부시는 북한을 '악의 축'이라 부르며 강경한 압박 정책을 천명했다. 또한 이러한 불량국가들에 대해서는 선제공격도 불사한다는 공격적 입장을 취했다. 미국과 북한 간에 긴장이 하루가 다르게 높아갔고, 한반도에는 다시 전쟁의 먹구름이 드리우는 듯했다.

특히 북한이 2002년 10월 평양을 방문한 켈리 미 국무성 동아시아태평양차관보에게 고농축 우라늄 핵무기 개발 계획을 깜짝 선언한 것으로 알려지면서 미국과 북한 간의 관계는 결정적인 파국으로 치닫게 되었다. 미국은 이를 빌미로 북한에 대한 중유 공급을 끊고 경수로 건설도 중단시켰다. 이에 맞서 북한도 NPT를 탈퇴하고, IAEA 사찰단을 철수시킴으로써 맞불을 놓았다. 이로써 제네바 합의는 휴지 조각이 되고 말았다.

당시 북측의 입장은 미국이 계속 자신들을 괴롭힌다면 고농축 우라늄 핵 개발을 할 수도 있다는 뜻이었는데, 제네바 합의를 파기하기 위하여 네오콘 세력이 이를 과장, 악용하였다면서 진실과 진상이 꼭 밝혀져야 한다는 주장이 지속적으로 제기되고 있다.[1]

이후 부시 정부가 북한과의 직접대화를 계속 거부하자 중국이 6자회담을 주도하면서 중재에 나섰고, 2005년 북한 핵문제에서 한반도 평화체제 구축까지를 포함하는 포괄적인 '9.19 합의'가 이루어졌다. '9.19 합의'는 북한이 핵무기 개발 계획을 포기하고, 핵무기확산금지협정(NPT)과 국제원자력기구(IAEA)에 복귀하는 대신 에너지와 인도적 지원을 제공받는다는 내용을 핵심으로 하고 있다. 또한 미국과 북한은 관계 정상화를 위한 조치를 취하고 적절한 별도 포럼에서 항구적 한반도 평화체제 문제를 협상하기로 하였다.

그러나 9.19 합의 직후 갑자기 북한의 미 달러 위조 문제가 터져 나왔다. 미국은 즉각 마카오에 있는 방코델타아시아 은행의 북한 계좌를 동결시키는 강력한 대북 금융 제제를 가했다. 이로써 9.19 합의 이행을 위한 사항은 논의조차 되지 못한 채 6자회담이 표류하게 되었다. 설상가상으로 2006년 10월 북한은 1차 핵실험을 강행하였다.

이렇게 서로 대립하는 가운데 2006년 11월 민주당이 중간 선거에서 이겨 다수당이 되면서 상황은 다시 변화되었다. 부시 대통령이 이라크전 실패 등 외교적 실책을 북핵 문제의 외교적 해결을 통해 벗어나려고 하면서 북한과의 직접 대화에 나서게 된 것이다.

북·미 양측은 2007년 1월 베를린에서 첫 만남을 가졌다. 이후

1 양성철외(2015), 『김대중 외교-비전과 유산』, 연세대학교대학출판문화원, p. 53.

제5차 6자회담 3단계 회의를 베이징에서 개최했다. 마침내 6자는 2.13 합의로 불리는 '9.19 공동성명 이행을 위한 초기 조치 합의문'을 채택하였다. 초기 조치 합의문은 북한이 핵 시설을 폐쇄·봉인하고, IAEA 요원을 복귀시키며, 60일 이내에 모든 핵 프로그램의 목록 작성을 협의하기로 하였다. 대신 한국은 중유 5만 톤 상당의 긴급 에너지를 북한에 우선 지원키로 하였고, 6자회담 내에 한반도 비핵화, 미·북 및 미·일 관계 정상화, 경제·에너지 협력, 동북아 평화·안보체제 등 5개 실무그룹을 구성하여 30일 내에 회의를 개최키로 하였다.

초기 단계 다음 조치로 10.3 합의에 따라 북한은 기존 플루토늄 추출량을 포함한 모든 핵 프로그램에 대한 완전한 신고와 모든 현존하는 핵시설의 불능화 조치를 약속했다. 이는 중국이 의장국을 맡은 한반도 비핵화 실무그룹 회의에서 세부사항을 조율해 나가게 되어 있었다. 나머지 6자회담 참가국들은 중유 95만 톤 상당의 에너지와 경제, 인도적 지원을 맡게 되었다. 세부 사항은 한국이 맡은 경제·에너지 협력 실무그룹에서 협의하기로 하였다. 또한 적절한 시기에 6자 외교장관 회담을 북경에서 개최하기로 하였는데, 이는 정치적 신뢰 구축과 추가 동력 마련을 염두에 둔 것이었다.

이에 2008년 6월, 북한이 핵시설과 물질 신고서를 제출하였고, 이어 10월에는 미국이 북한을 테러지원국 명단에서 해제하는 조치를 취하여 합의 이행이 진행되었다. 그러나 그 해 12월 신고서 검증을 위한 시료 채취에 합의하지 못하였다.

2009년 부시에 이어 민주당인 오바마 정부가 출범함으로써 대화를 통한 북한 핵 문제 해결의 기대가 높아졌으나, 그해 4월과 5월에 북한이 장거리 로켓 시험 발사를 실시하고, 2차 핵실험을 감행함으로써 갓 출범한 오바마 정부의 대북 정책에 찬물을 끼얹게 되었다. 이후 오바마 정부는 북한에 선 비핵화 조치를 요구하는 전략적 인내(strategic patience) 정책을 고수하여 왔고, 북한은 2013년 2월과 2016년 1월에 각각 3차와 4차 핵실험을 감행함으로써 북한 핵 문제는 해결의 실마리를 찾지 못하고 있다.

오늘날 전문가들은 북한 핵 문제가 표면화된 이후 20년이 지난 동안 북한은 10기 내외의 핵무기를 보유하게 되었고, 2020년까지는 100기의 핵무기를 생산할 수 있는 핵물질을 가질 수 있을 것으로 예측하고 있다. 더구나 북한은 김정은 시대가 열리자마자 핵과 경제발전 병진 노선을 채택하고, 핵보유국 지위를 공공연하게 주장하고 있다.

북한이 핵무기를 가지려는 이유

북한은 왜 이렇게 핵개발에 집착하는 것일까? 대체로 정치·군사적 목적, 대미 협상용, 그리고 체제 유지 등 3가지 측면에서 설명되고 있는데 이는 북한의 대내외 상황 변화와 맞물려 있다.

첫째는 정치·군사적 목적이다. 북한이 주한 미군 주둔 등 남쪽에 비해 압도적으로 열세에 놓인 자신의 군사력에 균형을 확보하고, 국제사회에서 위상을 높이기 위하여 핵무기를 개발한다는 것이다.

일찍이 김일성은 히로시마와 나가사키에 투하된 원폭으로

2차 대전이 종전되는 것과 1949년 소련의 핵무기 개발, 1964년 중국의 핵 실험 성공으로 이들 국가들의 국제적 위상이 달라지는 것을 목격하고 핵무기의 위력을 깨달았다. 주한 미군이 주둔하고, 남쪽의 비약적인 경제발전으로 격차가 커지게 되어 북한의 군사력이 절대적으로 열세에 빠지게 됨으로써 북한은 소련과 중국으로부터 핵기술과 장비를 지원받아 자체 핵 기술을 개발하기 위하여 끈질기게 노력하였다. 또한 핵무기를 개발함으로써 주체사상에 따른 북한의 국제적인 위상을 높여 나갈 수 있었다.

실제로 북한은 핵개발의 목적이 미국의 위협으로부터 자신들을 보호하고 군사적 균형을 지키기 위한 것이라고 말해 왔다. 2006년 3월 조선중앙방송을 통해 발표된 외무성 성명은 이렇게 말하고 있다.

> "우리의 강한 혁명군이 미국의 선제공격을 저지하기 위해 필요한 모든 조치를 강구하고 있다. 선제공격은 미국만의 독점물이 아니다. 우리는 미국의 핵위협에 대응하기 위해 핵무기를 만들었다."

둘째는 대미 협상용이라는 주장이 있다. 이는 안보 불안 해소와 경제 발전에 필수적인 미국과의 관계 정상화를 위해 핵무기 개발을 대미 협상의 지렛대로 삼았다는 견해이다. 미국과의 관계 발전 없이 체제의 안전 보장과 파탄에 이른 경제 회생이 불가능함을 북한이 잘 알고 있기 때문에 미국을 협상 테이블로 끌어내기 위해서 핵개발이라는 극단적인 방법을 쓰고 있다는 것이다. 이는 1990년대 초 냉전이 종식되어 북한의 안보가 극도의 위기상황에 처하게 되었고, 설상가상으로 경제가 파탄의 지경에 이르렀던 상황과 무관하지 않다. 1994년 제네바 합의와 2005년 9.19 합의에 북한이 동의한 배경도 이러한 맥락에서 이해되고 있다.

셋째는 생존이 걸린 체제 유지를 위해 핵무기를 개발하게 되었다는 주장이다. 2000년대 들어 부시 정부가 북한과 함께 악의 축으로 규정한 이라크를 실제로 침공하자 북한은 미국의 선제공격 위험에 극도의 불안을 느껴 한층 더 핵무기 개발에 집착하게 되었다. 북한은 리비아의 카다피 정권과 이라크의 후세인 정권이 무너지는 과정을 지켜보면서 핵무기를 보유하는 길만이 체제의 안전을 보장받을 수 있다고 판단한 것으로 보인다. 북한은 파키스탄이나 인도처럼 얼마간은 국제적 제재로 괴롭겠지만 궁극적으로는 핵보유국이 되어 체제 안전을 보장받고 국제적인 지위도 높아질 것으로 기대하고 있다는 해석이다. 김정은 정권이 들어선 이후 핵과 경제 병진노선을 채택한 것은 바로 이러한 북한의 인식을 반영한 것으로 분석된다.

북한 핵, 어떻게 대응해야 하나

북한이 사실상 핵무기 보유 국가가 된 것으로 평가되면서 그동안 북한의 핵무기 개발을 저지하기 위한 대응이 실패했다는 비판이 심각하게 제기되고 있다. 앞으로 우리가 이에 대하여 어떻게 대응해 나갈 것인가에 대한 답을 찾아보도록 한다.

먼저 우리가 주도적으로 나서서 북한 핵 문제를 해결할 수 있을 것인가에 대한 답을 찾아보자. 북한이 핵무기를 개발하는 것은 체재 유지를 위한 생존 수단이라면, 북한이 인식하는 가장 큰 위협은 바로 미국이다. 그래서 북한은 대륙 간 탄도 미사일을 실험하면서 미국의 본토를 직접 타격하겠다고 으름장을 놓고 있다. 북한은 핵문제가 북미 간의 문제이니 미국과 직접 협상하겠다고 일관되게 요구해 왔으며, 6자회담 등 과거 협상이 진행되는 과정에서 미국과 북한 간의 직접 협상이 늘 선행되었다.

반면 미국에게 있어서 북한의 핵 개발은 미국의 세계 전략에 대한 직접적인 도전이다. 핵무기 보유국들이 가지고 있는 핵무기를 감축하면서 핵무기와 핵물질의 확산을 막아 궁극적으로 핵 없는 세상을 만드는 것이 미국의 가장 중요한 세계 전략 중의 하나이기 때문이다. 만일 북한의 핵 개발이 성공하고, 이를 용인하게 된다면 한국, 일본, 타이완 등 동아시아 국가들은 물론이고 이란 등 제3세계 국가들의 핵무기 개발을 막을 명분을 잃게 될 것이다. 따라서 미국은 북한의 핵무기 개발을 절대로 용인할 수 없는 것이다.

미국은 1993년 북한 핵 문제가 처음으로 표면화되었을 때 군사 조치까지 검토하였다. 그러나 군사적 조치를 감행할 경우 6개월 이내에 100만 명 이상의 민간인 사상자가 발생될 수 있다는 평가가 나오자 군사 조치 대신 북한과 직접 협상하게 되었다.

이와 같은 북한과 미국의 북한 핵 문제에 관한 기본 입장을 감안할 때 북한 핵 문제는 가장 엄중한 우리 안보 위협 요소임에도 불구하고 우리가 독자적으로 해결할 수 없는 문제이다.

오바마 정부는 2009년 출범 이후 북한이 의미 있는 비핵화 조치를 먼저 취할 것을 요구하는 '전략적 인내(strategic patience) 정책'을 고수하여 왔다. 이는 제네바 합의, 9.19 합의 등 지난 20년 동안 북한과 협상을 통해 이룬 합의를 북한이 거듭 위반하면서 지속적으로 핵실험을 감행한 데에 대한 불신이 미국 조야에 광범위하게 퍼져 있기 때문에 북한이 비핵화의 의지를 먼저 보여야 협상에 나설 수 있다는 입장이다.

또한 북한에 대한 제재가 효과를 보지 못하고 있는 것은 중국의 미지근한 태도 때문으로 인식되고 있다. 따라서 미국은 북한의 비핵화 문제는 북한에 영향력이 큰 중국에 달려 있다고 믿고 있다.

반면 중국은 아주 다른 생각을 가지고 있다. 북한이 2016년 벽두에 4차 핵실험과 장거리 미사일 발사 실험을 감행한 후 미국을 비롯한 우리나라가 강력한 대북제재로 중국에 압박을 가한 것에 대하여 중국 외교부 대변인은 "한반도 핵문제의 원인과 문제점은 중국에 있는 것이 아니며, 문제 해결의 관건도 중국에 있지 않고, 미국의 대북한 정책이 오늘의 사태를 몰고 온 원인"이라고 주장하면서, 대화를 통한 해결만이 유일한 대책이니 6자회담을 재개하자고 촉구하였다. 결국 중국의 주장에 따라 북한 주민의 민생을 해하는 제재 조치를 제외하는 수준에서 가장 강력한 대북제재안이 유엔에서 채택되었으나, 제재의 효과에 대하여는 여전히 의문이 제기되고 있다. 중국은 북한을 자국의 전략적 자산으로 보면서 대화로 문제를 해결해야 한다는 입장을 고수하고 있기 때문에 제재를 통한 북한 핵 문제 해결에는 한계가 있을 수밖에 없다는 것이 다수 전문가들의 견해이다.

외교에 있어서 대화는 필수적이다. 더구나 위기 상황일수록 대화가 더 필요한 법이다. 북한 핵문제 해결을 위해 유용한 길 또한 대화이며, 현재 그 틀은 6자회담이라 할 수 있다. 6자회담에는 이해 당사자들인 남북한을 포함한 미국, 중국, 일본, 러시아 등 강대국들이 함께 하는 만큼 주고 받기식의 포괄적인 해결 방안이 모색될 수 있다. 또한 2005년과 2007년에 6자회담에서 합의한 9.19 공동성명과 관련된 행동 조치들은 대화 재개의 주요한 출발점이 된다. 9.19 합의를 기반으로 우리가 앞장서서 미국과 북한 양측을 우선 설득하여 대화를 재개할 수 있도록 노력해야 할 것이다.

북한은 4차 핵실험을 실시하기 직전에 미국과 한반도 평화 협정 체결 문제를 논의하였으나, 미국이 북한 핵문제와 함께 논의하자고 하여 합의를 이루지 못한 것으로 알려지고 있다.

중국은 북한의 4차 핵실험에 대해 더 강력한 유엔 제재에 동참하면서도, 6자회담을 재개하여 북한의 비핵화와 한반도 평화 협정 체결 문제를 함께 논의하자는 입장을 표명하고 있다. 미국과 북한의 입장을 모두 고려한 중국의 제안을 기반으로 우리 정부는 미국과 북한이 사전 협상을 할 수 있도록 중재 역할을 하는 것이 바람직하다.

김대중 전 대통령이 늘 주장했던 바와 같이 핵 문제 해결의 직접 당사자인 미국과 북한 두 나라가 직접 대화를 통해 주고받는 협상을 하고, 우리를 비롯한 나머지 6자회담 참가국들이 철저한 이행을 보장하면 북핵 문제 해결의 실마리를 찾을 수 있을 것이다.

북한이 비핵화에 대한 확고한 의지를 보이지 않는 상황에서 그들과 대화하게 되면 마치 우리가 북한의 핵과 경제의 병행발전

노선을 용인하는 것처럼 비춰질 것에 대한 우려로 인해 북한과의 대화 자체를 거부하는 것은 포용(engagement)적인 자세가 아니다. 원래 포용의 의미는 화해(rapprochement)나 유화(appeasement)가 아니며, 관계 개선을 의미하는 것도 아니다. 그것은 직접 대화하여, 자신의 입장을 전달하고 상대방의 반응을 듣는 것이며, 이를 통해 상대방의 이해관계와 현실적인 옵션에 대한 생각을 바꾸어 정책과 행동을 완화시키는 데 목적을 둔다.

포용 정책에 따라 적대적인 관계에 있는 국가들이 직접 대화하여 국제 문제를 해결한 사례는 많다. 80년대에 미국은 적대국인 쿠바와 직접 대화하고 협상하여 나미비아 독립과 앙골라에서 쿠바군의 철수를 이끌어 냈고, 2000년대에는 리비아와의 외교관계 정상화와 대량살상무기 개발 계획의 폐기를 이끌어 냈다. 오바마 정부 또한 포용 정책을 통해서 쿠바와의 관계 개선, 이란과의 핵 협상에 성공하였다. 이러한 사례들은 궁극적으로 북한의 핵 문제를 해결하는 방법은 제재와 압박이 아니라 포용임을 일깨워 준다.

part 03

한반도와 주변 4대 강대국

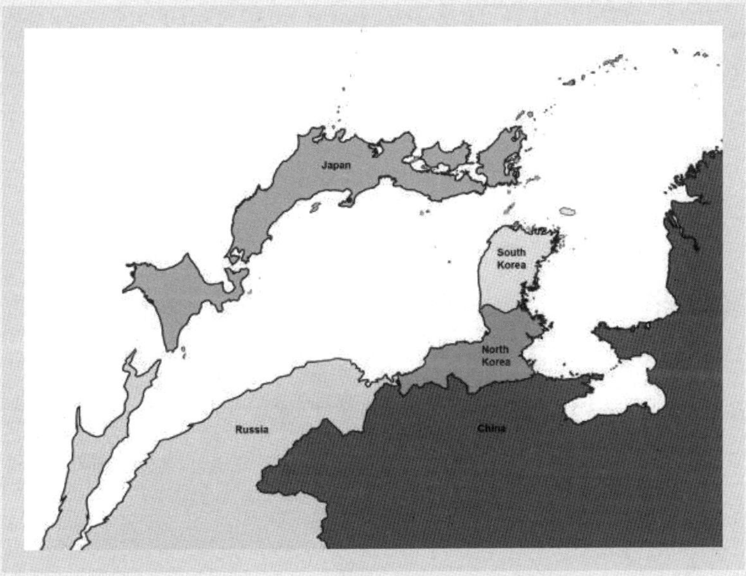

거꾸로 본 동북아 지도
서해와 동해가 한반도를 중심으로 한 동북아의 내해로 보인다.
일러스트터: 양시형

우리와 주변 4대 강대국과의 관계는 세계정세의 변화에 따라 기본 구조가 전환되어 왔다. 20세기 중반 이후 형성된 냉전 시대에 우리 외교는 한미관계가 중심축이었다. 우리의 안보는 한미 동맹이 버팀목이었고, 경제 발전은 미국의 시장이 핵심이었다. 반면 중국과 소련은 북한과 동맹 관계로 우리와는 적대적 관계에 있었다.

90년대 초 냉전이 끝나고 우리와 중국, 그리고 러시아 간에 외교 관계가 수립된 이후 우리 외교는 본격적으로 주변 4대 강대국과 관계 발전을 꾀할 수 있게 되었고, 이는 "우리 외교의 90%는 4대 강대국과의 관계이다."라는 말이 자연스러울 만큼 오늘날 우리 외교의 핵심 과제이다.

그러면 오늘날 우리의 4대 강대국과의 관계의 기본 요체는 무엇인가?

김대중 대통령이 제시한 '1동맹 3친선 체제'가 현재 상황에서는 이에 대한 가장 적절한 답이라고 생각된다. 김대중 대통령은 "미국과의 동맹을 축으로 중국, 일본, 러시아와 긴밀한 협력 관계를 유지해 나가면서 이들에 끌려 다니지 말고 이들을 우리 국익에 맞게 활용하는 것이 우리 외교의 요체이다."라고 말하였다.

오늘날 우리 외교에 가장 큰 도전은 갈수록 커지고 있는 중국과의 관계를 한미 동맹과 어떻게 조화를 이루면서 발전시켜 나갈 것인가이다. "중국 경제가 기침하면 우리 경제가 감기에 걸린다."라는 말이 있듯이 우리 경제의 중국 의존도가 심화되고 있다. 또한 북한 핵 문제에서 보듯이 우리의 안보와 통일 문제에 있어서 중국의 역할이 나날이 중요해지고 있다. 반면에 사드 배치 문제에서 보는 바와 같이 한미 동맹의 강화가 중국과 마찰을 초래하는 일도 발생하고 있다.

한반도와 주변 4대국 간의 전반적인 역학 관계의 흐름을 염두에 두면서 주변 4대 강대국들의 대외정책의 특성과 흐름, 그리고 우리가 이들과의 관계를 어떻게 발전시켜 나갈 것인가에 관하여 함께 생각해 보도록 한다.

1

우리가 보는 미국, 미국이 보는 우리

1953년 10월 1일 한미방위조약 서명
출처: 위키 백과
http://ko.wikipedia.org

팍스 아메리카나 시대는 지속될 것인가?

21세기는 팍스 아메리카나 시대로 불린다. 이는 미국이 세계 유일 초강대국으로 세계를 리드하는 시대를 의미한다. 미국은 냉전에서 승리한 이후 견줄 상대가 없을 정도로 강력한 힘을 바탕으로 유일 초강대국이 되었다. 그러나 9.11 사태와 이어진 아프가니스탄과 이라크 전쟁, 그리고 2008년 미국의 서브프라임 모기지 사태로 촉발된 세계 경제 위기 등으로 미국의 리더십과 미국 중심의 신자유주의 경제 체제에 대한 불신이 높아져 미국의 위상이 흔들리고 있다.

설상가상으로 중국의 급격한 부상은 미국 주도의 세계 질서에 큰 도전이 되고 있다. 지난 20년이 넘는 기간에 이룬 연 10% 이상의 눈부신 경제 성장을 바탕으로 세계 2대 경제 대국으로 부상한 중국이 오늘날 미국을 유일 강대국으로 하는 단극 체제를 위협하고 있는 것이다.

중국은 축적된 부를 바탕으로 미국과 신형 대국관계를 주장하면서 아시아인프라투자은행(AIIB) 등의 설립을 주도하여 미국이 구축해 놓은 국제 경제체제의 변화를 꾀하는 한편, 일대일로一帶一路 전략을 통해 중앙아시아와 동남아를 거쳐 아프리카, 중동 그리고 유럽으로까지 영향력을 확대해 나가려는 웅대한 전략을 펼치고 있다.

이 과정에서 오늘날 가장 첨예한 대립을 보이는 곳이 남중국해이다. 남중국해는 중국이 신 해양실크로드 전략 하에 해양 세력으로 커나가기 위한 핵심 해역이다. 따라서 이 지역의 패권을 놓고 미국, 일본과 군사적 긴장이 높아지고 있다.

앞으로의 세계정세는 미국과 중국의 관계가 경쟁과 대립으로 갈 것인가? 아니면 협력과 공존으로 갈 것인가? 에 따라 좌우될 것으로 예상되고 있는데, 미국의 안보전문가(카터 대통령 국가안보보좌관역임)인 즈비그뉴 브레진스키(Zbigniew Brzezinski)는 미국의 우위가 계속되는 가운데 협력과 공존으로 갈 수밖에 없을 것이며, 따라서 미국의 지도자들이 중국을 고립시키려 하지 말고 포용하고 협력하는 정책을 펴야 한다고 주장한다.[1]

"역사적으로 볼 때 200년 전 국제 정치가 태동된 이래 유럽의 주도권 다툼을 놓고 냉전을 포함한 4번의 세계 전쟁이 발생했는데, 오늘날에는 어느 한 국가가 유일 초강대국이 될 수 없는 상황 변화가 초래되었기 때문에 더 이상 이러한 주도권 다툼이 가능하지 않게 되었다. 즉 핵무기는 승자도 패자도 모두 파괴할 수 있기 때문에 주도권 다툼을 무의미하게 만들고 있고, 세계 경제의 상호 의존성이 매우 복잡하게 얽혀 있어 어느 한 국가의 경제적 승리는 모두를 파괴하는 극단적인 결과를 초래할 수 있어 가능하지 않고, 세계 어느 곳이든 그곳에 사는 주민들의 정치적 의식이 깨어 있어 아무리 작은 국가도 쉽게 정복될 수 없게 되었다. 또한 미국과 중국은 비록 체제는 다르지만, 서로 적대적인 이념으로 무장되어 있지 않고, 서로 다른 방법으로 개방적인 점 또한 서로 간에 주도권 다툼의 가능성을 낮게 해준다. 과거 소련과 달리 오늘날 1억이 넘는 중국인들이 자유롭게 해외를 드나들고 있으며, 제한적이나마 6억 명

1 브레진스키 전 미국국가안보보좌관이 2013년 2월 14일자 International Herald Tribune 지에 기고한 "Giants, but not hegemons" 참고

이상의 중국인들이 인터넷을 통해 외부 세계와 소통하고 있다.

이 점을 고려할 때 안정적인 미국과 중국 간의 관계를 위협하는 요소는 그들 간의 적대감이 아니라 되살아나고 있는 아시아가 20세기 유럽에서 자원, 영토, 주도권 등을 두고 서로 갈등을 야기했던 민족주의 열정의 포로가 될 수 있는 걱정스러운 상황이다. 한반도에서의 남북한 갈등, 중국과 일본, 인도 간의 갈등, 그리고 인도와 파키스탄 간의 대립 등 많은 위기 상황이 존재한다.

이와 같이 아시아 내부에 자체적으로 폭발 가능성을 안고 있는 상황에서 미국은 안정자로서의 역할(stabilizing role)을 해야 한다. 미국은 19세기 영국이 유럽 대륙 강대국들 간의 힘겨루기에 휘말려 들지 않으면서 주도권도 추구하지 않는 균형자로서의 역할을 한 것과 같은 역할을 아시아에서 추구해야 한다. 아시아에서 건설적이고 전략적으로 세심한 미국의 접근은 한국과 일본 등 전통 동맹국들과의 관계를 강화하는 것에만 치중하지 말고 중국과의 관계를 제도화하는 데도 주목해야 한다. 20세기 유럽의 재앙을 초래한 역사가 반복되는 것을 피하려면 미국은 아시아에서 세계 경찰로서의 역할이 아니라 안정자로서의 역할을 추구해야 하고, 또한 중국은 이 지역에서 지배적인(domineering) 강대국이 아니라 하나의 우월한(preeminent) 강대국의 역할을 추구해야 할 것이다."

오늘날 미국은 일본과의 안보 동맹을 축으로 한국, 인도, 베트남, 필리핀 등과의 안보 협력을 강화하고 있다. 이에 대항하여 중국은 러시아, 파키스탄 등과의 관계를 강화함으로써 서로 대립하고 경쟁하는 양상을 보이고 있으나, 양국 간에 수시로 정상회담을 갖고 있고, 외교·경제장관 간에 미·중 전략경제대화를 정례적으로 갖는 등 협력 메카니즘을 가동하고 있어 대립하는 가운데 협력도 병행하는 양상을 보이고 있다.

종합적으로 볼 때 2015년 미국 정보위원회가 2030년을 예측하는 보고 자료에서 밝힌 바와 같이 앞으로 20-30년 동안에 미국의 힘이 어느 정도 쇠퇴는 하겠지만 미국 우위의 시대가 종말을 고하지는 않을 것으로 예상된다.

그 이유는 첫째, 미국의 경제력이 상대방을 압도할 정도로 크고, 성장 잠재력 또한 최고이기 때문이다. 명목상 GDP를 보면 미국은 세계 2, 3위인 중국과 일본을 합친 규모보다 많다. 또한 성장 잠재력을 보여주는 과학기술 분야에서 압도적인 우위를 보이고 있어 세계 경제를 계속 선도해 나갈 것으로 평가되고 있다.

둘째는 미국의 군사력이 타의 추종을 불허하기 때문이다. 전 세계 2위부터 10위권 내 모든 국가의 군사비 지출액을 합쳐도 미국을 따라잡지 못할 정도로 미국의 군사력은 부동의 1위를 차지하고 있다. 팍스 브리타니카 시절 영국의 해군력은 2위와 3위를 합친 정도였으나, 미국이 유일 초강대국이 된 1991년 미국의 해군력은 2위에서 18위까지 합친 수준에 이를 만큼 압도적이었으며, 이는 오늘날에도 마찬가지이다.

셋째, 오늘날 미국을 제외하고 세계 평화를 지키는 국제 경찰의 역할을 수행할 나라가 없기 때문이다. 미국의 지원 없이 평화를 유지할 수 있는 지역이 없다고 해도 과언이 아니다. 유럽 통합으로 날로 영향력이 커지는 유럽연합도 예외는 아니다. 유럽은 1990년대 중반 자신들의 발끝에 있는 발칸반도의 코소보 사태 하나 자신의 힘으로 처리하지 못해 결국 미국이 나서서 해결할 수밖에 없었다.

사정이 이렇다보니 모든 국가가 미국의 세계 전략과 대외 정책 변화에 촉각을 곤두세운다. 싫든 좋든 미국의 영향을 가장 많이 받는 우리 역시 이를 세심하게 주목하여 대처해야 국익을 지켜 나갈 수 있다.

미국의 대외 정책 기조

미국 제26대 대통령
시어도어 루즈벨트

미국 제28대 대통령
우드로 윌슨

출처: 위키 백과
https://commons.wikimedia.org/wiki/File:President_Theodore_Roosevelt,_1904.jpg) (https://en.wikipedia.org/wiki/Woodrow_Wilson)

미국의 대외 정책을 알기 위해서는 역사적으로 형성된 큰 두 줄기의 대외정책 기조와 민주당과 공화당 간의 차이에 대한 이해가 필요하다.

역사적인 맥락에서 볼 때 19세기 말경까지 미국의 외교는 고립주의 노선을 고수하였다. 신생국으로서 독립의 토대를 굳건히 하면서 경제 발전을 도모하기 위하여 유럽 강대국 간의 다툼에 말려들지 않고 중립을 지키는 것이 유리했기 때문이다. 미국은 워싱턴 대통령이 이임사에서 강조한 "유럽 강대국들의 다툼에 휩쓸리지 말라."라는 경고를 견지하면서 '명백한 운명(manifest destiny)'[2]을 명분으로 중남부 지역과 서부 지역으로 영토를 확장함으로써 오늘날의 거대한 연방합중국이 탄생되었다.

미국의 고립주의 전통을 굳건히 한 미국의 6대 대통령인 존 퀸시 애덤스(John Quincy Adams)는 이렇게 말했다.

> "미국은 괴물(monster)을 무너뜨리기 위하여 해외로 나가지 않는다. 미국은 모든 국가들의 자유와 독립을 기원하지만, 그 자신의 챔피언이자 옹호자이다(She does not go abroad in search of monsters to destroy. She is the well-wisher to the freedom and independence of all. She is the champion and vindicator of her own)."

그러나 19세기 말에 이르러 미국은 더 이상 국제 문제와 무관할 수 없게 되었다. 급격히 성장한 경제력을 바탕으로 한 미국의 국력이 세계 최강이 되었고, 경제 성장의 견인차 역할을 한 자유무역을 위해서는 통상 항행의 자유가 보장되어야 하는 등 자신의 국익을 지키기 위해서 미국은 더 이상 신대륙에만 머물 수 없었다.

---

2 이는 신이 북미 대륙 전체를 미국의 최고 가치인 자유가 지배하도록 운명을 결정해 주었다는 주장으로 백인들이 서부지역까지 영토를 확장하는 명분이 되었다.

미국이 세계 문제에 개입한 방법은 유럽식의 세력 균형을 추구하느냐 또는 미국 건국의 이념인 자유와 민주주의의 세계적 확산이라는 이상주의 노선을 추구하느냐에 따라 갈리게 되었다. 즉 세력 균형 논리에 따른 시어도어 루즈벨트 대통령의 현실주의 노선과 최고의 가치인 자유와 민주주의 체제의 확산을 염원하는 윌슨 대통령의 이상주의 노선이 차례로 등장한 것이다.

20세기 초 유럽 강대국 간의 제국주의 물결이 세계를 휩쓸고 있을 때 시어도어 루즈벨트 대통령은 유럽 대륙의 균형자 역할을 추구한 영국식 세력균형 정책과 마찬가지로 전형적인 세력 균형의 관점에서 미국의 대외 정책을 전개함으로써 역사상 최초로 현실주의적 개입주의의 길을 걸었다. 그는 신흥 강대국인 독일이 유럽의 세력 균형에 위협이 됨으로써 영국과 프랑스의 편을 드는 것이 미국의 국익에 부합한다고 판단하여 1906년 모로코의 미래를 결정하는 알헤시라스 회의(Algeciras Conference)에서 독일의 기대와 다르게 프랑스 편을 들었다.

또한 아시아에서는 러시아의 남하를 우려하여 일본과 손을 잡았다. 1905년 9월 러일전쟁을 종식시키는 포츠머스 강화조약을 중재함으로써 루즈벨트 대통령은 미국인 최초로 노벨평화상을 받았다. 이로써 한반도에 대한 일본의 우월권이 국제적으로 보장되게 되어 우리의 국권이 상실되는 결정적 계기가 되었다.

70년대 초 닉슨 대통령의 중국과의 관계 개선은 대표적인 현실주의 외교정책으로 평가된다. 닉슨은 사이가 틀어진 소련과 중국 간의 관계 악화를 이용하였다. 즉 닉슨은 중국과의 관계 정상화 카드를 활용하여, 강경 일변도인 소련의 대외 정책을 변화시키는 연계 전략(linkage strategy)을 씀으로써 동서 데탕트 시대를 여는 데 성공하였다. 중국과 소련은 1960년대 중반 이후부터 사이가 틀어져 공산권 내에서 서로 대립하고 경쟁하는 관계에 있었기 때문에, 소련은 미국과 중국의 관계 개선으로 자신이 외톨이가 되는 형국을 피하기 위해 미국과 관계 개선을 추진하지 않을 수 없었다.

미국의 이상주의 외교 정책의 뿌리는 미국의 예외주의(exceptionalism) 전통에 있다. 많은 국가들은 자신들의 우월성을 부각시키기 위하여 신화적인 스토리를 만들어 낸다. 우리의 단군신화, 일본의 천황신화, 그리고 중국의 고대신화와 문화적 우월성을 강조하는 중화주의 사상 등이 대표적인 케이스이다. 이들과 비교되는 미국의 신화는 미국이 자유와 민주주의 가치를 구현하기 위해 신의 섭리에 의해 창조된 예외적인 나라라는 믿음을 지닌다. 이는 미국의 예외주의 전통이라고 불린다. 이는 당시 유럽의 형식화되고 권력화 된 가톨릭교회와 성공회의 압제를 벗어나 종교적 자유를 찾아 미국에 이주한 초기 청교도들이 미국을 자신들의 이상을 실현할 수 있는 땅이라고 믿는데서 나온 당연한 결과이다.

미국의 예외주의 신념이 대외적으로 표출된 것이 바로 윌슨 대통령의 이상주의 외교정책(Wilsonianism)이다. 윌슨 대통령은 평화는 유럽식의 세력 균형이 아니라 민주주의의 확산에 달려 있다고 보았다. 또한 개인의 윤리적 기준이 국가에도 똑같이 적용되며, 국가 이익은 보편적 법체계(universal system of law)를 지키는 것에 있다고 믿었다.[3]

[3] Henry Kissinger(1994), 앞의 책, p. 30.

윌슨 대통령은 이러한 미국의 가치 실현을 명분으로 미국의 1차 대전 참가를 성전의 이념(crusading ideology)으로 승화시킴으로써 국민들의 공감을 얻었다. 더 나아가 윌슨 대통령은 1918년 초 의회에서 14개 평화원칙[4]을 발표하여 전후 새로운 국제 질서 구축의 원칙을 구체화하였다.

윌슨 대통령이 1차 세계 대전에 본격적으로 개입하게 된 것은 전쟁이 시작된 지 3년 후부터였다. 윌슨은 전쟁을 인권 옹호와 민주주의 실현을 위해 안전하고 올바른 세계를 만드는 데 기여할 수 있는 수단으로 규정하였다. 이는 과거 군사적 행동으로 정의하던 전쟁을 전혀 새로운 의미로 전환한 것이었다. 그의 참전 과정은 용의주도하였다. 먼저 그는 의회에 무장 중립(armed neutrality)을 요청하였고, 재선 취임사에서 인류의 해방을 위하여 싸울 것을 약속하였다. 이어서 발표한 전쟁 메시지에서 새로운 시대가 열렸으며, 그 시대에 미국인들은 민주주의뿐만 아니라, 공해의 자유, 약소국의 독립, 그리고 자유로운 세상을 만들기 위해 모든 국가가 단결할 권리 등 광범위한 가치를 위해서 세계를 안전하게 만들 것이라고 선언하였다.

이후 윌슨의 이상주의에 따른 개입주의 전통은 면면히 이어져 왔다. 2차 대전에 참전을 선언한 루즈벨트 대통령은 미국이 싸우는 핵심 가치를 더욱 더 명확하게 하였으며, 냉전 시대 케네디 대통령은 미국의 가치가 세계에 주는 의미를 더욱 더 생생하게 전달하였다. 심지어 현실주의자인 조지 워커 부시(George W. Bush)

---

[4] 14개 평화원칙은 일반론 5개조, 특수문제 9개조항 등으로 구성되어 있으며, 민족자결원칙에 따른 전후 문제 처리와 국제연맹의 창설 등을 담고 있다.

대통령도 그의 두 번째 취임 연설에서 윌슨의 플레이 북을 그대로 인용하여 "이 세상에서 독재자를 제거하는 것이 궁극적인 목표"라고 선언하였다.

윌슨의 이상주의는 시어도어 루즈벨트가 추구한 세력 균형에 입각한 개입주의와 전혀 다른 성격을 지닌다. 즉 윌슨의 이상주의는 민주주의 국가는 서로 전쟁을 일으키지 않는다는 전제하에 민주주의 확산을 통해 세계 평화를 이룩하기 위해서 적극적으로 세계 문제에 개입한다는 새로운 외교 정책의 시작이었다. 20세기 전까지는 미국의 예외주의 신념의 대외적 표출은 내부적으로 자유와 민주주의 체제를 공고히 함으로써 세계의 모범을 보이는 것이었는데, 윌슨 대통령은 이를 대외적으로 확산하여 미국의 새로운 대외 개입정책의 명분으로 삼은 것이다.

이는 후에 미국이 세계 경찰의 역할을 해야 하는 의무를 가지고 있다는 의미로 확대되었다. 부시 대통령이 90년대 초 아프가니스탄과 이라크를 침공하면서 민주주의 확산(Freedom Everywhere)을 표방한 것은 이러한 맥락에서 이해된다.

민주당과 공화당의 대외 정책의 차이

냉전이 끝난 이후 미국 정치를 주도한 민주당 클린턴과 공화당 부시, 그리고 민주당 오바마 대통령의 대외 정책을 비교해 봄으로써 미국 양대 정당의 대외 정책 변화의 추이를 살펴보자.

민주당과 공화당의 대외 정책의 목적은 일치하나, 이를 실현하는 방법론에 있어서는 큰 차이를 보이고 있다. 양당이 공유하는 대외 정책의 목표는 미국적 가치를 전 세계에 확산하고, 유일 초강대국으로서 '팍스 아메리카나 시대'를 유지해 가는 것으로 요약될 수 있다.

미국은 유럽의 왕정과 종교의 탄압과 속박에서 벗어나고자 하는 청교도들이 이주하여 세운 나라이다. 미국의 조상들은 권력으로부터의 자유와 민주주의를 신성불가침의 기본 가치로 하여 미국을 건국하였다. 이러한 배경 때문에 미국인들은 자신들의 이러한 가치에 대하여 신앙과 같은 확고한 믿음을 가지고 있다.

더불어 '미국적 가치'는 다른 국가들의 가치보다 도덕적으로 우월하다고 믿는다. 따라서 미국은 기독교 복음을 전 세계에 전파하는 사도와 같이 이를 전 세계에 확산시켜야 하는 의무가 있다고 생각한다. 이는 미국만의 독특한 민족주의로, 다른 문명권 국가들이 이해하기 어려운 측면이 있다.

그런데 이와 같은 미국의 가치와 이를 세계에 확산하여 '팍스 아메리카나 시대'를 구현코자하는 대외 정책면에 있어서 양당은 서로 큰 차이를 보이고 있다.

클린턴과 부시 정부 하에서 보인 양당의 대외 정책의 차이는 두말할 필요도 없이 '부시 독트린'에서 가장 분명하게 나타난다. '부시 독트린'은 '선제 공격론'으로 압축할 수 있다. 클린턴 정부의 대외 정책 기조가 이미 발생된 위협을 제거하는 사후 처리에 초점을 맞추었다면, '부시 독트린'은 주요 위기가 형성되기 전, 위기의 싹을 제거하는 사전 예방적 정책이었다.

클린턴 정부 역시 국제 테러와 대량 살상 무기 확산에 대한 안보상의 우려로 예방적 성격의 정책이 필요하다고 보았다. 그러나 이러한 정책이 미국의 대외 정책으로 현실적으로 자리 잡게 된 것은 9.11 테러로 미국 본토가 직접 공격받으면서부터이다.

또한 클린턴 정부가 평화적 수단을 선호한 데 반해 부시 정부는 군사적 수단을 우선시했다는 점에서 차이를 보였다. 클린턴 정부가 주권을 상호 존중하면서 평화적 방법으로 상대방의 구조적 변화를 유도하는 포용(engagement) 정책을 썼다. 반면 부시 정부는 전쟁을 필요악으로 보고, 군사적 개입을 전제로 한 군사력 증강, 우주 미사일 방어망 구축 등과 같은 강경책을 추진하였다. 또한 이라크, 이란, 북한과 같은 불량 국가들을 '악의 축'으로 묶어 체제 전환(regime change)도 불사한다는 입장을 보였다. 실제로 미국은 이라크를 침공하여 그 정책적 의지를 행동으로 옮겼다.

그리고 클린턴 정부가 각국의 주권을 존중하는 다자주의적 접근을 취한데 반해, 부시 정부는 자국의 정책을 앞세우는 일방주의를 선호하였다. 부시 정부는 교토기후협약, 국제형사재판소창설조약의 비준을 거부하고, 탄도탄요격미사일방지협정(ABM: Anti-Ballistic Missile Treaty)을 파기했다. 이라크 전쟁 역시 유엔과 서방 우방국들과의 합의에 따른 것이 아니라, 테러전쟁에 찬성하는 몇몇 국가들로 '의지의 연합'을 구성하여 밀어 붙였다.

부시 정부의 힘에 의한 외교, 즉 일방주의 외교는 2006년 11월 실시된 중간선거에서 공화당이 참패하면서 그 동력을 잃게 되었다. 또한 서방 유럽 동맹국뿐만 아니라 내부로부터 비판과 외면을 받게 되면서, 결국 최초의 흑인 대통령인 오바마 민주당 후보의 당선에 기여하게 되었다.

오바마 대통령은 취임식에서 적대국들에게 "우리가 손을 내밀

테니 당신들도 주먹을 펴라."라고 화해를 적극 제안하였다. 그 결과, 2015년에 13년 묵은 이란과의 핵협상을 타결하였고, 54년 만에 쿠바와의 관계를 정상화하였다.

오바마 대통령은 부시와는 다르게 미국의 입장을 강요하지 않고 최대한 상대방의 이야기를 경청하겠다는 낮은 자세로 민주주의를 확산시키고자 했다. 또한 군사적 개입을 최소화하면서 기후변화 문제에서 핵실험 금지와 핵감축까지 국제 사회의 숙제를 함께 의논하여 해결하려는 자세를 보여 왔다.

이와 같이 미국 대외 정책의 기조와 방향은 어느 당이 집권하느냐에 따라 큰 차이를 보이는 만큼 늘 우리의 눈과 귀를 열어 놓고 변화에 능동적으로 대처해 나가는 자세가 필요하다.

동맹이냐, 자주외교냐

우리가 미국과의 관계를 말할 때 종종 제기되는 이슈 중 하나는 미국과의 동맹의 중요성을 감안하여 미국의 입장을 존중할 것인지, 아니면 미국에 대하여 할 말은 하고, 한반도 문제 등을 누가 주도할 것인지에 대한 입장 차이에 관한 것이다. 상충되는 두 견해는 좌우 이념, 세대 차이와 맞물려 때때로 많은 논쟁을 낳는다.

노무현 대통령 정부 시절에 이 문제가 크게 부각되었던 2005년, 광복 60주년을 맞아 서울대사회발전연구소·조선일보·한국갤럽이 공동으로 국민의식을 조사해 발표한 적이 있다. 이때 응답자의 35.4%는 "한미 동맹이 강화되어야 한다."라고 말한 반면, 64.6%는 "자주 외교를 펼치고 미국에 대해서도 할 말은 해야 한다."라고 답하였다. 특히 조사에 응한 20대와 30대의 70% 이상이 자주 외교를 지지하는 것으로 나타났다.

10년 후인 2015년, 광복 70주년에 한국 갤럽이 행한 여론 조사 결과에서도 유사한 반응이 나왔다. 조사에 응한 10명 중 6명은 미국이 가장 중요한 우방이라고 하면서도 박근혜 대통령의 중국 전승절 행사 참석에 대하여는 69%가 참석하는 것이 좋다고 답함으로써 미국과 다른 우리의 독자적인 입장을 지지하였다. 이 조사 결과는 절대적으로 한미 동맹에 의존하던 시대에서 점차 대등한 관계로 발전되어온 한미 관계의 전환을 잘 반영하고 있다고 평가된다.

한미 동맹의 중요성을 강조하는 그룹은 우리 안보와 경제 발전을 위해 미국과의 동맹이 가장 중요하다고 생각한다. 북한의 군사적 위협이 상존하고 한반도 주변 정세가 안정되지 못한 점, 그리고 우리 경제에 미치는 미국 시장의 중요성을 고려하면 이러한 입장은 타당하다고 할 수 있다. 그러나 우리의 높아진 국제적 위상과 긴밀해진 중국과의 관계 등을 고려할 때 과거와 같이 맹목적인 미국 일변도의 자세는 변화가 불가피한 것으로 판단된다.

이에 비해 자주 외교를 지지하는 견해는 한미 관계를 대등한 수준으로 올리자는 주장이다. 경제 발전과 민주화로 우리 국민의 자긍심과 국제적 위상이 과거와 견줄 수 없을 만큼 높아졌고, 주변 정세도 변화된 만큼 미국에 대해 할 말은 하고, 미국과 중국 사이에서 균형 있는 외교를 추구하자는 견해이다. 그러나 한미 동맹 외에 뚜렷한 대안이 없는 우리의 안보 현실을 감안할 때 균형 외교는 시기상조라는 비판이 제기된다.

단순히 어느 견해가 옳고 그르다고 판단할 수는 없겠지만 향후 한미 관계는 우리의 자주성이 보다 확대되는 방향으로 나아갈 것이라는 점은 분명해 보인다. 이를 위해서는 무엇보다 우리의 역량을 키워 미국 등 주변 강대국이 한반도 문제에 대해 우리의 입장을 더 이해하고, 받아들이도록 노력해야 할 것이다.

자주 외교의 조건

우리 국민들 다수가 자주 외교를 지지하는 배경에는 한미 관계가 불평등하다고 여기는 국민들의 인식이 깔려 있다. 사실 한미 동맹 관계는 구조적으로 불평등하게 되어 있다. 강대국과 약소국 간의 비대칭적인 동맹 관계에서 상대적으로 약한 국가는 안보를 보장받는 대신 정치적 자율성을 제한받게 된다. 냉전 시기의 한미 관계는 바로 이러한 구조적 불평등을 안고 있었고, 우리의 국내외 문제에 대해 미국의 직간접적인 영향을 받지 않을 수 없었다.

그러나 한강의 기적으로 불리는 눈부신 경제 성장과 오랜 세월 많은 희생을 치룬 후 이룩한 민주화로 우리 국민들은 드높은 자신감과 자긍심을 갖게 되었고, 이를 바탕으로 미국에 대한 정치적 자율성 확대를 요구하게 되었다. 특히 과거 노무현 정부 시절에 제기된 북한 핵문제를 둘러 싼 이견, 한미 동맹 관계 재조정 문제, 이라크전쟁을 둘러싼 미국의 일방주의 외교에 대한 비판 등으로 자주 외교에 대한 지지가 최고조에 달했다.

그러나 미국에 대한 우리의 정치적 자율성과 능동성의 확대를 요구하는 자주 외교는 한계가 있을 수밖에 없다. 그렇다면 자주 외교의 한계와 범위를 결정짓는 기준은 무엇인가?

첫째는 우리의 국력이다. 경제력, 군사력 등을 종합한 국력은 자주외교의 핵심적 요소이다. 국력의 변화와 함께 우리가 자주 외교를 할 수 있는 능력과 범위도 변화하여 왔다. 한미방위조약이 체결된 1953년에 우리나라는 3년간의 한국전쟁으로 모든 것이 파괴된 세계 최빈국 중 하나였다. 그 후 우리가 중진국의 대열에 합류한 1980년대까지 우리의 자주 외교 역량은 미약할 수밖에 없었다. 정치, 경제적으로 미국의 절대적인 영향력 하에 있었기 때문이다.

그러나 오늘날 우리나라는 세계 15대 이내의 경제대국으로 성장하였으며, 아시아에서 가장 민주주의를 잘하고 있는 나라이다. 이는 2차 대전 이후 독립한 신흥국가 중에서 경제적으로나, 정치적으로 가장 성공한 케이스로서, 우리나라는 개발도상 국가들의 부러움의 대상이 되고 있다. 우리의 국력이 커지고, 그에 따라 국제적 지위도 향상됨에 따라, 전보다 훨씬 더 자주적인 입장에서 미국과의 관계를 다룰 수 있게 되었다.

둘째는 우리가 처해 있는 국제적인 환경을 결정하는 국제정치 구조의 변화이다. 한미 동맹 탄생의 배경이 되었던 냉전 시대에 우리 외교는 자유진영의 대표인 미국과 같은 노선을 걷지 않을 수 없었다. 따라서 미국, 일본 및 서유럽 자유진영 국가들과의 관계 강화가 우리 외교의 중심이었고, 소련, 중국 등 공산권 국가와는 관계가 단절되어 있었다.

그러나 냉전 종식과 함께 중국, 러시아 등 구 공산권 국가들과의 관계 정상화로 우리 외교가 다변화됨으로써 미국 이외에도 이들 국가들과의 관계 또한 중요하게 되었다. 즉 미국, 일본, 중국, 러시아 등 소위 4강 외교가 우리 외교의 핵심으로 등장하게 되었다.

4강 외교에 있어서 미국과의 관계는 물론 가장 중요하나, G2로 부상한 중국과의 관계의 중요성이 나날이 높아지고 있다. 미국과 중국 간의 경쟁으로 동아시아 국제 정세가 변화의 소용돌이 속에서 요동치고 있는 가운데, 우리는 미국과의 동맹을 축으로 하면서, 중국과 FTA 협정을 체결하는 등 우리 국익 확보에 필요한 균형적인 조치를 취해 왔다.

앞으로 한반도 냉전 구도가 해체되고, 남북 간 화해와 협력이 확대되면 우리의 자주 외교 역량은 증가될 것이다. 그러나 그 반대로 한반도의 냉전 구도가 지속된다면, 우리는 미국과의 동맹에 더 의존할 수밖에 없기 때문에 자주 외교는 그만큼 더 제약을 받게 될 것이다.

셋째는 국가 간 상호 의존성의 증가이다. 21세기 세계화 시대에 국가 간 상호 의존성이 증가하게 됨으로써 모든 나라들은 자주성에 제약을 받게 된다. 이는 세계 최강대국인 미국도 마찬가지이다. 세계화 시대에 자주 외교의 길은 다른 국가와의 평화로운 공존과 공고한 협력 속에서 모색될 수 있다는 점을 늘 염두에 두어야 할 것이다.

미국의 한반도 정책 결정 요인

우리가 한미 관계를 볼 때 고려해야 할 다른 요소는 과연 미국은 우리를 어떻게 보고 있느냐는 점이다. 우리 입맛대로만 양국 관계를 끌고 갈 수 없기 때문에 미국에 비친 우리의 모습을 아는 것이 필요하다. 미국이 한반도 정책을 결정하는 잣대는 미국의 세계 전략, 미국 국내 정치 환경, 우리에 대한 미국의 가치 평가 등 크게 보아 세 가지이다.

먼저 미국의 한반도 정책은 언제나 미국의 세계 전략이라는 큰 테두리 안에서 결정되어 왔다. 이러한 미국의 입장은 한반도 정세를 우선하는 우리의 입장과 자주 마찰을 빚었다. 특히 미국의 세계 전략이 변화되는 시점에서는 보다 심각한 갈등이 야기됐다. 미국이 우리에게는 상의 한마디 없이 우리의 안보를 뒤흔드는 결정을 하고, 사후에야 통보하는 일방적 태도를 보이곤 했기 때문이다. 심지어는 우리를 뺀 주변 3강, 즉 소련, 중국, 일본하고만 거래하여 우리의 안보 이익을 심각하게 훼손시킨 적도 있었다.

예를 들어, 1970년대 초 미국 닉슨 정부는 닉슨 독트린[5]에 따라 주한 미군 2만 명을 일방적으로 감축한다고 발표했다. 일본은 미국으로부터 사전에 통보를 받아 이를 알고 있었으나, 우리는 발표 후에야 알게 되었다. 박정희 대통령은 당시 특사로 온 애그뉴 부통령에게 미군 철수가 부적절하다고 설득했지만 미국은 이를 묵살하였다. 이러한 태도는 후에 카터 행정부의 철군 방침을 통보하러 온 특사도 마찬가지였다.

북한 핵문제를 둘러싼 우리와 미국의 입장 차이에서도 이 점은 잘 드러난다. 1994년 1차 북한 핵 위기를 해결하기 위한 협상 과정에서 미국은 우리를 배제하고 북한과 단독으로 협상함으로써

---

5 1969년 닉슨 대통령이 괌에서 발표한 것으로 베트남전쟁을 교훈삼아 동아시아 국가들의 자주국방 능력 강화와 미국의 부담 감축을 주요 내용으로 한다.

우리 정부와 큰 갈등을 겪었다. 그러나 그 협상 결과로 나온 제네바 합의에서 약속한 경수로 건설 비용은 우리가 대부분을 부담해야 했다.

미국이 한반도 정책을 결정하는 두 번째 요소는 미국의 국내 정치 환경이다. 미국은 대표적인 민주주의 국가이다. 여론이 주요 정책을 좌우하며, 외교정책도 예외가 아니다. 특히 다른 나라들과 다르게 외교 정책에 관한 권한이 행정부와 의회 간에 폭넓게 분산되어 미국 국내 정치 환경이 외교 정책을 좌우한다. 예를 들면 미국 연방헌법 1조는 외국과의 상거래는 의회의 권한으로 규정하고 있기 때문에 행정부가 독자적으로 무역 관련 협정을 체결할 수 없다. 따라서 미국이 FTA 협정을 추진할 경우에는 사전에 의회로부터 무역 촉진 권한(trade promotion authority)을 위임받아 협상하고 있다.

미국의 한반도 정책도 미국의 국내 정치 상황에 따라 크게 달라진다. 특히 대통령과 의회 선거 결과와 언론, 연구소, 학계 등 여론 주도층이 한반도 정책 결정에 큰 영향을 미치고 있다.

1970년대 중반 카터 행정부 때 추진되었다가 무산된 주한 미군 철군 정책은 미국의 국내 정치적 요인이 한반도에 얼마나 큰 영향을 미칠 수 있는지를 적나라하게 보여준다. 주한 미군 철수는 카터의 외교 분야에 있어서 주요 선거 공약이었다. 그는 1976년 1월 취임하자마자 주한 미군 철수 계획의 입안을 관계부처에 지시했다. 카터의 주한 미군 철군 정책은 사전에 국내 여론을 수렴하는 절차 없이 카터 개인의 독단에 의해 내려진 결정이었다. 그러나 이 정책은 국방성, 합참, 국무성 등 관련부처와 의회, 그리고 언론 등의 반대로 2년여 동안 표류하다가 결국 흐지부지되고 말았다. 우리는 이와 같이 외교 경험이 없던 카터 대통령의 설익은 철군 정책으로 안보 불안과 북한의 적극적인 대내외 공세에 시달려야 했다.

또 다른 예로는 햇볕정책에 대한 민주당 클린턴 대통령과 공화당 부시 대통령 간의 정반대의 입장을 들 수 있다. 클린턴 정부는 김대중 정부의 대북 화해 협력 정책을 적극 지지했다. 뿐만 아니라 우리 정부의 적극적 권고에 따라 포괄적 대북 협상안인 페리 프로세스를 성안하여 추진하였다. 임기 말에는 올브라이트 국무장관이 평양을 방문하였고, 클린턴 대통령의 북한 방문이 성사 단계까지 갔었다.

그러나 클린턴에 이은 공화당 부시 정부는 이와 같은 적극적 대북 포용 정책을 전면 부정하였다. 부시는 북한을 '악의 축', '불량국가'로 부르며 대량살상무기의 국제적 거래를 규제하는 대량살상무기 확산방지구상(PSI) 체제를 강화하고, 북한인권법을 제정하는 등 강경한 대북한 정책을 시행하였다.

이와 같이 미국의 국내 정치 환경의 변화는 미국의 한반도 정책에 지대한 영향을 미친다. 따라서 이러한 변화를 잘 살펴 대처해야만 우리 국익의 손상을 막을 수 있다.

미국의 한반도 정책을 결정하는 세 번째 요소는 한반도에 대한 미국의 가치평가다. 미국의 한반도에 대한 평가는 '부정적인 것에서 긍정적인 것으로' 변해왔는데 한국전이 1차 전환점이 되었다. 한국전 이전에는 한반도는 전략적 가치도 없고, 경제적 가치도 없는 동북아에서 공산 진영과 대치하는 자유진영 최전선 국가 정도로만 치부되었다.

당시 미국의 우리에 대한 낮은 가치 평가에 따라 2차 대전 종전 이후 한반도에 주둔하던 미군이 1949년 12월 소규모 고문단만 남긴 채 모두 철수하는 상황이 벌어졌다. 이어서 1950년 초에는 한반도를 미 아시아 방위선에서 제외한 '애치슨 선언'을 발표하였다. '애치슨 선언'은 잘 알려진 대로 소련과 중국이 북한의 남침 계획을 승인하는 결정적인 빌미가 되었다.

그러나 우리에 대한 미국의 부정적인 평가는 한국전 종전 이후 점차 긍정적으로 바뀌어 오늘날에는 정치, 경제 등 모든 면에서 서로 동아시아에서 핵심 파트너가 되었다. 냉전이 본격화된 한국전 이후에는 공산주의 확산을 저지하는 자유 진영의 최일선 보루로서 한국의 가치를 평가하였다.

특히 우리는 놀라운 경제 발전으로 세계 15위권 내의 경제대국으로 성장함과 아울러 아시아에서 가장 민주주의를 잘하는 나라로 평가됨에 따라 우리에 대한 미국의 시선이 크게 달라졌다.

우리와 미국은 자유와 민주주의, 그리고 시장 경제체제를 공유하고 있고, 양국 간의 견고한 군사 동맹이 한반도와 동북아의 평화와 안전을 유지하는 주축이 되고 있다. 또한 한국과 미국은 FTA 협정을 체결함으로써 경제 영역에서도 한층 더 견고한 협력 관계를 구축하게 되었다. 이뿐만 아니라 200만 명에 이르는 재미 동포사회가 경제적 성공과 더불어 높은 교육열을 바탕으로 미국 내에서 입지를 넓힘으로써 양국 관계를 공고히 하는 데 버팀목이 되고 있다.

윈-윈의 한미 동맹

역사적인 맥락에서 볼 때 한미 동맹 관계는 큰 틀에서 한미 FTA 체결로 경제 동맹으로 영역이 확대되는 등 탄탄히 다져져 왔으나, 그 과정에서 때때로 심각한 갈등을 겪기도 하였다.

이승만 정부는 휴전 협정 중 반공 포로를 일방적으로 석방하여 미국을 크게 당황케 하였다. 한국전쟁 이후에는 북진통일론을 공공연히 주장하여 미국으로 하여금 북침 가능성을 우려하게 만들었다.

박정희 정부는 인권 탄압 등으로 미국과 끊임없이 갈등을 일으켰다. 또한 1970년에 들어 미국의 일방적인 주한 미군 감축 등으로 동맹 관계에 심각한 균열이 생겼고, 급기야 한미 관계 최대의 스캔들인 박동선 사건[6]이 발생했다.

특히 1972년 초 닉슨이 중국을 방문하여 상해 코뮤니케를 발표하자 남북은 모두 위기의식을 가지게 되었다. 우리는 미국으로부터 일방적으로 버림받는 것 아니냐고 걱정했고, 북쪽은 중국이 미국과의 관계 개선을 위해 자신들을 희생시키려는 것이 아닌가 하는 우려를 가졌다. 각각 불안감을 가진 남북은 미국과 중국 양측으로부터의 종용에 따라 분단 후 최초로 공식 접촉을 가졌고, 7.4 공동성명에 합의하였다.

이때 박정희 정부는 미국의 안보 공약을 불신하여 비밀리에 핵무기 개발을 추진하였는데 이는 양국 간에 심각한 갈등을 불러

6 1976년 10월 24일 〈워싱턴 포스트〉지가 재미실업가인 박동선이 한국 정부를 대신해 미 의회에 로비 활동을 했다고 폭로한 사건으로, 이는 한미 관계에 커다란 파장을 몰고 왔다.

일으켰다. 미국은 지금까지도 우리의 핵무기 개발 가능성에 대하여 주시하면서 감시하고 있다.

그 이후에도 한미 관계에 갈등의 파고를 높인 사건이 많았다. 1990년대 들어 가장 큰 이슈는 대북 정책을 둘러싼 갈등이었다. 특히 노무현 정부 때 에는 평화와 안정을 우선하여 북한 핵 문제를 대화로 해결하자는 우리와 제재 등 강경책을 선호한 미국 사이의 이견으로 동맹 관계에 심각한 균열이 생기는 것 아니냐는 우려를 낳았다.

이와 같이 한미 관계는 늘 갈등 속에 발전되어 왔다. 이는 친구 사이에도 다툼이 있듯이 나라와 나라 간에도 다툼이 있기 마련이라는 점에서 불가피한 현상이다. 중요한 점은 친구 사이가 더욱더 성숙해지기 위해서는 서로 마음 쓰고 보살펴야 하듯이 동맹 관계도 서로 다른 점을 인정하고 양보하여 윈-윈하는 관계를 만들어 나가야 한다는 것이다.

따라서 "한미 동맹이 더 중요하다." 또는 "자주 외교가 더 중요하다."라는 이분법적 사고에서 벗어나 보다 실용적인 사고를 통해 서로 공통적인 길을 찾아가는 노력이 필요하다고 본다. 그렇다면 한미 관계를 보는 실용적인 관점은 무엇일까?

첫째, 한미 동맹을 상호 윈-윈 관계로 인식하는 것이다. 미국은 앞으로도 우리의 안보와 경제 성장에 없어서는 안 될 핵심 중에 핵심 국가이다. 특히 군사, 경제 등 경성 권력(hard power)뿐 아니라, 과학 기술, 문화 등 연성 권력(soft power)에 있어서도 미국을 능가할 나라가 없는 현 상황에서 한미 동맹은 우리의 안보와 경제 발전에 필수 불가결한 핵심 축이라 하겠다.

미국도 우리와의 동맹을 유지하는 것이 미국의 국익에 부합한다. 무엇보다 아시아 태평양 지역에서 압도적인 영향력을 유지하면서 공고한 세계 유일의 초강대국 지위를 지속하려는 미국에게 한국과의 동맹은 일본과의 동맹과 더불어 아주 중요하게 평가된다. 또한 FTA 체결에서 보듯이 미국은 15대 이내의 경제대국으로 성장한 우리와의 경제 협력을 필요로 하고 있다.

둘째, 자주 영역의 확대와 그에 따른 비용 간에 세밀한 균형을 갖추어야 한다. 우리의 국력 향상에 따라 자주 외교의 영역은 필연적으로 확대되기 마련이다. 그러나 이는 정치, 경제적 부담을 수반하게 된다. 예를 들어 현재 2만 8천 명 수준을 유지하고 있는 주한 미군의 규모나 역할의 변화를 우리가 요구하게 되면 정치적·경제적인 측면에서 그에 상응하는 우리의 안보 태세 강화를 위한 비용을 부담해야 할 것이다.

셋째, 우리와 미국의 대북 정책에 조화와 균형을 갖추는 것이다. 이와 관련하여 때때로 이견과 갈등이 있을 수 있다. 미국은 초강대국으로서 세계전략을 우선하고 우리는 한반도 평화와 안전, 그리고 남북관계를 우선하기 때문에 서로 처한 기본 입장이 다르다. 북핵 문제를 둘러싼 우리와 미국 간의 입장 차이가 그 대표적인 예이다. 양자 간의 이러한 차이점을 극복하기 위해 무엇보다 우리의 능동적인 역할이 중요하다. 우리의 우선순위를 잊지 말되 주어진 상황에 유연하게 대처하는 지혜와 노련한 외교력이 필요하다.

북한이 4차에 걸쳐 핵실험을 감행하면서 사실상 핵무기 보유국으로 인정해 달라고 주장하고 있는 현 상황은 우리의 노련한 외교력을 더욱더 요구하고 있다. 우리에게 있어 북핵 문제의 핵심은 우리의 안보를 지키면서 이를 평화적으로 해결하는 데 있다. 따라서 우리가 미국과 북한을 적극 설득하여 대화를 통해 포괄적 협상을 함으로써 타협점을 찾아낼 수 있도록 주도적인 역할을 하는 것이 중요하다.

북한과 상시 대화 채널을 가지고 있지 않으면, 우리가 이러한 역할을 할 수 없다. 따라서 우리가 앞장서서 북한과 교류와 협력을 하는 가운데 대화의 창을 항상 열어 놓고, 우리를 포함한 미국과 북한 등 관련 당사자들이 6자회담 등을 통해 타협점을 찾도록 적극적인 역할을 할 필요가 있다. 또한 중장기적으로 6자회담을 동북아 다자안보체제의 시발점으로 삼아 우리의 안보를 보다 공고히 하는 데 활용할 수 있는 방안을 모색해야 할 것이다.

넷째, 미국을 지속적으로 설득하여 한반도 문제에 대한 우리의 입장을 이해시키고, 받아들이도록 다각적인 노력을 전개하는 것이 바람직하다. 한반도에 평화와 안정을 유지하는 문제는 남북한에 살고 있는 우리 한민족 모두의 생존에 직결되어 있다. 따라서 모든 외교적 노력을 통해 미국 등 강대국이 그들의 전략적 고려에 따라 우리의 생존과 첨예한 국익이 관련된 문제에 일방적 결정을 내리지 않도록 사전에 철저히 대비하는 자세가 필요하다. 강대국 사이의 일방적인 협상과 거래의 제물이 되지 않으려면 강대국 간의 관계 변화를 잘 헤아리는 지혜가 필요하다.

2

중국을 바로 보자

1992년 8월 23일 한·중 수교협정 서명식
출처: e-영상역사관
http://ehistory.go.kr/page/pop/photo_pop.jsp?photo_PhotoID=16845&photo_PhotoSrcGBN=PT#n

중국의 미래

중국 근대화의 아버지 덩샤오핑
출처: 위키 백과
Wikihttps://commons.wikimedia.org/wiki/File:Deng_Xiaoping.jpg

1만여 년 전 인류가 농업을 시작하며 정착 생활을 시작한 이래, 아시아는 세계 문명의 중심이었다. 3대 세계 문명의 발상지가 아시아에 있었고, 중국은 7세기 당나라 이래 19세기 중엽 아편전쟁에서 패할 때까지 세계 제1의 경제대국이었다. 1820년대를 보면 영국의 GDP는 세계 GDP의 5%에 불과했지만 중국은 27%,

인도는 14%로 압도적인 우위에 있었다.

그러나 18세기 산업혁명과 19세기 제국주의의 거센 물결에 밀려 중국과 인도 등 아시아 국가들은 서구 열강의 패권 다툼의 제물이 되었다. 20세기는 아시아에게 잃어버린 한 세기, 오욕의 한 세기였다.

21세기에 들어와 아시아는 환골탈태하여 성공가도를 달리고 있다. 20세기 초 아시아가 세계경제에서 차지하던 비중은 15%에 불과하였으나, 오늘날은 30%를 넘어 두 배 이상 증가하였다. 21세기 중반 즈음에는 40%선을 넘을 것으로 전망된다. 또한 동아시아 국가들은 미국의 최대 채권국이다. 일본, 중국, 한국 등 동아시아의 중앙은행들이 미국자산 5조 달러 이상을 보유하고 있다. 불과 10여 년 전만 해도 상상할 수 없는 규모이다. 2015년 GDP 통계순위를 보면 중국 2위, 일본 3위, 인도 7위, 한국 11위 등 아시아 네 나라가 세계 10위권에 있다. 그야말로 아시아의 경제가 기염을 토하고 있다. 그리고 그 중심에 중국이 있다.

검은 고양이든 흰 고양이든 쥐를 잡는 고양이가 최고라는 덩샤오핑의 흑묘백묘론黑猫白猫論을 앞세워 1978년에 시작된 개혁개방정책에 힘입은 중국 경제는 1980년부터 2000년까지 무려 20년 동안 연평균 10%가 넘는 눈부신 경제성장을 이뤄냈다. 현재 중국은 GDP 기준 세계 2위, 수출액은 부동의 1위를 달리고 있다. 외환 보유고도 3조 달러를 훌쩍 넘는다. 연구개발 투자비도 일본 다음으로 세계 두 번째이다. 일부 전문가들은 중국이 지금과 같이 성장한다면, 중국은 금세기 중반 이전 미국을 따라잡고 세계 제1의 경제대국이 될 것으로 보고 있다.

이미 중국은 미국과 함께 G2로 불리고 있다. G2라는 용어는 로버트 졸릭 세계은행 총재가 2009년 3월에 워싱턴 포스트에 기고한 글에서 처음으로 사용하였다. 그는 "세계경제가 회복되기 위해서는 미국과 중국이라는 두 개의 경제엔진이 G20의 경제를 끌고 가는 엔진이 되어야 한다."라고 주장하였다. 그리고 그는 "강한 G2없이는 G20도 실망만 안겨줄 것이다."라고 경고하였다.

그러나 2015년의 중국 경제 성장률이 7% 이하로 떨어지고, 2016년에 들어 주가와 환율이 급등락을 거듭하면서 중국 경제에 대한 우려가 제기되고 있다. 이에 중국 정부는 중속 성장을 의미하는 뉴노멀新常態 시대를 선언하고, 투자 주도형 성장에서 벗어나 산업 구조 조정을 통한 경제 체질의 변화를 추진하고 있다.

중국의 미래에 대하여는 낙관론과 비관론이 있으나, 전문가들은 과감한 구조 조정을 통해 중국 경제의 최대 현안인 생산 설비 과잉을 해소하고 투자 위주의 성장에서 소비 주도형으로 경제 체제를 전환할 수 있느냐의 여부에 중국의 미래가 달려 있다고 평가한다.

현대 중국 외교를 읽는 두 개의 키워드: 중화주의와 중국 특색의 사회주의

중국에 대하여 아는 체하지 마라는 말이 있다. 그만큼 중국이 거대하고 다양하여 중국에 대하여 말하는 것은 '장님 코끼리 만지기'와 같다는 의미이다. 그럼에도 불구하고 우리가 오늘날 중국의 대외 정책을 이해하기 위해서 알아야 할 핵심 요소는 중화주의中華主義와 중국 특색의 사회주의라고 생각된다. 중화주의는 중국인의 의식 속에 면면히 전해온 중국 중심의 천하관天下觀으로 G2로 부상한 오늘날 대국주의에 입각한 중국의 대외 팽창 정책을 설명해주는 핵심적인 요소이며, 중국 특색의 사회주의는 공산당 일당 독재 체제하의 중국 통치 이념과 개혁 개방 정책을 이해하는 데 필요한 키워드이기 때문이다.

중화주의는 중국을 세계의 중심으로 보는 세계관이다. 오랜 옛날부터 중국인들은 하늘의 아들인 천자天子가 사는 수도를 중심으로 일정한 지역을 '중화中華의 땅', 즉 세계의 중심으로 보고, 그 밖은 야만인들의 문명화되지 않은 지역으로서 '오랑캐의 세상'이라고 생각했다. 이에 따라 중국의 동쪽지역과 사람들을 동이東夷, 서쪽 지역과 사람들을 서융西戎, 남쪽 지역과 사람들을 남만南蠻, 북쪽 지역과 사람들을 북적北狄이라고 불렀다.[1]

또한 중화주의는 중국 문화가 최고라는 문화적 우월감을 표출한다. 이는 끊임없이 이민족의 침입을 받아온 중국이 살아남는 방책이었다. 중국이 이민족의 정복을 받아도 그들이 중국 문화에 동화되도록 함으로써 살아남을 수 있었던 것이다.[2] 신영복 교수는 그의 명저인 『강의-나의 동양고전 독법』에서 이에 대해 이렇게 말하고 있다.

> "문명의 중심을 자처한 중화사상이 역사적으로 가장 큰 충격을 받은 것은 불교의 전래와 17세기 이후 서구사상이 도입되었을 때

1 김하중(2013), 『김하중의 중국이야기 2』, 비전과 리더십, p. 25.

2 위의 책, p. 27.

라고 합니다. 그것은 중국 이외에 문명이 있다는 사실에서 받은 충격이었다고 할 수 있습니다. 이민족의 지배 기간인 원사元史와 청사清史마저도 각각 송宋과 명明을 계승하는 정통 왕조로 규정하는 것이 중국의 중화주의입니다. 나라가 망하는 것을 망亡이라 하지 않고 도가 전해지지 않는 것을 망이라고 할 정도로 중화주의는 초민족적 세계관이며 문화주의적 세계관이었습니다."[3]

중화주의에 따라 중국은 자신을 세계 최고의 국가로 믿으며, 주변국 간의 관계를 조공租貢-책봉冊封이라는 불평등한 서열로 정해 놓았다.

시진핑 주석이 등장한 이후 중국이 신형대국관계를 지속적으로 주장하면서 주변국과의 관계를 다져가는 바탕에는 중화주의가 있다. 중화주의에 입각하여 시진핑은 과거 중국의 전성기를 되찾으려는 중국몽을 실현하기 위한 원대한 구상을 세웠다.

중국 특색의 사회주의는 1982년 덩샤오핑鄧小平이 가장 먼저 제시하였고, 후에 '덩샤오핑 이론'으로 공산당의 지도 이념이 되었다.[4] 그 주요 내용은 '하나의 중심과 두 개의 기본 점一個中心, 兩個基本点'이다. 이때 하나의 중심은 경제 건설을, 두 개의 기본 점은 개혁 개방과 4개의 기본 원칙(사회주의 노선 견지, 인민민주독재 견지, 중국 공산당 영도 및 마르크스·레닌주의와 마오쩌둥 사상 견지)을 의미한다.

2012년 11월에 개최된 중국 공산당 제18차 전국대표대회(당대

3 신영복(2004), 『강의-나의 동양고전 독법』, 돌베개, p. 481.
4 김하중(2013), 앞의 책, p. 40.

회)에서 후진타오胡錦濤 총서기는 이를 자세히 설명하였다.

> "중국 특색의 사회주의 길이란 중국 공산당의 지도하에 경제 건설을 중심으로 삼고, 4개 기본 원칙을 견지하고, 개혁 개방을 견지하며, 사회주의 시장경제, 사회주의 민주정치, 사회주의 선진문화, 사회주의 조화사회, 사회주의 생태문명을 건설하여 전체 인민의 공동부유를 점차 실현함으로써 부강하고 민주적이며, 문명적이고 조화로운 사회주의 현대화 국가를 건설하는 것이다."[5]

중국 특색의 사회주의는 당을 최고의 정점으로 하는 공산당 1당 독재체제를 공고히 유지하는 가운데 개혁 개방을 통해 중국을 현대화함으로써 세계에서 가장 강력한 국가로 만드는 데 목적이 있는 것으로 해석된다.

또한 중국 공산당이 오늘날 중국을 움직이는 최고 권력 기관이며, 대외 관계를 위시한 모든 중요한 결정은 중국 공산당에서 내려진다는 점을 유념해야할 것이다. 2001년 중국이 WTO에 가입하는 과정에서 보여 준 중국의 정책결정과정은 하향식(top down)의 정형이었다. 당시 중국 공산당 정치국 상무위원회 내 보수파들의 반대를 물리치고, 주룽지 총리 등 대미 협상파들의 손을 들어 준 것은 최고 권력자였던 장쩌민 주석이었다. 오늘날 시진핑 주석은 중국의 대외 정책을 결정하는 중앙외사공작영도 소조의 조장을 직접 맡고 있어, 중요한 대외정책을 결정하는 핵심적 역할을 하고 있다.

---

5 김하중(2013), 앞의 책, p. 47.

도광양회(韜光養晦)에서 분발유위(奮發有爲)로

중국의 대외 정책은 이와 같이 역사적으로 면면히 계승되어온 중화주의와 중국 공산당의 통치 이념인 중국 특색의 사회주의의 대외적인 표출로 이해될 수 있다. 1949년 중화인민공화국이 탄생한 이후 중국의 대외 정책은 국제정세와 국력이 변화함에 따라 자기의 원래 모습을 감추는 도광양회에서 자기주장을 분명히 하는 분발유위로 바뀌어 왔다.[6]

중화인민공화국 건국 초기 미국과 소련의 틈새에서 패권국을 칭하지 않고 몸을 낮추는 자세를 취한 마오쩌둥 시대를 지나 본격적으로 개혁 개방 정책을 취함으로써 경제 발전을 꾀하던 덩샤오핑 시대의 대외 정책은 빛을 감추고 힘을 기른다는 도광양회韜光養晦의 전략에서 비롯된다. 다시 말해 경제력을 키우기 위해서는 주변 정세의 안정과 평화가 필요하기 때문에 자기주장을 하지 않는다는 입장을 취했다.

이렇게 어느 정도 힘을 축적한 90년대 장쩌민 시대에는 유소작위有所作爲의 전략을 구사하였다. 이는 국제적으로 할 일은 한다는 입장으로 WTO, APEC 등 국제기구에 적극 참가하고, 97년 아시아 금융위기가 발생하였을 때 동남아 국가들을 적극 지원하였다. 또한 아세안과 공식 관계를 맺는 등 대외 관계의 영역을 확대했다.

이어진 후진타오 시대에는 한 발 더 나아가 화평굴기和平崛起

---

6 김흥규(2016), 「차이나 인사이트: 시진핑 외교는 양날의 칼···사드는 악재, 경협은 호재」, 『중앙일보』, 2016년 3월 2일자 26면.

의 전략을 구사했다. 이는 평화를 지향하는 가운데 대국의 길을 가겠다는 것을 의미하는 것이다. 이러한 전략에 따라 중국은 동남아시아와 아프리카에 대규모 투자를 집중함으로써 국제적인 영향력을 대폭 확대하였으며, G20 등 국제 협력에 적극적으로 참가하여 중국의 국제적인 위상을 끌어 올렸다.

시진핑 주석은 중국몽中國夢을 기치로 중국 공산당 창당 100주년이 되는 2020년까지 중산층이 다수인 전면적 소강사회 건설이라는 국가 목표를 달성하기 위하여 내부적으로는 전면적인 개혁에 박차를 가하면서, 동시에 대외적으로는 '분발유위奮發有爲'의 시대를 열어 가고 있는 것으로 평가받고 있다. 이는 자국을 발전 중인 강대국으로 규정하면서 자국의 이익과 위신은 반드시 수호하겠다는 것을 의미한다. 이와 같이 공세적인 대외 정책 기조에 따라 중국은 남중국해에서 미국과의 마찰도 불사하는 강경한 정책을 취하고, 일대일로一帶一路 전략과 아시아인프라투자은행(AIIB) 설립 등을 통해 미국 중심의 세계 질서를 변화시키려고 한다.

중국 육상/해상 실크로드 전략(一帶一路)

출처: 경제다반사(mocienews)
http://blog.naver.com/mocienews/220318371255

■ 개요

- 26개 국가, 44억 인구(세계 인구의 63%), 경제 규모 21조 달러를 포괄하는 광대한 프로젝트
- 물류 인프라 건설-거점 산업 경제 지대 건설-경제회랑 구축 등 단계별 경제권 형성

■ 일대

- 중앙아시아와 유럽을 연결하는 육상 실크로드 프로젝트
- 중앙아시아의 자원 확보 및 고속철, 화물운송로 등 인프라 구축에 중점

■ 일로

- 동남아시아, 서남아시아를 통해 아프리카, 중동 그리고 유럽을 연결하는 해상 실크로드 프로젝트

아시아 인프라 투자 은행
(AIIB: Asian Infrastructure Investment Bank)

구 분	내 용
설립 목적	인프라 투자를 통한 아시아 경제, 사회 발전 및 지역 내 연결성과 지역 간 협력 증진
협정문 서명식	2015년 6월 29일 베이징 인민대회당
창립총회	2016년 1월 16일 베이징 조어대
창립 회원국	총 57개국 • 역내 37개국: 중국, 인도, 러시아, 한국, 호주, 인도네시아, 터키, 사우디아라비아, 이란, 태국, UAE, 파키스탄, 필리핀, 이스라엘, 카자크스탄, 베트남, 방글라데시, 카타르, 쿠웨이트, 뉴질랜드, 스리랑카, 미얀마, 오만, 아제르바이잔, 싱가포르, 우즈베키스탄, 요르단, 말레이시아, 네팔, 캄보디아, 조지아, 브루나이, 라오스, 몽골, 타지키스탄, 키르기스스탄, 몰디브 • 역외 20개국: 독일, 프랑스, 브라질, 영국, 이태리, 스페인, 네덜란드, 폴란드, 스위스, 이집트, 스웨덴, 남아프리카공화국, 노르웨이, 오스트리아, 덴마크, 핀란드, 룩셈부르크, 포르투갈, 아이슬란드, 몰타
자본 구조	수권 자본금 1,000억불(한국: 37.4억불)
지배 구조	지분율 비율: 중국(30.34%), 인도(8.52%), 러시아(6.66%), 한국(3.81%), 호주(3.76%) 총회, 이사회, 총재 및 1인 이상의 부총재(현재는 5인)

출처: 「아시아인프라투자은행(AIIB)의 출범: 평가와 전망」, 『주요국제문제분석』 2016-09, 국립외교원 외교안보연구소.

중국이 보는 우리

미국과 함께 G2로서 세계정세에 막강한 영향력을 행사하고 있는 중국, 그리고 우리 대외 무역의 25%를 차지할 만큼 우리 경제에 큰 영향을 미치면서 북한 핵 문제 해결에 열쇠를 쥐고 있는 것으로 평가되는 중국에 있어서 한반도는 어떤 존재인가?

흔히들 중국은 한반도를 입술이 없으면 이가 시린 순치脣齒 관계로 여긴다고 말한다. 이는 중국이 한반도를 치아를 지켜 주는 입술로 생각한다는 의미이다. 따라서 한반도에 대한 중국의 주된 관심은 한반도를 중국의 영향력 하에 묶어두거나 적어도 다른 강대국들이 한반도를 좌지우지 못하도록 하는 데 있다. 16세기 말 임진왜란이 발발했을 때 명나라가 파병하여 일본의 한반도 점령을 막았고, 한국전쟁에 중국이 대규모의 병력을 투입하여 미군이 압록강까지 진출한 것을 저지한 이유는 모두 이러한 중국의 한반도에 대한 기본 입장에서 출발한다.

특히 중국은 한반도가 일본의 우산 속으로 들어가는 것을 강력히 반대하여 왔다. 1971년 7월 키신저가 비밀리에 북경을 방문하여 저우언라이 수상과 만났을 때 중국은 주한 미군 철수 문제를 거론하면서도 일본이 이를 대체하여 한반도에 들어오는 것은 강력히 반대했다. 20세기 초 일본이 한반도를 식민지화하고 만주를 거쳐 중국을 침략하는 과정을 살펴보면 왜 이렇게 중국이 일본의 한반도 세 확장에 거부감을 가지는지 알 수 있다.

자유 진영과 공산 진영으로 나뉘어 대립하던 냉전 시대에 중국은 북한의 동맹국으로 우리와 적대적인 관계에 있었다. 그러나 냉전이 끝난 후인 1992년에 중국이 우리나라와 수교한 후에 양국 관계는 일취월장하여 서로에게 가장 중요한 나라 중의 하나가 되었다.

중국이 생각하는 한국의 중요성을 구체적으로 살펴보면, 첫째는 경제 관계를 들 수 있다. 중국 근대화의 아버지인 덩샤오핑은 92년 우리와 수교할 때 유익무해有益無害하다면서 줄곧 우리와의 수교에 관심을 가졌다고 한다. 이는 첸지천錢其琛 당시 중국 외교부장이 그의 자서전에서 전하고 있다.

실제로 92년 한중 수교 이후 한국과 중국과의 경제 관계는 급격히 성장했다. 수교 후 2015년까지 지난 23년 동안 교역은 63.7억 달러에서 2,273.8억 달러로 약 36배 증가하였고, 방문객 수는 92년 13만 명에서 1,043만 명으로 약 80배가 증가하는 등 양국관계는 기하급수적인 관계 발전을 이루어 왔다. 한중 FTA 협정 체결로 앞으로의 양국 간 경제관계는 한층 더 긴밀해 질 것으로 기대된다.

또한 우리의 경제 발전 모델과 경험은 중국에게 많은 도움을 주어 왔고, 앞으로도 그럴 것이다. 일부 분야에서는 중국이 우리를 앞섰다는 평가도 있으나, 국가 전체의 경제 운용 면에서는 발전 단계별로 우리가 축적해온 노하우가 우리의 성장 과정을 뒤쫓아 오고 있는 중국에게 가이드라인이 될 수 있을 것이다.

다음으로 중국은 한반도의 안정과 비핵화를 매우 중요시한다. 이런 입장에서 중국은 6자회담을 주선하였고, 북한의 핵실험과 장거리 미사일 발사에 대한 유엔 제재에 찬성하면서, 다른 한편으로는 미국 등 관련 당사국들과 북한과의 대화를 지속적으로 요구하고 있다.

세 번째는 중국은 한국이 미국과 일본과의 관계에서 교량 역할을 해주기를 기대한다. 미국은 중국에게 가장 중요한 나라이고, 일본과의 관계 또한 중국의 경제 발전에 중요하나, 중국은 이들과 전략적인 측면에서 서로 경쟁 관계임으로 이들 간에 교량 역할을 해 줄 나라는 한국이 안성맞춤이라고 생각한다.[7] 북한 핵 문제와 관련한 미국과 중국 간에서의 우리의 역할과 한·중·일 FTA 협정 체결 협상 등 3각 협력 추진 과정에서의 우리의 역할은 이를 설명해 준다.

중국의 부상이 우리에게 주는 의미

오늘날 중국이 세계 2대 경제대국으로 부상하고, 미국과 영향력 경쟁에 나서고 있는 상황은 우리에게 어떤 의미를 주는 것일까? 중국의 부상은 우리에게 긍정적인 면과 부정적인 면을 동시에 제기하고 있어 부정적인 면을 잘 관리하면서 긍정적인 면을 살려 나가는 우리의 지혜가 필요하다고 판단된다.

먼저 긍정적인 측면을 살펴보면 다음과 같다.

첫째, 1992년 수교 이후 우리나라와 중국 관계는 모든 면에서 비약적으로 발전하면서 지난날의 이념 위주에서 경제적 실리 위주로 그 기본 성격이 크게 바뀌었다. 중국의 실용주의 노선에 따라 한중 관계가 경제 분야를 중심으로 크게 발전하고 있는 것은

7 김하중(2013), 앞의 책, pp. 404-405.

한반도 정세 안정과 통일에 플러스 요소로 평가된다.

둘째, 오늘날 중국은 우리의 최대 수출시장이자 주요 투자 대상국으로 우리 경제에 가장 중요한 협력 대상이 되었다. 2005년 중국이 미국을 제치고 우리의 최대 수출시장으로 떠오른 이후 양국 간 교역은 비약적인 발전을 거듭하여 오늘날 대중국 교역은 우리 총 교역의 약 1/4을 차지할 만큼 절대적 비중을 차지하고 있다.

셋째, 우리와 중국 간의 관계 발전은 우리 외교가 과거에 미국과 일본에 치중되었던 편향성을 바로 잡아 보다 복합적인 역할을 할 수 있도록 해 주었다. 9.19 합의 등 6자회담 과정에서 우리와 중국이 적극 협력하여 미국과 북한 간에 타협을 이끌어 낸 경우를 볼 때 우리가 한반도 문제에서 과거에는 할 수 없었던 긍정적이고 다차원적인 역할을 하게 되었음을 보여 준다.

그러나 중국의 부상은 우리에게 부정적인 영향도 미치고 있다.

첫째, 중국의 부상은 중국과 미국, 중국과 일본 사이에 긴장을 조성하여 한반도 주변 정세를 불안하게 하는 부정적 결과를 초래할 가능성이 있다. 중국과 미국이 동북아에서는 북한 핵 문제와 사드 배치 문제로 대립하고, 동남아에서는 남중국해 영토 문제로 대립하고 있는 오늘날의 동아시아 국제 정세가 이를 잘 설명해 주고 있다.

둘째, 중국과 우리의 관계가 가까워짐에 따라 우리가 중국에 치우치지 않을까 하는 우려가 미국과 일본에서 지속적으로 제기되고 있다. 2015년 박근혜 대통령이 미국의 동맹국으로서는 유일하게 중국 전승 기념행사에 참석하였을 때, 미국과 일본의 조야에서 우리가 중국에 치우치는 것이 아닌가 하는 우려가 심각하게 제기되었다. 심지어 일본과 미국의 일부 우파 인사들은 소중화주의가 부활한 것이라고 주장하기도 하였다. 다행히 이러한 우려는 이어진 박근혜 대통령의 미국 방문을 통해 확고한 한미동맹을 재확인함으로써 일단 해소되었으나, 미국, 일본과의 안보 협력이 긴요한 우리로서는 이 점을 유념해야 할 것이다.

중국을 다각도로 활용하자

역사적으로 중국은 한반도 정세 변화에 막대한 영향을 미쳐왔다. 멀게는 당나라와 손잡은 신라가 삼국을 통일했고, 가깝게는 중국의 한국전 개입으로 한국전쟁의 판도가 바뀌었다. 앞으로도 중국은 한반도 주변 정세의 안정과 평화, 그리고 통일에 아주 중요한 변수가 될 것이다. 동시에 우리 교역의 1/4를 차지하고 있는 중국은 우리 경제의 안정적 성장에 절대적인 영향을 미치고 있으며, 중국의 경제가 2030년 이전에 세계 최대가 될 것으로 예측되고 있는 점을 감안할 때 중국과 실질적인 협력 관계를 발전시켜 나가는 일은 우리의 미래에 매우 중요하다.

앞으로 이와 같이 중요한 중국과의 관계를 어떻게 펼쳐 나갈 것인가와 관련하여 재임 시 중국과 최상의 관계를 만들었던 김대중 대통령의 대중국 외교 지침은 우리에게 유익한 지혜를 주고 있다.[8] 이 외교지침은 첫째, 우리의 지정학적 위치를 기회로 활용하는 통찰력이다. 1998년 11월 김대중 대통령은 중국을 국빈 방

8 양성철외(2015), 『김대중 외교: 비전과 유산』, 연세대 대학출판문화원, pp. 79-85.

문하였을 때 개최한 동포들과의 간담회에서 이렇게 말했다.

> "한국은 4대국 사이에 끼어 있는데 자칫 잘못하면 찢기고 당할 수도 있지만 잘만하면 우리의 지정학적 중요성 때문에 4대국이 서로 협력하려 할 것입니다. 말하자면 색시 하나를 두고 신랑감 넷이 프러포즈를 하게 만들 수 있는 것입니다. 그것이 외교입니다. 그 가장 중요한 외교 상대 가운데 하나가 바로 중국입니다. 그런 점에서 중국은 오늘 이 시점에서도 중요하지만 내일은 더 중요한 나라입니다."

오늘날 시진핑 체제하의 중국이 강대국 외교를 펼치면서, 우리를 중국 측으로 견인하려는 노력을 강화하는 한편, 핵 개발에 몰두하는 북한에 대하여는 종전과 다르게 냉정하게 대하고 있는 현 상황을 감안할 때[9] 이는 어느 때보다도 우리가 새겨야할 지혜로 평가된다.

둘째는 남북관계에서 주도적 역할을 하면서 중국의 협력을 끌어내야 한다는 원칙이다. 김대중 대통령은 98년 11월 장쩌민 주석과의 첫 번째 정상회담에서 햇볕정책의 정당성을 설득하였고, 중국은 이를 적극 지지하였다. 2000년 역사상 최초의 남북 정상회담이 성사된 것은 김대중 대통령이 먼저 미국, 중국을 비롯한 국제사회가 햇볕정책을 지지하도록 만드는 용의주도한 전략과 실행력의 결과였다.

---

[9] 김흥규(2016), 「차이나 인사이트: 시진핑 외교는 양날의 칼…사드는 악재, 경협은 호재」, 『중앙일보』, 2016년 3월 2일 26면.

세 번째는 중국을 경쟁자로 보기보다는 동반 성장의 파트너로 보아야 한다는 원칙이다. 일부에서는 한국과 중국의 경제가 경쟁 관계에 있다고 주장했다. 그러나 김대중 대통령은 한국과 중국은 동반 성장의 관계에 있는 것으로 인식하고, 이를 기초로 해서 역내의 평화와 안정을 더 강화할 수 있는 기반이 만들어 질 수 있다는 점을 강조하였다. 이는 중국이 우리의 주요 산업을 바짝 뒤쫓고 있어 위기감이 높아지고 있는 오늘날 우리와 중국과의 경제협력 방향을 알려 주고 있다.

한중관계를 동아시아 지역협력의 동력으로 활용하자는 것이 네 번째 원칙이다. 김대중 대통령은 이 전략에 따라 아세안+3 정상회담에서 동아시아 비전그룹 결성을 제안하였고, 결국 2005년 동아시아 정상회담(East Asia Summit)이 출범하였다. 또한 1998년에 한·중·일 정상회의를 처음으로 제안하였고, 이후 때때로 불편한 3 국간의 관계 때문에 매년 개최되지는 못하였지만 3국이 순차적으로 정상회의를 주최하여 한·중·일 FTA 등 3국 협력을 추진하여 왔다.

우리는 이와 같이 큰 틀에서 한중 관계를 적극적으로 활용하려는 자세를 가질 필요가 있다. 동북공정문제나 무역 마찰, 탈북자 문제, 북한 핵 문제 등 예민한 외교 사안이 발생했을 때 감정적인 대응을 자제하면서 우리의 전략적 목표와 실질적 이익을 고려하여 차분하고 세밀하게 대응하면 한중관계를 우리의 실질적인 국익을 도모하는 방향으로 발전시켜 나갈 수 있을 것이다.

3

밉지만 상부상조해야 하는 일본

1965년 6월 22일 한일기본협정 조인식
출처: e-영상역사관
http://www.ehistory.go.kr

수혜자에서 침략자로

일본은 우리에게 가깝고도 먼 나라이다. 일본은 지리적으로 1시간 남짓 날아가면 닿을 만큼 가까운 나라이다. 1,500년 동안 역사, 경제, 문화 등 모든 면에서 우리와 친숙하게 교류해왔다. 그러나 우리와는 극명하게 다른 일본의 역사 인식, 특히 식민지 지배의 정당성을 주장하는 일본인들의 인식은 그들을 멀게만 느껴지게 한다.

지리적으로 인접한 이웃 나라는 원래 크고 작은 일들이 이리저리 얽혀 미운 정, 고운 정이 쌓이게 마련이다. 이는 유럽에서의 독일과 프랑스, 북미 지역에서의 미국과 캐나다, 그리고 멕시코 간의 갈등 등 대부분의 국경을 맞댄 나라들 간에는 흔히 볼 수 있는 현상이다.

필자가 외교관으로서 근무한 마지막 임지였던 말레이시아의 경우도 마찬가지이다. 역사적으로 인도네시아는 말레이시아에 문명을 전달해 주었는데, 오늘날에는 말레이시아가 더 잘 살기 때문에 양국 간에 자주 감정적인 충돌이 발생하고 있다.

우리나라와 일본과의 관계가 이 경우와 매우 흡사하다. 일본은 오랫동안 우리로부터 불교 등 문물을 받아들이는 수혜국의 입장에 있었다. 한자와 도예, 철공 기술, 누에고치 재배 기술 같은 중요한 문물들이 고대 초기 우리로부터 전수되었다. 특히 7세기 신라에 패한 백제 유민들이 대거 일본으로 건너가 오늘날 일본 문화의 토대를 이루었다.

일본 천황은 1998년 10월 8일 김대중 대통령의 일본 국빈 방

문 만찬에서 이렇게 말하였다.[1]

> "귀국의 문화는 우리나라에 크나큰 영향을 미쳐 왔습니다. 8세기에 편찬된 일본서기를 보면, 여러 가지 교류의 흔적을 찾아 볼 수 있습니다. 백제의 아화왕阿華王과 우리나라의 응신應神 천황시대에 백제로부터 경전에 밝은 왕인 박사가 일본에 건너와 응신 천황의 태자인 토도치랑자菟道稚郎子를 가르쳐 태자가 여러 전적典籍에 통달하게 되었다고 기록되어 있습니다. 그리고 나중에는 백제에서 오경박사五經博士와 의醫박사, 역曆박사 등이 교대로 일본에 오게 되었으며, 또 불교도 전래되었습니다. 귀국의 많은 사람들이 우리나라의 문화 향상에 지대한 공헌을 하였다고 생각합니다."

또한 천황은 김대중 대통령과의 환담에서 백제에서 온 귀화인이 칸무桓武 천황의 생모라고 말하여 김대중 대통령을 놀라게 하였다. 실제 8세기 초 일본 상류계층의 1/3이 한반도나 중국으로부터 온 이주민의 후손들이었다는 주장도 있다.

그러다보니 우리나라는 일본을 낮춰 보는 경향이 있었다. 특히 조선시대에 이러한 우리의 인식이 더욱더 심화되었다. 중화주의에 입각한 화이사상의 영향 때문이다. 오랑캐인 만주족이 명나라를 멸망시키고 청나라를 세우자 조선의 사대부들은 오랑캐가 장악한 중국을 대체하여 조선의 문명이 으뜸이라는 소중화주의小中華主義에 사로잡혀 일본을 오랑캐로 얕잡아 보았다.

우리가 일본에 대해 우위를 점하고 있던 관계는 유교의 전파

1 김대중(2010), 『김대중 자서전 2』, 도서출판 삼인, p. 111.

로 이어지다가 19세기 중반부터 서서히 변화를 겪게 된다. 중국과 우리가 중화주의와 소중화주의의 자기도취에 빠져 정체 상태에 빠져 있던 시기에 일본은 문호를 개방하고 서구 문물을 재빨리 흡수했던 것이다.

이로 인해 일본은 아시아에서 가장 먼저 산업화에 성공하여 혁명적 부를 창출함으로써 서구 제국주의 대열에 동참하였다. 일본은 중국과 한국의 문명을 받아들이며 다른 문화에 대한 적응력을 키웠기 때문에 유럽의 새로운 산업 문명을 수용하는 데 어려움이 없었다. 결국, 일본은 1904년 러시아의 극동함대를 격파함으로써 세계를 놀라게 했다. 이는 일본이 서구화, 근대화에 성공했음을 알리는 불길한 신호탄이었다.

당시 일본의 전략가들은 한반도를 일본열도의 심장을 겨누는 비수로 부르면서 한반도를 침략하여 식민지화하고, 이어서 중국을 침략하고 태평양 전쟁을 일으켰다. 일본의 식민통치는 서로 상대방을 무시하고 경원시하는 상호 인식을 악화시킨 결정적인 계기가 되었다.

아시아의 탈을 벗고 서구화의 길로 간 일본

탈아입구脫亞入歐! 일본이 유럽의 모든 것을 모방하여 국부를 창출하고 이를 바탕으로 제국주의 열강들과 어깨를 나란히 한다는 전략적 구호이다. 화려한 유럽제국의 일원이 되는 길은 모방에 있음을 강조하며, 일본 정부는 사회 각 분야에서 서구 문명을 도입하도록 열정적으로 장려하였다.

일본은 서구 산업화의 길을 배척하여 뒤떨어질 수밖에 없었던 중국과 한국으로부터 더 이상 배울 것이 없다고 판단했다. 일본은 아시아의 일인자가 되는 길은 아시아를 벗어나 서구 문명의 장단점을 취하고 보완하면서 세계로 나아가는 길 뿐이라고 생각했다.

'탈아입구'는 결국 유럽 열강을 모방하여 아시아 국가들을 지배하겠다는 침략적 야욕의 시작이었다. 오늘날 미국 일변도 외교를 하고 있는 일본을 보면 '탈아입구'의 기본 인식이 여전히 그들의 대외정책에 녹아있다는 생각을 떨칠 수 없다.

일본은 20세기 초 영국, 미국과 손잡고 러시아, 독일, 프랑스와 맞선 한편, 2차 대전 발발 전후로는 독일, 이태리와 연대하여 영국, 미국과 싸웠다. 반면에 2차 대전 이후 미국은 두 공산주의 맹주, 소련과 중국을 막기 위해 적대국이었던 일본을 지원, 동맹을 맺게 되었고, 반세기가 지난 오늘날까지 일본은 미국의 동북아 전략의 핵심 축이 되어왔다.

이에 대해 다른 아시아 국가들은 일본의 과도한 대미관계 치중을 비판하고 있다. 일본의 편중된 대외 정책이 아시아 평화공동체 형성에 걸림돌이 된다는 일본 국내 의견도 있다. 한 비평가의 지적처럼 "일본이 서양의 패도를 돕는 매나 사냥개가 돼서는 안 된다."라고 말한 중국 혁명가 손문 선생의 충고를 일본은 기억해야 할 것이다.

이렇게 일본과 미국은 점점 가까워지는 반면, 일본과 우리 그리고 중국과의 관계는 갈등의 파고를 넘나들고 있다. 과거사 문제, 야스쿠니 신사 참배 문제, 영토 문제, 위안부 문제 등 역사적으로 민감한 사안이 얽혀있기 때문이다.

일본이 서구화에 성공한 이유

19세기 후반 서양 문명을 수용하는 데 있어서 우리와 중국은 실패하고, 일본이 성공한 이유는 무엇일까?

중국은 1천여 년이 넘는 동안 세계 문명의 중심지였다. 외래 문명을 받아들이기보다 주는 데 익숙했고, 자기가 세계의 중심이고 자기 것이 최고라는 오만에 빠져 세상의 변화를 읽지 못했다. 중국이 받아들인 외래문화는 불교와 공산주의 사상뿐이라고 한다.

우리 선조들 또한 소중화주의의 몽상에 빠져 중국 문물 이외는 모두 배척했다. 서구 문명은 수용의 대상이 아니라 배척의 대상이었다.

그러나 일본은 달랐다. 일본은 쇄국정책을 펴면서도 서구문명을 받아들이는 창구를 열어 놓았다. 도쿠가와 막부 17세기 초에서 19세기 중엽 명치유신에 이르는 250여 년 동안 일본은 대외적으로는 폐쇄 정책을 표방했다. 그러면서도 나가사키 앞 조그마한 인공섬인 데지마를 네덜란드 교역상들에게 개방하여 서구문물을 계속 받아들였다.

화란 상인들과의 교역 경험은 1854년 미일우호통상조약을 체결할 때 위력을 발휘하였다. 당시 일본은 미국 페리제독이 이끄는 흑선함대에 굴복하여 문호를 열고 첫 통상조약을 맺게 되었는데, 이때 일본은 교섭언어로 자신들에게 익숙한 네덜란드어를 사용하였다. 일본은 네덜란드어로 자신들의 입장을 적극 표현할 수 있었고, 조약문 작성도 영어와 네덜란드어로 함으로써 일본에 불리한 내용을 거절할 수 있었다.

반면에 우리는 중국의 종용에 따라 1882년 서방국가와는 최초로 미국과 조미수호통상조약을 맺으면서 모든 것을 중국에게 맡겼다. 중국이 교섭하고, 조약문도 영어와 한자로 썼다. 서방에 문호를 여는 과정에서 우리와 일본은 이렇게 달랐다.

또한 막부가 지배한 봉건제도를 타파하여 천황을 중심으로 일본열도가 통일됨으로써 일사분란하게 서구문물을 받아들일 수 있었다. 통일적인 징병제도와 조세·화폐정책이 실시되었다.

당시의 세계정세는 일본이 유럽 강대국의 방해를 받지 않고 제국주의 대열에 합류할 수 있는 시간을 주었다. 영국은 인도를 지배하고, 중국에 영향력을 확보하는 데 집중하였고, 미국은 남북전쟁과 그 후유증 수습으로 바빴다. 프랑스도 멕시코에서의 패배와 프러시아 위협으로 극동 문제에 좀처럼 신경 쓸 수 없었다. 일본은 이 틈을 타 새로운 패권 세력으로 등장할 수 있는 힘을 기를 수 있었다.

더구나 시어도어 루즈벨트 미국 대통령은 일본이 제국주의 세력으로 성장하는 데 결정적인 도움을 주었다. 그는 러일전쟁이 발생하였을 때 겉으로는 중립을 표방하였으나, 음양으로 일본의 승리를 도왔다. 특히 일본의 요청에 따라 러·일 간의 평화협상을 중재하고, 그 협상결과도 일본에 유리하게 이끌었다. 그는 일본의 한반도 지배를 용인하면 그 밖의 동북아 지역은 미국과 영국의 영향권이 될 것으로 기대하였다.

그러나 그 후 역사는 그의 무조건적 일본 지지가 잘못된 것이었음을 보여준다. 일본은 한반도에 이어 만주, 그리고 중국을 넘어 동남아까지 침략하였고, 결국 진주만 기습으로 태평양 전쟁을 일으켰다. 오늘날 일부 미국 역사가들이 미국의 동북아 전략이 일본과의 동맹에 절대적으로 의존하고 있는 현실에 대하여 비판적인 시각을 보이고 있는 이유가 바로 이러한 역사적 사례에 있다.

그들만의 세계, 그들만의 역사

최근 일본의 역사 인식에 대해 우리와 중국 등 아시아뿐만 아니라 미국, 유럽 등에서도 비판의 목소리가 높아지고 있다.

2차 대전을 보는 일본의 관점은 우리를 비롯한 다른 나라들과 크게 다르다. 자유 우방 진영은 군국주의 파시즘이 2차 대전을 일으켰고, 미국 등 자유민주주의국가가 연합하여 이에 승리한 것으로 보고 있다.

반면, 일본은 2차 대전을 식민지 쟁탈전으로 보고 일본의 힘이 부족하여 졌다고 생각한다. 미국이 석유, 고무 등 자원을 구할 수 없게 하여 진주만을 공습할 수밖에 없었다는 해괴한 논리를 펴고 있다. 일본은 심지어 자신들이 2차 세계 대전의 침략자라는 사실조차 인정하지 않고 있다. 오히려 역사상 최초로 원폭 피해를 입었기 때문에, 일본이 피해자라는 인식을 가지고 있다.

이러한 일본의 잘못된 역사 인식은 좀처럼 달라질 것 같지 않다. 무엇보다도 자기 중심주의적인 우경화의 물결이 드높아지고 있기 때문이다. 일본의 우경화는 존황주의, 반공산주의, 국수주의를 핵심 사상으로 하면서 보수적이고 국가우선주의적인 성향을 가져 필연적으로 대외적 팽창을 지향하게 된다.

특히 한반도를 일왕이 지배하는 일본의 조공국으로 명시한 일본서기[2]는 19세기 말 정한론征韓論이 대두되는 뿌리가 되었다. 정한론은 일본이 살기 위해 무력으로 한반도를 침공하자는 것으로, 메이지 시대 조선 침략의 야욕을 정당화하고 합리화하기 위한 명분을 이론으로 포장한 것이다. 메이지 유신 이전에 요시다 쇼인으로 대표되는 존왕양이尊王攘夷 사상가들이 주장한 대외 팽창론의 첫 대상이 한반도이었고, 후에 그로부터 영향을 받은 기도 다카요시가 이를 정한론으로 구체화하였다. 이를 명분으로 일본 군국주의는 청일전쟁과 러일전쟁을 승리로 이끌고, 을사 늑약을 거쳐, 결국 한반도를 병합하게 되었다.

더 큰 문제는 일본 스스로 이와 같은 우경화의 물결을 바꿀 수 있는 기반이 약하다는 것이다. 일본의 민주주의는 스스로 이룬 것이 아니라 2차 대전 패전의 결과로써 주어진 수동적인 것이기 때문에 내부적으로 우경화를 견제할 만한 세력이 형성되어 있지 않다. 사회당, 공산당이 그 존재조차 희미해졌고 시민단체의 활동도 활발하지 못하다.

주변국의 일본에 대한 불신은 일본 스스로 초래한 측면이 크다. 일본은 영일동맹으로 제국주의 대열에 합류했고, 2차 대전 이후 미일동맹에 힘입어 경제대국이 되었다. 강대국을 쫓는 일본의 성향, 왜곡된 과거사 인식, 자위대의 집단 자위권을 허용하는 안보법제로 보통국가화의 길로 가고 있는 일본. 이러한 일본을 보며 주변국들은 불편한 심기를 가지고 경계심을 높이고 있다. 군국주

2 일본서기는 가장 오래된 일본 정사서로 덴무 천왕의 명으로 시작하여 8세기에 완성되었다. 이 사서에 기록된 진구황후신화는 일본이 삼한을 지배했다는 내용으로 일본의 한국침략을 정당화하는 근거가 되었다.

의 망령이 되살아나 다시 군사대국화를 꾀하는 것이 아닐까 우려스럽기 때문이다.

일본의 대외정책이 공격적인 성격을 가지게 된 것은 다음과 같은 배경이 자리한다. 첫째, 개항을 타율적으로 했기 때문에 일본은 근원적으로 국가적 자주독립에 대한 불안을 갖고 있다. 둘째, 일본의 항상적 위기의식은 일본의 정치와 경제가 내포하고 있는 이중적 의존성 때문이기도 하다. 서양의 선진국에 대하여는 모방과 열등의식을 버릴 수 없었고, 반면 아시아의 이웃나라들에 대하여는 멸시와 우월감과 사명의식을 노골화하였다. 셋째, 1876년 일본이 조선과 조약을 맺을 당시 미국의 암묵적 지원이 있었던 예에서 보듯이, 이후에도 일본은 국제정치적 세력 다툼 속에서 세력 확장의 묵인 또는 요청을 열강으로부터 받은 경우가 많았다. 넷째, 국내에서 일고 있는 위기의식을 국론의 통합 방향으로 끌고 간 데에는 일본의 국가주의의 영향이 컸다. 다섯째, 이러한 위기의식은 정치지도자들에 의하여 의도적으로 고취되어 다음 단계로 높여 나가는 경향이 항상 존재하였다.[3]

일본이 주변국들의 신뢰를 진정으로 얻고 싶다면 그들의 잘못된 역사 인식부터 바로 잡아야 할 것이다. 역사적 사실을 자기 위주로 해석, 왜곡하는 것은 일본 스스로를 위해서도 결코 좋지 않으며, 주변과의 선린관계를 해칠 뿐이다.

물론 하루아침에 역사 인식이 바뀌긴 어려울 것이다. 시간이 걸리더라도 바른 역사 교육이 중요하다. 오늘날 일본이 우리는 물

---

3 김용덕(2013), 근대 일본의 대외위기 인식의 문제, 『계간 철학과 현실』 98호, 2013 가을 pp. 91-92.

론, 미국 등 서구와도 극명한 역사 인식의 차이를 보이는 것은 오랫동안 자기식 역사만을 가르쳤기 때문이다. 일본의 젊은이들은 일제 식민지 치하에서 우리에게 어떤 일이 벌어졌는지, 심지어 우리가 이름도 일본식으로 바꿔야 했던 치욕과 수탈의 역사적 진실을 알지 못한다.

일본은 자신의 과거에 대해 솔직해져야 할 것이다. 잘한 것은 잘한 것대로 못한 것은 못한 것대로 솔직히 인정하고 가르쳐서 일본의 젊은이들에게 올바른 역사관을 물려주어야 한다. 이것만이 주변국과 일본이 진정으로 화해하고 신뢰를 이루어 나가는 길이다.

김대중 대통령은 1998년 10월 일본을 국빈 방문하여 행한 의회 연설에서 이렇게 강조하였다.

> "한일 두 나라는 과거를 직시하면서 미래 지향적인 관계를 만들어 나가야 할 때를 맞이했습니다. 과거를 직시한다는 것은 역사적 사실을 있는 그대로 인식하는 것이고, 미래를 지향한다는 것은 인식된 사실에서 교훈을 찾고 더 나은 내일을 함께 모색한다는 뜻입니다. 일본에게는 과거를 직시하고 역사를 두렵게 여기는 진정한 용기가 필요하고, 한국은 일본의 변화된 모습을 올바르게 평가하면서 미래의 가능성에 대한 희망을 찾을 수 있어야 합니다."[4]

독일은 일본과 다른 길을 걸었다. 그들은 나치 정권의 잘못을 진심으로 사죄하고, 배상했다. 주변국들은 이러한 독일을 NATO,

4 김대중(2010), 앞의 책, p. 117.

EU 회원국으로 맞아줬고 독일 통일도 지지했다. 이는 주변국들의 반대로 UN 상임이사국에 진출하지 못하는 일본과는 많이 다른 모습으로, 일본이 본받아야 하는 좋은 사례이다.

우리도 일본과의 과거사 문제에 일희일비하지 말고, 일본 스스로 왜곡된 역사인식을 고쳐 나갈 수 있도록 유도하면서, 실질적 협력 관계를 발전시켜 나가는데 힘쓰는 것이 바람직하다.

일본과의 미래 지향적 협력

세조 찬탈에 동조하여 우리 역사 속 변절자로 낙인찍힌 신숙주는 조선 제일의 지일파였다. 그가 편찬한 『해동제국기』는 당시의 일본의 대외관계 연구에 빼 놓을 수 없는 문헌집이다.

그런 그가 죽음을 앞두고 성종 임금에게 유언을 남겼는데 그것은 "일본과의 화평을 깨뜨리지 말라."라는 것이었다. 그의 유언은 일본은 어찌 되었든 우리가 지리적으로나 문화적으로 인연을 맺고 살아갈 수밖에 없는 숙명적 이웃으로 결코 만만한 상대가 아니니 일본을 경계하되 서로 안전한 가운데 협력하면서 모두 잘 되어야 한다는 뜻으로 해석된다.

그렇다면 현재 일본은 우리에게 어떤 의미를 가질까? 무엇보다 일본은 우리의 번영과 안보에 중요하다. 일본은 아시아에서 최초로 산업화에 성공하여 서방국가와 어깨를 나란히 한 나라이다. 비록 전후 미국으로부터 주어진 것이기는 하지만 민주주의를 시행한 최초의 아시아 국가이기도 하다. 이런 이유 때문에 문명 충돌론으로 유명한 역사학자 헌팅턴 교수는 일본을 중국과는 별도의 문명권으로 분류한 바 있다.

일본 식민지 시대를 거쳐 분단의 아픔을 겪은 우리가 경제 성장을 본격 추진한 1960년대 초에 일본은 우리의 성장 모델이었다. 일본으로부터 도입된 기술과 자본이 없었다면 한강의 기적은 없었을지 모른다. 우리의 경제 발전에 일본은 많은 기여를 하였고, 앞으로도 우리와 공동 번영의 길을 함께 가야하는 파트너이다.

또한 일본은 세계 최 강대국인 미국과 동맹 관계에 있다. 미일동맹은 한미동맹과 더불어 동북아의 안보를 책임지는 핵심 축이다. 우리와 일본의 관계가 어그러지면 미국을 중심으로 한 안보의 양 축이 흔들려 동북아 정세가 불안정하게 된다. 우리가 안보 면에서 미국, 일본과의 공조를 중요시하는 이유가 여기에 있다.

일본은 우리를 '조센징'이라 부르며 멸시했다. 한편 우리는 우리대로 일본을 무시했다. 일본을 가르쳤다는 문화적 자부심 때문에 일본인을 '왜놈', '쪽발이'로 부르며 경시했다. 외국인들은 우리가 일본을 깔보는 태도를 이해할 수 없다고 한다. 그들 눈에는 일본이 우리보다 훨씬 발전된 나라인데 우리가 일본을 그렇게 무시하는 것을 보고 이해하기 힘들다는 것이다. 이처럼 서로를 무시하는 태도는 한국과 일본의 관계를 윈-윈으로 발전시켜 나가는데 막대한 장애 요인이 된다.

역사적 앙금에도 불구하고 분명 일본은 우리 안보와 경제 발전에 없어서는 안 될 파트너이다. 일본을 있는 그대로 보고 서로 존중하면서 함께 미래의 안전과 번영을 꾀하는 것은 우리와 일본이 함께 발휘해야 할 지혜이다.

지혜로운 한일관계를 엮어낸 대표적인 케이스는 1998년 10월 김대중 대통령과 오부치 총리 간에 합의한 21세기 한일 파트너십 공동선언[5]이다. 이 선언은 오늘날 한일관계의 이정표가 되고 있다. 이 선언에서 일본은 최초로 문서로 식민통치에 대한 통절한 반성과 사죄를 표명하였고, 양국 간에 협력 원칙과 구체적 행동계획에 합의함으로써 한일 양국 관계 발전에 새로운 전기를 마련하였다.

5 21세기 한일 파트너십 공동선언의 주요 내용은 1) 양국 간 대화의 확충: 정상회담을 적어도 연 1회 개최, 2) 국제 평화 안전을 위한 협력: 북한 미사일 개발 저지 협력과 방위 교류, 3) 경제 분야 협력 관계 강화: 무역 확대, 산업기술 분야 협력, 기업인 교류 확대, 4) 범세계적 문제 협력 강화: 개발 원조, 환경, 원자력 분야 국제협력, 5) 문화 교류 증진: 2002년 월드컵의 성공적 개최를 위한 국민 교류, 지역 교류 등이다.

4

대륙 진출의 문, 러시아

1990년 9월 4일 노태우대통령-고르바초프서기장 샌프란시스코 정상회담
출처: 고려인 150주년기념사업회
http://150korean tistory.com

러시아의 확장주의

전통적인 러시아 전제 군주의 영토 확장주의를 공산주의 사상에 대한 열정(zeal)과 함께 소련 외교의 근원으로 지적한 인물은 냉전 시대 봉쇄정책의 아버지로 불린 미국의 외교관이자 역사학자 조지 캐넌(George Kennan)이다. 그는 봉쇄정책을 제안한 것으로 유명한 '장문의 소련 정세보고(Long Telegram)'에서 이렇게 말하고 있다.[1]

> "러시아는 전통적으로 본능적인 안보 불안감(sense of insecurity)에 노출되어왔다. 러시아의 안보 불안감은 광대한 지역에서 주변의 사나운 유목민에게 노출된 상태로 사는 농민들이 자연스럽게 가질 수밖에 없는 두려움 때문에 생겨났다. 러시아의 타고난 안보 불안감은 대외적으로는 영토 확장주의라는 공격적인 성향으로 변질되어 나타나게 되었다.
>
> 이 본능적인 안보 불안감은 문명이 훨씬 앞선 유럽과 접촉하게 되면서 더 능력 있고, 힘이 세고, 고도로 조직화된 사회에 대한 두려움으로 증폭되었고, 러시아의 지배자들은 외부 세계나 러시아인들이 자신들의 뒤떨어진 지배 형태를 알게 되는 것을 극도로 두려워하였기 때문에 자신들의 안전을 지키는 길은 오로지 외부 세력과 타협 없이 이들을 철저하게 무너뜨리는 데 있다고 믿었다."

19세기 초 나폴레옹과 1941년 히틀러의 침공 등 역사적으로 주변 유럽 국가들의 침략으로 막대한 피해를 입은 러시아는 이와

---

[1] Henry Kissinger(1994), 앞의 책, pp. 447-449.

같은 피해를 방지하는 방책은 카잔 모델[2]에 따라 선제적으로 주변 국가들을 힘으로 위협하거나, 병합함으로써 자기 세력 하에 두는 것이라고 믿는다. 이에 냉전 시기에는 폴란드, 불가리아 등 동구권 국가들을 복속시켜 자기 영향권 아래 두었고, 최근에는 크리미아를 점령하고, 동 우크라이나 지역 내전을 지원하고 있다.

또한 러시아는 지리적으로 유례가 없는 독특한 나라이다. 유럽과 아시아의 두 대륙에 걸쳐 있는 세계에서 유일한 나라이고, 시차가 11시간대에 걸쳐있는 가장 면적이 넓은 나라이다. 서쪽에 위치한 고도 상트 페테르부르크는 동쪽 연해주의 주도인 브라디보스토크보다 뉴욕에 더 가까운 반면, 브라디보스토크는 모스크바보다 시애틀에 더 가깝다. 이러한 지리적 특색 때문에 러시아는 유럽에서는 유럽 국가로 취급받지 못하고, 아시아에서는 유럽 국가로 취급되는 정체성의 혼란을 겪는다.

러시아의 대외정책과 러시아인들의 전형적인 협상 태도는 바로 이러한 대외 인식을 반영하고 있다. 서양인들은 러시아와 협상할 때 3가지를 유념하라고 조언한다. 첫째는 그들은 협상을 전쟁(battle)으로 인식한다는 점이다. 둘째는 그들의 제국주의적 태도이다. 셋째는 러시아인들은 합리적이라기보다는 감성적이라는 점이다.

---

2 1552년에 이반 4세가 오늘날 러시아 연방을 구성하고 있는 타타르 공화국의 원조인 카잔 한국(汗國, Khanate of Kazan)을 공격하여 병합한 사례를 따라 스웨덴의 역사가인 게너(Kristian Gerner)가 명명한 것으로 러시아의 전형적인 주변국 관리 형태이다.

러시아와 한반도

러시아는 19세기 후반에 극동에서 전략적으로 필요한 부동항을 얻기 위하여 만주 지역과 한반도에서 영향력 확대를 시도하였다. 이에 영국과 일본 그리고 미국은 상호 협력하여 이를 견제하였다.

아관파천은 러시아와 일본이 한반도를 가운데 놓고 서로 으르렁거릴 당시 일본의 횡포를 견디다 못한 고종황제가 러시아 공관으로 피신하여 1년간 머문 사건이다. 이때 러시아는 일본에게 38선을 중심으로 남북을 나눠 각자 통치하자고 제안하기도 하였다. 그러나 1904년 러시아가 러일전쟁에서 패함으로써 그들의 남진 정책은 실현되지 못했다.

이렇게 좌절된 러시아의 한반도 진출은 2차 대전이 끝날 무렵 뒤늦게 전쟁에 가세한 소련은 얄타 밀약을 통해 미국과 한반도를 분할, 점령하는 데 성공했다. 이로써 38선을 경계로 북쪽에 소련의 공산권 위성국가가 들어서게 되어 러시아의 끈질긴 남진정책은 성과를 거두게 되었다. 이어진 냉전 시기 동안 소련은 한반도에서 미국과 대립하는 양대 세력으로 한반도에 막강한 영향력을 행사하였다.

1990년 10월 한국과의 수교로 남북한과 동시에 관계를 맺게 된 이후, 러시아와 북한과의 관계는 정체 상태를 벗어나지 못했다. 반면, 당초 가졌던 큰 기대에 미치지는 못했지만, 한국과는 협력과 갈등을 반복하면서도 정치·안보·경제 등 다방면에서 북한과의 관계를 압도하는 실질적인 협력관계를 발전시켜왔다. 2014년 러시아와 한국 간 교역액이 160억 달러를 기록한 반면, 북한과의 교역은 9천만 달러에 불과했다.

비록 한반도에 대한 러시아의 영향력이 과거보다는 낮은 것으로 평가되나, 러시아는 유라시아 대륙 국가로서 그리고 한반도와 국경을 마주한 나라로서 우리에게는 떼어 놓을 수 없는 이웃이며, 유엔과 6자회담 등 한반도 관련 국제적인 협의체에서 이해 당사자로서의 역할을 하고 있다.

러시아가 중요한 이유

러시아의 중요성을 요약해서 살펴보면, 첫째는 냉전시대와 같은 수준은 아니지만, 러시아는 여전히 동북아 정세에 영향력을 행사하는 중요한 국가라는 점이다. 오늘날 러시아는 정치적으로는 한반도에서 주변 3개국과의 세력 균형을 유지하면서 한반도 비핵화와 군사적 대결을 해소하는 데 역할을 하고 있다. 또한 경제적으로는 시베리아와 극동 지역에서 실질 협력의 확대를 추구하고 있다. 특히 2012년 5월 푸틴 대통령의 제3기 정부는 신동방정책[3]을 적극 추진하면서 남북한과의 관계 발전을 도모하고 있다.

2015년 수교 25주년을 맞은 러시아와 한국과의 관계를 보면, 우선 외교 분야에서 상당히 성공적인 협력 관계를 유지해 왔다고

3 푸틴의 신동방정책은 아시아 국가들과의 포괄적 협력을 강화하는 데 목적을 두고 있으며, 아시아 국가들과 외교안보협력을 강화하고, 극동시베리아의 개발을 통한 국토 균형발전과 아·태 국가들과의 경제·통상·에너지협력을 확대함으로써 아태 경제권으로의 편입을 추진하는 것이다.

평가된다.[4] 러시아는 6자회담 참가국으로서 북한 핵 문제 해결에 일익을 담당하고 있고, 지난 25년간 28차례의 정상회담을 개최하는 등 세계와 동북아시아의 안보 이슈에서 대체적으로 우리와 공동된 입장을 천명하여 왔다.

두 번째로 러시아는 자원부국으로 우리에게 필요한 에너지 자원을 제공할 수 있다. 한반도 바로 북쪽에 놓여있는 무한한 자원의 보고인 시베리아는 우리와 같은 자원 빈국에게 놓칠 수 없는 기회의 땅이다.

한편 우리와의 수교로 혈맹관계가 무너진 러시아와 북한 관계는 2000년 푸틴 러시아 대통령의 평양 방문 등 몇 차례의 관계 개선 기회에도 불구하고 좀처럼 개선되지 못하였으나, 2014년 이후 우크라이나 사태로 인한 서방 세계의 대러시아 제재와 중국과 북한 관계의 악화 등으로 점차 활발해져 가고 있다.[5]

특히 2012년 5월 제3기 정부가 출범한 후 푸틴 대통령이 적극 추진해 온 신동방정책은 북한과의 협력을 가일 층 긴밀화하는 동력으로 작용하고 있다. 실제적으로 나진·하산 간 철도 연결과 이를 통한 한국으로의 석탄 수출 등의 협력 사업이 진행되었고, 극동 지역에 북한 근로자 2만여 명이 외화벌이를 하고 있다. 또한 러시아와 북한 간에 합동군사훈련을 실시하기로 합의하는 등 군사 협력도 추진되고 있다.

---

4 고재남(2016), 「한·러 수교 25주년의 외교적 성과와 과제」, 『외교』 제 116호(2016년 1월), 한국외교협회, pp. 108-109

5 고재남(2015), 「러·북관계의 긴밀화 동향과 전략적 함의」, 『2015 여름 주요 국제문제분석』, 국립 외교원 외교안보연구소, pp. 155-157.

러시아는 기회의 땅

러시아와 협력하여 상호 이익을 볼 수 있는 실질적인 분야는 다양하지만, 그중에서도 에너지 분야와 아시아와 유럽을 잇는 대륙철도인 철의 실크로드가 가장 중요한 것으로 평가된다.

우리와 러시아는 에너지 분야에서 윈-윈할 수 있는 상호 보완적 여건을 갖추고 있다. 러시아에는 전 세계 매장량의 약 6%에 해당하는 95억 톤의 석유가 매장된 것으로 알려져 있으며, 석유 수출로는 사우디아라비아와 함께 1, 2위를 다투고 있다. 천연가스 매장량은 343억 톤으로 전 세계 매장량의 약 26.7%를 차지하고 있다. 이 중 우리가 가장 주목하는 극동 및 동시베리아 지역에는 약 37억 톤이 묻혀있는 것으로 알려져 있다.

러시아 정부는 2020년까지 장기개발계획을 세우고 극동 및 동시베리아 지역의 에너지 자원 개발에 박차를 가하고 있다. 과거 러시아 에너지의 주 생산지였던 서시베리아 지역에서 원유 및 천연가스 개발이 지지부진한 반면 중국 등 아시아 지역 경제 성장으로 에너지 수요는 폭발적 증가 추세에 있기 때문이다.

반면 우리나라는 세계 4위의 석유 수입국이자 6위의 소비국이다. 에너지의 대부분을 외국에서 수입하고, 소비하는 모든 석유의 80% 이상을 중동에서 들여오고 있다. 만약 러시아의 풍부한 자원을 활용할 수 있다면 이는 비용뿐 아니라 에너지 수입원의 다각화, 안정화 측면에서도 우리에게 큰 이익을 가져다 줄 것이다.

특히 우리가 러시아에서 가스를 들여 올 수 있다면 현재 오만, 카타르, 인도네시아 등에서 수입하고 있는 가스보다 훨씬 싼 가격에 가스를 사용할 수 있을 것이다. 중동에서 오는 가스는 이동 과정에서 액화와 기화를 반복하여 1/3 정도의 손실이 발생하는 반면, 러시아에서 가스관을 연결하여 직송하면 중간 손실을 줄일 수 있어 그만큼 가격이 싸지게 되기 때문이다.[6] 러시아에서 북한을 거쳐 우리에게 가스관을 연결하는 프로젝트가 북한 요인으로 인하여 실현되지 못하고 있으나, 이는 우리가 언제인가는 현실로 만들어야 하는 큰 과제이다.

한때 나진·선봉 지역 철도 연결을 통해 운송된 러시아산 석탄을 우리가 들여옴으로써 남·북·러 간에 협력 사업이 진행되었으나, 2016년 초 실시된 4차 북한 핵실험과 미사일 발사에 대한 제재 조치로 중단된 것은 매우 아쉬운 일이다.

러시아와 우리 간에 또 다른 중요한 협력 사업은 철의 실크로드를 연결하는 일이다. 철의 실크로드는 한반도 종단철도와 시베리아 횡단철도를 연결, 아시아와 유럽을 잇는 역사적인 사업이다. 이 사업은 정치적인 측면뿐만 아니라 경제적인 측면으로도 대단히 중요한 의미를 갖는다.

김대중 전 대통령은 2006년 11월 8일 부산에서 개최된 유엔에스캅 교통장관회의 특별연설에서 철의 실크로드의 중요성을 이렇게 강조하였다.

> "철도 운행이 본격화되면 남북 간 경제, 문화, 체육 등 다방면의 교류 협력이 급속도로 진전할 것이다. 상호 윈-윈의 공동 이익을 향유하게 될 것이다. (중략) 경제 발전의 새로운 동력을 개척하

6 양성철외(2016), 『김대중외교: 비전과 유산』, 연세대학교 대학출판문화원, p. 146.

기 위해 압록강을 넘어 유럽으로 진출해야 한다. 한반도를 종단하는 TKR(Trans-Korea Railway), 시베리아를 횡단하는 TSR(Trans-Siberia Railway), 동북아시아, 중앙아시아, 유럽을 횡단하는 '철의 실크로드'가 열려야 한다. (중략) 철의 실크로드가 열리면 부산발 기차가 파리, 런던까지 갈 수 있다. 물류비용과 시간도 해상 수송에 비해 20~30% 낮아진다. 안전 수송도 보장된다. 그 옛날 '실크로드'가 '철의 실크로드'로 부활하여 유라시아 번영의 시대를 열어가게 될 것이다."

2007년 5월 경의선과 동해선 남북철도가 시험 운행을 마침으로써 남북 철길이 시베리아와 중국, 유럽으로 이어지는 철의 실크로드의 탄생이 가능하게 되었으나, 아직까지 실현되지 못하고 있다. 경의선과 동해선이 하루빨리 정상 운행되어 우리 철도가 한반도, 시베리아, 유럽으로 연결됨으로써 새로운 경제발전의 문이 열리도록 노력해야 할 것이다.

part 04

동아시아 공동체는 우리의 미래

동아시아 정상회의(EAS) 18개 회원국 지도
일러스터: 양시형

우리는 4대 강국에 둘러싸인 반도국가로서의 지정학적 특성 때문에 안보와 번영을 위해 이들 강대국과의 관계를 잘 유지하고 발전시켜 나가는 것이 매우 중요하다. 이는 시대를 불문하고 우리 외교의 핵심 과제가 되어왔으며, 현재도 그렇고 미래에도 변함이 없을 것이다.

아울러 우리가 이러한 지정학적 제약을 극복하고, 국제사회에서 우리 외교의 자율성을 확대해 나가는 노력 역시 반드시 필요한데 이는 우리 외교의 영역을 동북아 지역에서 더 넓은 동아시아로 확대하는 것이 될 것이다. 독일이 유럽통합 과정을 통하여 안정과 번영을 꾀하면서 궁극적으로 통일을 이루어 낸 바와 같이 우리도 동북아를 벗어나 동아시아 공동체를 형성하게 되면 남북한 관계의 발전과 함께 평화적 통일에 유리한 국제적 환경을 만들 수 있기 때문이다.

그 이유는 두 가지로 설명될 수 있다. 첫째, 동아시아 지역을 기반으로 하는 경제, 안보 등 지역협력체가 형성된다면 미국, 중국 등 강대국들 간의 세력 다툼의 소용돌이 속에 갇혀 있는 우리 외교의 자율성을 확대할 수 있을 것이다. 우리의 국력 수준으로 볼 때 우리만의 힘으로 미국, 중국, 일본, 러시아 등 우리 주변의 강대국들과 동등한 입장에서 우리 주장을 관철할 수 있는 여지는 제한적이지만, 유럽안보협력기구(OSCE)와 같이 그들 모두를 포함하는 안보협력체가 동아시아 지역에 만들어진다면 역내의 중소국가들과 협력하여 우리의 발언권을 높여 나갈 수 있게 될 것이다.

둘째, 영국의 저명한 역사학자인 토인비가 그의 역저인 『역사의 연구』에서 예견한 대로 21세기는 아시아의 시대이며, 그 중심에 동아시아가 있다. 20세기 전반에 암흑기를 지낸 아시아는 2차 대전이 끝난 후에 일본을 선두로 한국 등 동아시아의 네 마리 용, 그리고 중국, 아세안 등이 연이어 놀라운 경제 성장을 이루어 왔다. 또한 오는 2030년에는 아시아가 세계 인구의 60%, 세계 GDP의 40%를 차지할 것으로 예측되고 있어, 세계 경제를 견인해 나가는 기관차의 역할을 할 것이다.

21세기는 아시아 시대이며, 동아시아 공동체가 우리의 미래라는 확고한 신념을 가졌던 김대중 전 대통령은 2003년 12월 서울에서 개최된 동아시아 포럼 창립 총회에서 아래와 같이 말하였다.

"외환위기의 경험, 세계 무역량의 32.4퍼센트에 달하는 역내 교역 비율, 지역 안보 중요성 등에 비추어 볼 때 이제 동북아시아와 동남아시아를 구별하는 것은 무의미합니다. 동아시아 정상회의가 이루어져서 지역 공동체 발전을 위한 강력한 정치적 의지가 표현되기를 기대합니다. (중략) 동아시아 공동체의 실현이 바람직합니다. 우리는 할 수 있습니다. 그러기 위해서는 결단이 필요합니다. 오늘 이 자리가 동아시아 13개국이 그러한 결단을 촉진하는 자리가 되기를 바랍니다."[1]

---

1 김대중(2010), 앞의 책, pp. 155-156.

1

EU 통합 과정이 주는 교훈

오늘날 국제사회의 큰 특징 중 하나는 지역 단위로 경제 통합이 이루어지고 있다는 점이다. 이는 세계무역기구(WTO)가 이끌었던 범세계적인 차원에서의 자유무역 협상인 도하라운드가 선진국과 후진국 간의 이해관계를 조정하지 못하고 좌초됨으로써 그 대신 지역 단위에서의 경제 통합이 활발히 추진되어 왔기 때문이다.

이 추세의 선봉에는 유럽이 서 있다. 유럽에서는 이미 20세기 중반부터 경제통합이 추진되어 왔다. 오늘날 유럽연합(EU)이 심각한 위기를 맞고 있지만, 가장 발전된 지역 경제통합체로서 연방국가를 지향할 만큼 심화된 통합을 실현하였다.

북미 지역에는 북미 자유무역협정(NAFTA)이 있다. 이는 미국을 비롯한 캐나다, 멕시코 등 3개국 간 관세 철폐에 중점을 둔 자유무역협정이다. EU가 제도 중심의 통합 형태인 반면, NAFTA는 정부 간 합의 중심의 협의체라는 점에서 그 기본 성격이 다르다.

아시아에서는 동남아국가연합 즉 아세안(ASEAN)이 가장 먼저 통합의 길을 열었다. 1967년에 출범한 아세안은 당초 반공산주의 연합체의 성격을 가지고 있었기 때문에, 경제통합과는 거리가 멀었으나, 점진적으로 경제통합의 길을 걸어와 2015년에 회원국 간에 관세 철폐를 의미하는 초보 단계의 경제 공동체를 형성하였다.

이 밖에도 남미공동시장(MERCUSOR) 등 지역별 경제통합체가 있다.

유럽 연합은 가장 오래된 지역 통합체이다. 20세기 전반기에 대륙을 초토화시킨 두 번의 전쟁을 겪은 유럽인들은 민족 단위로 잘게 쪼개진 국가들 간의 대립과 경쟁이 평화를 해친다는 이치를 깨닫게 되었다. 모네를 필두로 한 유럽연방주의자들은 이와 같은 유럽인들의 새로운 인식에 기초하여 아주 조심스럽게 경제 통합을 추진하였다. 모네의 조언에 따라 프랑스 정부는 1950년 5월 9일 유럽 통합의 출발을 알리는 아래와 같은 요지의 발표를 하였다.

> "세계 평화는 평화 자체를 위협하는 자들이 들인 것보다 더한 노력 없이는 보장될 수 없다. (중략) 유럽 국가들이 함께 하기 위해서는 프랑스와 독일 간의 오랜 적대 관계가 청산되어야 한다. 이를 위해 프랑스 정부는 프랑스와 독일이 생산하는 석탄과 철강을 다른 유럽 국가들의 참여가 개방된 조직을 갖춘 상위의 공동관할 기구 하에 둘 것을 제의한다."

이 발표가 오늘날의 EU를 만드는 출발점인 슈망 선언이다.

'유로피안 프로젝트'로 불리는 유럽 통합의 아이디어를 처음 제시하고 이를 실천함으로써 유럽 통합의 아버지로 불리는 모네는 2차 대전 중에는 영국 정부를 위해 일했고, 미국의 전쟁 물자 생산 계획을 지원하는 등 연합군의 전쟁 승리를 위하여 다양한 활동을 하였다. 전쟁 중인 1943년에 이미 그는 "주권에 기초한 국가들을 재구성하지 않는다면 유럽에 평화는 없을 것이다. 유럽은 연방으로 재탄생되어야 한다."라고 말하였다.

2차 대전이 끝난 후 프랑스의 국가계획위원회 위원장으로서 그는 석탄과 철강 문제를 해결하지 않고는 유럽에 평화가 있을 수 없다는 데 착안하여 두 광물의 생산과 판매 등을 공동으로 관할하는 공동위원회를 창설하자는 제안을 하였는데, 이는 당시에는 파격적인 것이었다. 애치슨 당시 미국 국무장관은 슈망 장관이 이를 영국과 사전에 협의하지 않고 파리를 방문한 애치슨 장관과 협의하고 발표 후에야 영국에 알려줌으로써 영국의 베빈 외교장관을 격노하게 하였고, 결국 이 플랜에 영국 정부는 반대하였다고 회고하였다.

슈망 선언을 기초로 프랑스, 서독, 이탈리아 및 베네룩스 3국 등 6개국이 1951년 파리조약을 체결하였고, 뒤이어 1952년 유럽석탄철강공동체(ECSC: European Coal and Steel Community)가 출범하였다. 이로써 비록 2개의 광물에 국한된 것이지만 최초로 공동시장이 탄생하였다. 또한 초국가적인 기구인 집행위원회(High Authority)를 만들어 공동시장의 운영을 담당케 하였다. 이는 국제기구에 의한 통합이라는 새로운 길을 연 것이었다.

두 개 품목뿐만 아니라 모든 산업을 대상으로 하는 공동시장에 대한 필요성이 대두됨에 따라 1957년 6개국 간에 로마조약이 체결되어 유럽경제공동체(EEC: European Economic Community)가 창설되었다. 이는 관세동맹과 재화, 노동 및 자본의 자유로운 이동 등 단일시장 형성을 목적으로 하였다. 1967년에는 각각 독립적으로 출발한 유럽석탄철강공동체와 유럽경제공동체 그리고 유럽원자력공동체가 통합되어 EC(European Communities)가 출범하였다. EC는 관세동맹, 공동시장, 그리고 공동농업정책을 우선적으로 추진하였으며, 79년에는 역내 환율 안정을 위해 유럽통화제도(European Monetary System)를 도입하였다. 한편 73년부터 86년까지 영국 등 6개국이 추가로 가입함으로써 회원국이 12개국으로 확대되었다.

유럽 통합이 도약기를 맞게 된 것은 1986년 2월 유럽단일의정서(Single European Act)의 체결이었다. 1987년에 발효된 이 의정서는 그동안 사실상의 합의제였던 의사결정 시스템을 개선하여, 가중 다수결 제도를 재도입하고, 단순 다수결제도 방식을 확대한 것이었다. 이로써 더욱 효율적인 운영이 가능하게 되었다. 또한 이 의정서에 따라 각 회원국은 물적, 인적, 자본 및 서비스의 자유 이동을 제한하는 규제를 철폐함으로써 단일시장을 형성할 수 있었다.

냉전이 종식되어 국제 정치의 구조가 전환된 1990년대에 들어 유럽 통합은 새로운 전기를 맞게 되었다. 1991년 12월에 체결된 유럽연합협정(마스트리히트조약)으로 93년 11월 유럽연합(European Union)이 출범하게 된 것이다. 유럽연합은 단일시장의 발전에 더하여 공동외교안보정책(common foreign and security policy)

을 실시함으로써 정치통합으로 한 걸음 더 나아가게 되었다. 이로써 유럽은 단일 시장의 완성이라는 성과를 바탕으로 일정 분야에서의 정치 통합을 실현하고, 궁극적으로 단일 경제권과 통화권을 구축함으로써 한 단계 더 높은 통합을 이룩하게 되었다.

오늘날 EU는 사실상의 연방국가와 같은 조직을 가지고 있어 가장 발전된 지역통합체이다. 일명 개혁조약으로 불리는 2009년 리스본 조약의 채택으로 신설된 EU 정상회의의 의장은 단일 국가의 대통령과 같이 EU를 대표하고 있다. 또한 이사회, 집행위원회가 사실상 행정부의 역할을 하고 있으며, 유럽 의회가 별도로 구성되어 입법 및 예산권을 집행위와 공동으로 행사하고 있고, 유럽 사법재판소가 사법권을 행사하고 있다. 이 밖에도 유럽회계감사원, 유럽 중앙은행 등 국가조직에서 보는 바와 같은 주요한 기관이 설치되어 있다. 비록 완전한 연방 체제는 아니지만 유럽 연방주의자들의 꿈이 사실상 실현된 것이다.

또한 프랑스, 서독, 이태리 및 베네룩스 3개국 등 6개국으로 출발한 EU는 냉전이 끝난 후 동유럽 국가들이 대거 참가함으로써 현재 총 회원국이 28개국이고, 총인구는 약 5억 명에 이르며, 세계 총 GDP의 약 1/4과 세계 총 교역액의 31% 이상을 차지하는 거대 경제권을 이루고 있다.

오늘날 그리스 국가 부도 사태 등 경제 위기와 중동의 대규모 난민 유입에 따른 회원국들 간의 갈등, 그리고 2016년 6월 43년 만에 영국이 EU를 탈퇴하는 브랙시트(Brexit) 결정 등이 EU의 장래를 불투명하게 만들고 있다. 그러나 50년 슈망 선언이 발표된 이후 지난 65년 동안 다양하고 심각한 위기 상황을 극복하면서 꾸준히 발전을 거듭해온 EU의 역동성을 감안할 때 이번 위기도 지혜롭게 극복해 나갈 것으로 예상된다.

유럽의 통합 과정이 우리에게 주는 교훈은 무엇인가?

첫째, 유럽과는 다른 역사적 경험과 지정학적 환경 등을 감안할 때 동아시아의 경제 통합이 유럽 통합 모델을 그대로 수용하기는 어려운 형편이나, 동아시아가 좀 더 심화된 통합을 추구한다면 유럽의 제도에 의한 통합 방식을 가능한 분야에서만이라도 도입할 필요가 있다. 이런 의미에서 기구 중심의 통합을 강조하는 아래와 같은 모네의 말은 우리가 앞으로 동아시아 통합을 추진해 나가는 데 중요한 교훈을 준다.

> "사람 없이는 아무 것도 이룰 수 없다, 그러나 기구 없이는 아무 것도 영속되지 못한다(Nothing is possible without men, but nothing lasts without institutions)."

둘째, 독일 통일이 유럽 통합 과정의 일환이었다는 평가에서 보듯이 유럽의 통합이 없었다면 독일의 재등장에 따른 안보 위협을 우려하는 주변 국가들이 독일 통일에 동의하기 어려웠을 것이다. 이에 비추어 볼 때 동아시아의 통합은 한반도에 이해관계를 가지고 있는 주변 국가들이 우리의 통일에 대해 가질 수 있는 우려를 불식시켜 줌으로써 통일에 유리한 환경을 조성해 줄 것으로 기대된다.

셋째, EU는 1994년 북한 핵문제를 해결하기 위한 제네바 합의를 이행하는 과정에서 한반도에너지개발기구(Korean Peninsula

Energy Development Agency)에 참여하는 등 한반도의 평화와 안정에 기여해 왔다. 또한 우리의 3번째 교역 파트너(2015년 총 교역액 1,025억 달러)로서 우리와 긴밀한 전략적 협력 관계를 맺고 있어 앞으로도 이를 더욱더 발전시켜 나가야할 소중한 파트너이다.

EU Fact Sheet

- **명 칭**: 유럽연합(European Union)
- **회원국**(28개국): 벨기에, 프랑스, 독일, 이탈리아, 룩셈부르크, 네덜란드, 덴마크, 아일랜드, 영국, 그리스, 포르투갈, 스페인, 오스트리아, 핀란드, 스웨덴, 사이프러스, 체코, 에스토니아, 헝가리, 라트비아, 리투아니아, 몰타, 폴란드, 슬로바키아, 슬로베니아, 루마니아, 불가리아, 크로아티아
- **창 립 일**: 1993. 11. 1.
- **주요 연혁**: 1957. 3. 유럽경제공동체(EEC) 창설
  1993. 11. 유럽연합출범(마스트리히트조약 발효)
  1999. 1. 유럽통화연맹(EMU) 출범
  1999. 5. 암스테르담조약 발효
  2003. 2. 니스조약 발효
  2004. 5. EU 25개국 확대(중·동구 10개국 가입)
  2007. 1. EU 27개국 확대(불가리아, 루마니아 가입)
  2009. 12. 개혁조약(리스본조약) 발효
  2013. 7. EU 28개국 확대(크로아티아 가입)
- **인 구**: 약 5.07억 명(2014년)
- **총 GDP**: 약 18.495조 달러(2014년, IMF)
- **교역 규모**: 수출 4.6조 달러, 수입 4.5조 달러(2014년, KITA)
- **주요 기구**: 이사회(각료 이사회 및 정상회의), 집행위원회, 유럽의회, 유럽사법재판소, 유럽회계감사원 등
- **한-EU 교역액**(한국 기준 2015년): 1,052억 달러 (수출: 481억, 수입: 571억)
- **한-EU 투자**: 대 EU 544억 달러, 대 한국: 812억 달러(2015년)

출처: 주 벨기에 유럽연합 대한민국대사관 홈페이지
http://bel.mofa.go.kr/korean/eu/bel/main/index.jsp

2

동아시아 통합의 움직임

동아시아 지역을 기반으로 하는 경제통합 논의가 본격화된 것은 1997년 동아시아 금융 위기가 발생된 이후이다. 속수무책으로 국가 부도 위기를 연이어 맞았던 동아시아 국가들은 지역 차원의 자구책을 마련할 필요성을 절감하게 되었다.

이에 1997년 말, 아세안이 한국, 중국, 일본 등 동북아 3개국 정상을 초청하여 아세안+3 정상회의(APT)[1]를 최초로 개최했다. 그 이후 이 회의는 매년 개최되어 치앙마이 이니셔티브(Chiang Mai Initiative)[2] 등 지역 차원의 협력을 활발하게 추진하여 왔다.

---

1 1997년에 처음으로 개최된 후 매년 아세안 정상회의 계기에 정상회의가 개최되고 있으며, 외교·경제·재무·환경·정보통신·문화예술·과학기술 등 많은 분야에서 60개가 넘는 협력 사업을 추진하고 있다.

2 치앙마이 이니셔티브는 아세안 10개국과 한국, 중국, 일본 3개국이 역내 외환위기 발생을 방지하기 위하여 만든 1200억 달러 규모의 통화교환협정으로 2010년 10월에 공식 발효하였다.

아세안+3가 본격화되는 과정에서 동아시아 공동체의 꿈을 실현하기 위한 또 하나의 동아시아 지역 협력체가 탄생하게 되었다. 2005년에 최초로 개최된 동아시아정상회의(EAS: East Asia Summit)[3]는 1998년 말에 하노이에서 개최된 아세안+3 정상회의에서 김대중 대통령이 제안하여 결성된 동아시아 비전그룹이 모태가 되었다.

일찍이 21세기는 동아시아 시대가 될 것으로 예견한 김대중 대통령은 동아시아의 지역 협력이 우리 외교의 새로운 지평을 열어 줄 것이라는 원대한 비전을 가지고 동아시아 비전 그룹의 결성을 제안하였다. 이 그룹은 우선 지역 내 교역 및 투자를 활성화하고, 산업 및 자원 분야의 협력을 강화하기 위한 방안을 연구하여 정상회의에 보고하는 임무를 가졌다.

이 그룹은 민간 전문가로 구성되었는데, 2년 후에 이 그룹의 보고서를 접수한 ASEAN+3 정상회의는 민관이 함께 참가하는 동아시아스터디그룹의 결성을 결정하였고, 이 그룹이 제안한 바에 따라 2005년에 동아시아 정상회의가 출범하게 되었다.

동아시아 정상회의는 동아시아 국가들만이 참가한 것이 아니다. 중국과 일본 간 그리고 아세안 회원국 내 이견으로 처음부터 호주, 뉴질랜드, 인도 등 역외 3개국이 참가하여 16개국으로 출발한 동아시아 정상회의는 2008년에 미국과 러시아가 가입함으로써 총 18개국으로 확대되었다. 동아시아 지역에 이해관계를 가진 강대국들이 모두 참가하게 된 것이다.

---

3 동아시아 정상회의는 미국, 중국, 일본, 러시아 등 역내 강대국들을 포함한 18개국이 참가하여 매년 개최되는 정상회의로 동아시아 공동체 건설을 목표로 하면서 지역 및 국제정세를 논의하고, 6개 우선 협력 분야에서 구체적인 협력 방안을 추진하고 있다.

동아시아 지역을 기반으로 아세안+3와 동아시아 정상회의가 병행하게 됨으로써 중복성과 정체성의 문제가 제기되기도 한다. 그러나 아세안+3는 아세안과 동북아 3개국 간 경제 분야를 중심으로 한 협력에 중점을 두고 있는 반면, 동아시아정상회의는 역내외 강대국을 포함한 회원국들의 정상이 매년 함께 자리하여 정치, 안보를 중심으로 하는 지역 현안 문제를 협의한다는 데 의미가 있다.

미국이 동아시아 정상회의에 참가하게 된 것은 동아시아 국가들만의 지역 협력체를 만드는 데 줄기차게 반대해온 미국의 일관된 입장의 결과이다. 아시아 태평양 경제협력체(APEC)[4]를 정상회의로 격상시키는 등 미국은 동아시아 지역과 태평양을 한데 묶는 전략을 일관되게 추진하여 왔는데, 미국이 주도하여 2015년 말에 타결된 환태평양경제동반자협정(TPP: Trans-Pacific Strategic Economic Partnership)은 최근의 대표적인 사례이다. 이 협정에는 미국, 일본, 호주, 베트남, 말레이시아, 싱가포르, 캐나다, 멕시코, 페루 등 12개국이 참가하고 있다. 이는 역내 인구가 세계의 11.4%를 차지하는 약 8억 명이고, 명목 GDP가 세계의 37.1%를 차지하는 27조 7,000억 달러이며, 교역 규모가 세계의 25.8%를 차지하는 9조 4,000억 달러에 이르는 메가 FTA이다. 이에 우리나라를 비롯한 태국, 필리핀 등 아시아 국가들이 추가로 TPP에 참여하기를 희망하고 있다.

---

4 APEC은 한국, 미국, 중국, 일본, 러시아 등 아시아태평양 지역 21개 회원국이 참가하는 경제협력체로 89년 11월에 출범하였으며, 자율적인 기반에서 아태지역 무역 자유화와 원활화를 위한 제반 조치를 협의하고 있다고, 아시아태평양자유무역협정 체결을 논의하고 있다.

통상 기왕의 자유무역협정은 관세 철폐, 서비스 및 투자 자유화 등에 국한해 왔다. 그러나 TPP는 관세와 같은 국경조치(border measures)뿐만 아니라 환경, 노동 등 관련 회원국의 국내적 차원의 규제 및 제도 등 광범위한 국경 내 조치(behind-the-border measures)를 포함함으로써, 지금까지와는 다른 새로운 경제 질서 구축을 지향하고 있다. 이는 향후 FTA의 새로운 모델이 될 것으로 예상된다.

미국의 이와 같은 움직임에 대응하여 중국은 아세안 국가들과 함께 역내 포괄적 경제동반자협정(RCEP: Regional Comprehensive Economic Partnership)을 추진하고 있다. 이 협정에는 아세안과 자유무역 협정을 체결한 16개 국가(아세안 10개국+한국, 중국, 일본+호주, 뉴질랜드, 인도)가 참가하고 있는데, 2016년 중 타결을 목표로 협상이 진행되고 있다. RCEP 또한 역내 인구가 세계의 48.7%를 차지하는 34억 명을 넘고, GDP는 세계의 29%에 달하는 21조 6,000억 달러이며, 교역 규모가 세계의 29%를 차지하는 10조 6,000억 달러에 이르는 또 하나의 메가 FTA이다.

3

아세안은 동아시아 통합의 중심

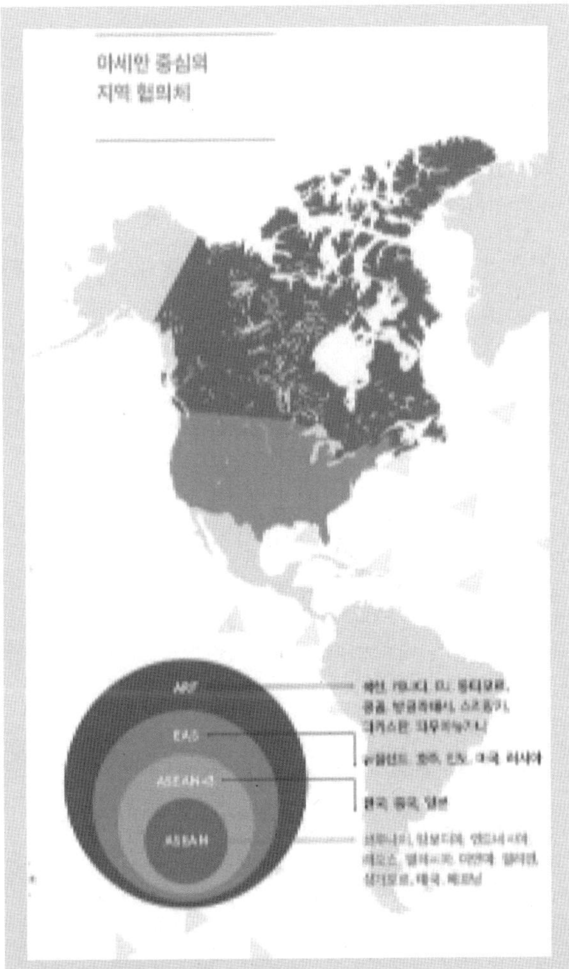

출처: 한·아세안 센터
http://www.aseankorea.org/kor/Resources/publication.asp

아세안이란?

우리 외교의 미래를 열어 줄 동아시아 통합의 중심에서 우리와 동등한 입장에서 긴밀히 협력할 수 있는 최상의 파트너가 아세안이다. 동아시아 지역에서 협력과 통합의 중심 역할을 하고 있는 아세안은 EU 통합 과정을 지켜보면서 경제통합의 필요성과 가능성에 자신을 갖게 되었고, EU와는 다른 형태와 속도로 점진적인 통합을 이루어 왔다.

아세안은 EU에 이어 세계에서 두 번째로 오래된 지역협력체로서 1967년 8월 방콕에서 인도네시아, 말레이시아, 태국, 필리핀, 싱가포르 등 5개국 외교장관이 모여 '아세안 선언(일명 방콕선언)'에 서명함으로써 출범하였다. 1984년에 브루나이, 1995년에 베트남, 1997년에 라오스와 미얀마, 그리고 1999년에 캄보디아가 각각 가입함으로써 현재는 10개 국가가 회원국이다.

방콕 선언에서 아세안은 경제 성장, 사회 진보와 문화 발전, 그리고 지역 평화와 안정 등을 목표로 내걸었다. 그러나 사실은 냉전 시대에 공산권 세력의 역내 확산에 대응한다는 정치적 목적이 우선이었다.

이후 아세안은 협의를 통한 만장일치제와 주권 존중을 위한 내정 불간섭 원칙을 기본으로 하는 '아세안 방식(ASEAN Way)'에 따라 느슨한 상태로 점진적인 통합을 이루어 왔다. 1971년 '평화·자유·중립 지역 선언(ZOPFAN)', 1976년 '아세안 협력선언 I(일명 Bali Concord I)' 그리고 '동남아우호협력조약(TAC)'과 '동남아 비핵지대화((SEANWFZ) 조약' 등을 통해 아세안의 정치적 중립과 결속을 다져왔다. 또한 1992년 '아세안 자유무역협정(AFTA)' 체결, 2003년 '아세안 협력선언 II(Bali Concord II) 등을 통해 경제 통합을 추진하여 왔다. 아세안은 유럽연합과 다르게 정부 간 합의 중심의 통합을 추진하여 왔기 때문에 연 2회 개최되는 정상회의, 조정이사회 등 정부 간 협의체 중심으로 운영되며, 인도네시아 자카르타에 사무국을 두고 있다.

아세안은 동남아를 한데 묶어 지역 안정과 발전을 이루는 핵심이며, 2015년 말에 정치·안보 공동체, 경제공동체, 사회·문화 공동체 등 3대 공동체의 출범을 공식 선언함으로써 비록 불완전하지만 통합에 성큼 다가섰다.

아세안은 자체의 통합을 추진하면서 1997년 아시아 금융 위기를 계기로 동아시아 지역 경제 협력과 통합에 적극 나서게 되었다. 동아시아 금융 위기에 대한 역내 국가들 간의 공동 대응의 필요성을 절실히 깨달았기 때문이다. 1997년 아세안은 한국, 중국, 일본의 정상을 초청하여 ASEAN+3 정상회의를 개최하였는데, 이는 동아시아 국가들이 함께 모여 지역 현안을 논의한 최초의 협의체라는 점에서 그 의미가 컸다.

아세안 발전 연혁 | ASEAN Chronology

아세안 발전 연혁	ASEAN Chronology	
아세안 2025	ASEAN 2025	2025
아세안 공동체 출범	Establishment of the ASEAN Community	2015
아세안 협력선언 III	ASEAN Concord III (Bali Concord III)	2011
아세안 연계성 마스터 플랜	ASEAN Connectivity Master Plan	2010
아세안 헌장 발효	ASEAN Charter entry into force	2008
아세안 협력선언 II	ASEAN Concord II (Bali Concord II)	2003
아세안 10개국 가입 완료 (1984-브루나이, 1995-베트남, 1997-라오스, 미얀마, 1999-캄보디아)	10 Member States joined ASEAN (1984-Brunei Darussalam, 1995-Vietnam, 1997-Lao PDR, Myanmar, 1999-Cambodia)	1999
아세안 자유무역지대 (AFTA) 창설	ASEAN Free Trade Area (AFTA) entry into force	1993
아세안 창립 인도네시아,말레이시아, 필리핀, 싱가포르, 태국	Birth of ASEAN Indonesia, Malaysia, Philippines, Singapore, Thailand	1967

출처: 2016년 한-아세안센터 발간 『Fast Facts on ASEAN·Korea』
aseankorea.org/kor/Resources/publication.asp

아세안을 둘러싼 미국과 중국, 그리고 일본의 경쟁

아세안은 오래 전부터 일본, 중국, 그리고 미국 등 강대국들이 영향력 확보를 위해 경쟁하는 대상이 되어왔다. 경제 협력을 통해 동남아시아에 가장 먼저 탄탄한 기반을 다진 국가는 일본이었다. 특히 1980년대 중반에 일본 기업은 생산 비용을 절감하기 위하여 동남아시아에 주로 제조업 위주의 투자를 집중하였다. 일본 정부 또한 이를 지원하기 위하여 해외원조(ODA)를 크게 늘려 도로, 항만, 통신 등 인프라 건설을 집중하여 지원하였다.

그러나 1990년대를 거치면서 일본의 경제가 잃어버린 20년의 침체기에 들어가게 된 반면, 상대적으로 연 10% 이상의 고도 경제 성장을 이룩한 중국은 아세안과 공식 관계를 맺는 등 관계를 강화하는 한편, 19억 경제권(중국 13억과 아세안 6억을 합친 숫자)을 만들자는 구호를 앞세워 동남아에 대대적인 물량 공세를 폈다. 특히 'One axis, Two wings'[1] 전략을 채택, 동남아와 중국 윈난성 등 남서부 지역을 한데 묶는 대대적인 교통 인프라 건설과 국경 무역을 원활하게 할 수 있도록 함으로써 이 지역을 하나의 경제권으로 엮어내는 데 전력하였다.

또한 2001년 11월 일본과 한국에 앞서 아세안과 FTA 협정을 체결하는 등 아세안과의 관계를 비약적으로 발전시켜왔다. 오늘날에도 중국은 세계 전략의 일환으로 추진하고 있는 신 해양실크로드의 첫 관문인 아세안과의 협력에 매우 적극적이다. 그러나 남

1 One Axis는 윈난성 쿤밍과 싱가포르를 연결하는 철도 건설을 의미하며, Two Wings는 메콩 지역개발 사업(Greater Mekong Subregion)과 범북부만(통킹만) 개발 계획을 의미한다.

중국해 영토 문제로 인하여 아세안은 중국의 이러한 적극적인 구애에 응하지 않고 있다.

미국 역시 2000년대 아프가니스탄과 이라크 전쟁 등으로 상대적으로 동남아를 소홀히 했지만, 2009년 오바마 정부가 들어선 이후 아시아 재 균형 정책(Pivot to Asia)을 기치로 아세안과 공식 관계를 수립하고 정상회의를 개최하는 등 아세안과의 관계를 강화하고 있다. 미얀마와의 관계 정상화, 그리고 중국과 영토 분쟁을 겪고 있는 필리핀, 베트남 등과 군사 협력을 확대함으로써 중국을 견제하여 왔다.

일본은 2012년 말 아베 수상이 집권한 이후 아세안에 200억 불의 새로운 지원을 약속하는 등 아세안과의 관계를 강화하면서 중국의 영향력 확대를 적극 견제하고 있다. 특히 중국이 남중국해에 인공 섬을 만들고 군사시설을 설치하는 등 공격적인 행보를 보이고 있는 데 대하여 자국 함대를 이 지역에 항행토록 한 미국과 적극 공조하면서 남중국해에서 중국과 영토 분쟁을 하고 있는 필리핀, 베트남 등과의 군사 협력을 강화하고 있다.

이와 같은 아세안을 둘러싼 열강들의 경쟁과 대립은 우리가 왜 아세안과의 관계를 한 배를 탄 동반자로 가꾸어 나가야 하는지를 여실하게 보여 준다.

아세안은 우리의 진정한 동반자

동남아시아는 지리적으로 우리와 가까운 지역일 뿐만 아니라 정서적으로도 우리가 가깝게 느끼고 있는 지역이다. 같은 아시아인으로서의 유대감과 문화적인 동질감이 있고, 식민지 경험을 공유하고 있어 서로 가깝다는 인식이 널리 퍼져 있다. 또한 동남아 국가들은 일찍부터 지역 협력체인 아세안을 결성하여 국제 문제에 한 목소리로 대응함으로써 영향력을 키워왔고, 우리와 상호 보완적인 경제 관계를 발전시켜 왔다.

이런 배경을 바탕으로 1989년 부분 대화관계(Sectorial Dialogue Partnership)를 수립한 아세안과 우리나라의 관계는 매년 정상회의를 개최하고, 상품, 서비스 및 투자 분야에 FTA를 체결하는 등 그야말로 일취월장하는 성장을 하였다.

오늘날 아세안은 우리의 제2대 교역 대상이자 투자 상대이며, 우리 국민이 가장 많이 방문하는 지역이다. 2014년에 우리와 아세안 간의 교역은 1380억 달러로 중국에 이어 두 번째를 차지하였으며, 우리의 대아세안 투자액은 41억 달러에 이르렀다. 또한 2014년에 496만 명의 우리 국민이 아세안을 방문하였다. 이에 더하여 한류가 가장 폭넓게 유행하는 지역으로 K-POP이 최고의 인기를 구가하고 있고, 지역 방송은 매일 우리 드라마를 방영하고 있다. 또한 우리의 눈부신 경제 성장은 동남아 국가들이 부러워하면서 배우고자 하는 신화 같은 스토리이다.

말레이시아의 마하티르 수상이 80년대부터 야심찬 경제 발전을 추진하면서 내건 동방정책(Look East Policy)은 바로 일본과 함께 우리나라의 발전을 본받자는 데 목적이 있었다. 또한 아세안 회원국 중 후발 개발도상국인 베트남, 미얀마 등은 우리나라를 자기들의 개발 모델로 생각한다. 베트남의 개혁개방정책인 도이모이는 우리의 경제 발전 모델을 따랐다.

그러나 우리와 아세안 관계의 중요성과 실질 관계의 발전 수준에 비추어 우리 정부와 국민들의 이에 대한 인식은 매우 낮아 관계 발전에 장애가 되고 있다. 따라서 우리가 좀 더 적극적으로 아세안을 알고 활용하기 위한 노력을 강화할 필요성이 높은 실정이다. 우리 정부가 2009년 한·아세안 센터를 서울에 설립하고, 2017년에 부산에 아세안문화원을 개원하려고 하는 것은 아세안과의 관계 발전을 지원하면서, 아세안에 대한 우리 국민의 인식을 높이기 위한 노력의 일환이다.

우리가 아세안을 우리의 핵심 파트너로 삼기 위해 아세안을 더 잘 알아야 하는데, 우선적으로 두 가지에 대한 이해가 필요하다. 하나는 그들만의 독특한 의사결정체계인 아세안 방식(ASEAN Way)을 이해하는 일이고, 다른 하나는 오늘날 아세안은 EU와 같이 사실상 하나의 경제 단위로 움직이고 있다는 점이다.

아세안 방식(ASEAN Way)

협의를 통한 만장일치제와 주권 존중을 위한 내정 불간섭 원칙은 동남아지역의 기본 규범으로 작용하며, 아세안의 주요 원칙이자 운영 원리로 이를 "아세안 방식"이라 한다.[2] 아세안 방식이라는 독특한 의사결정 원칙은 말레이 전통 마을에서 중시하는 협의와 합의의 가치인 '무샤와라(musya[h]warah)'와 '무푸캇(mufakat)'에 기초한다. 무샤와라는 지도자란 자신의 의지를 강요하거나 자의

2 한-아세안 센터(2016), 『4C로 이해하는 아세안』, p. 16.

적으로 행동해서는 안 되고 결론을 내기 전에 항상 조심스럽게 다른 사람들과 협의하고 다른 사람들의 관점과 감성을 받아들여야 한다는 의미이다. 무푸캇은 무샤와라가 지향하는 목표인 합의를 의미한다.

이 의사결정 방식은 합의에 기초하기 때문에 어려운 문제는 미뤄두고 합의가 가능한 분야를 우선적으로 처리하게 되어 이해관계가 얽히거나 구성원 중 일부만 반대해도 결정을 할 수 없는 한계가 있다. 반면 일단 합의된 문제들은 이행이 쉽고, 구성원들 간에 의무감과 친밀성을 통한 연대감이 증대됨으로 지역 차원의 정체성 구축에 도움이 된다는 장점이 있다.

이러한 특징은 갈등을 비대결적 방식으로 다루는 아시아적 문화를 배경으로 한다. 매우 다양한 인종, 종교, 문화적, 역사적 배경을 가지고 있고, 정치 경제 발전 단계도 다양한 동남아의 제반 여건을 고려할 때 아세안 방식은 내부 문제를 다루는 현실적이고 적절한 방식으로 평가된다. 왜냐하면 구성원들에게 가장 낮은 수준의 공통점에 호소하면서 조직이 감당할 수 없는 압력을 가하지 않으며, 다른 분야에서의 협력을 방해하지 않도록 특정 영역에서의 불협화음을 인정하지 않기 때문이다. 그러나 지역 내 인권 문제 등 의견 일치를 보기 어려운 문제에 효과적으로 대처하지 못하고 있어 아세안 방식에 대한 비판이 자주 제기되고 있다.

우리가 아세안과 협력을 증진시켜 나가는 데 있어서 이러한 아세안의 독특한 의사결정 구조를 이해하고 이를 잘 활용할 줄 아는 지혜를 가져야만 성공적인 협력 관계를 구축해 나갈 수 있을 것이다.

아세안은 하나다

EU는 우리에게 하나의 공동체로 익숙한 반면, 아세안은 아직 하나의 공동체로 다가오지 않는 경향이 있다. 이에 우리는 아세안을 잘 활용하지 못하고 있다. 10개 회원국이 매우 다양하고, 다른 문화와 역사를 가지고 있기 때문에 각 나라를 별도로 보는 것은 어찌 보면 당연하다. 그리고 아세안 회원국 국민 다수도 자신들을 아세안으로 통합된 하나로 보지 않고 있는 것도 사실이다.

그러나 현지 기업들은 실제로 아세안을 하나의 경제권으로 활용하고 있다. 예를 들면 본사는 금융이 발달한 싱가포르나 말레이시아에 두고 공장은 태국, 베트남, 캄보디아 등 후발 개도국에 설립하여 생산한 물품을 역내 국가나 세계로 수출하는 방식이다. 또한 금융, 관광 등 서비스업 경우 아세안 역내 회원국들 간에 상호투자와 M&A를 활발하게 진행하고 있다. 이는 아세안에 진출하려는 우리 기업이 어느 한 국가만 볼 것이 아니라 아세안 전체를 하나로 보고 사업을 구상할 필요가 있다는 점을 일깨워 준다.

1967년에 출범한 아세안은 EU와는 다른 통합의 길을 걸어왔다. EU는 제도에 의한 통합을 추진하였으나, 아세안은 아래로부터의 통합 즉 시장 주도의 통합 과정을 걸어왔고 아세안은 이를 촉진하는 역할을 해왔다. 그리고 2015년 말에 아세안은 3대 공동체의 출범을 공식 선언하였는데, 이는 공동체의 출발을 의미하는 것이지 완성을 의미하는 것은 아니다. 그래서 아세안은 쿠알라룸푸르 선언을 통해 좀 더 완성된 공동체의 모습을 그린 2025년까지의 공동체 구상도 발표하였다. 아세안이 그리는 3대 공동체 중

경제공동체(AEC: ASEAN Economic Community)는 아세안을 단일 경제권으로 통합하는 것을 목표로 하고 있으며, 가장 실체가 분명한 만큼 실질 협력을 높여 나가기 위하여 우리가 이를 잘 이해할 필요가 있다.

아세안경제공동체는 낮은 단계의 경제통합을 지향하고 있다. 즉 회원국들이 자신들의 경제적 주권의 제약과 노동력의 역내 자유 이동에 대하여 소극적이기 때문에 FTA에 일부 생산 요소의 자유로운 이동을 중심으로 한 통합을 목표로 한다. 실제로 2014년까지 아세안 전체의 관세율은 0.54%로 낮아졌고, 또한 무관세 품목 비중도 95.99%에 달해 회원국 상호 간에 상품 교역의 관세 장벽은 거의 사라졌다.[3] 다만 비관세 장벽과 서비스, 투자, 자본 자유화 등에 있어서는 비록 많은 진전이 있었으나, 아직은 만족할 만한 수준에 이르지 못하고 있다.

좀 더 구체적으로 아세안의 분야별 발전 현황을 살펴보면, 2007년과 비교한 2014년도 경우 역내 교역은 47.6%가, 역내 투자는 150%가 각각 증가하였다. 세계 전체 교역량에서 차지하는 비중도 5.6%(2006년)에서 6.8%(2014년)로 꾸준히 증가하여 왔다. 아세안에 대한 직접 투자는 2003년에 293억 달러에 불과하였으나, 2014년에는 4배가 증가한 1361.8억 달러로 대폭 증가하였다.

교역과 투자의 활성화에 힘입어 아세안의 산업 구조는 과거 농업 위주에서 산업과 서비스업 위주로 개편되었다. 2014년 경우 농업 9.6%, 산업 38.2%, 그리고 서비스업의 비중이 52.2%를 각

3 박번순(2016), 「AEC 출범의 의의와 대응」, 『외교』 제117호, 2016.4., 한국외교협회. pp. 92-103.

각 차지하였다. 경제 성장률은 세계 경제 위기가 있었던 2009년을 제외하고 5% 이상을 기록함으로써 중국과 사하라 사막 이남의 아프리카 지역과 함께 가장 높은 성장률을 보였다.

다만 역내 교역이 대폭 증가하고 있음에도 불구하고 전체 교역량에서 차지하는 비중은 24% 내외에서 정체 상태를 보이고 있어 아세안의 경제 통합이 아직 단단하지 못하다는 것을 보여 준다. 또한 상당수 회원국이 저소득 국가이고, 경제 구조와 개발 격차가 크다는 점 등 경제 공동체를 구축하는 데 있어서 구조적 어려움을 겪고 있다.

이에 아세안은 2025년을 목표로 통합을 가속화하는 작업을 추진하고 있다. 이는 비관세 장벽의 제거, 서비스 교역의 통일성 심화, 투자·숙련노동자·자본·기업인의 중단 없는 이동 등과 세계 경제에의 공동 참여를 확대하는 글로벌 아세안을 지향점으로 한다.

ASEAN Fact Sheet

- 명 칭: 동남아국가연합(Association of East Asian Nations)
- 회원국(10개국): 라오스, 말레이시아, 미얀마, 베트남, 브루나이, 싱가포르, 인도네시아, 캄보디아, 태국, 필리핀
- 창 립 일: 1967. 8. 8.
- 주요 연혁:

1967. 8.	아세안 창설
1971. 11.	동남아 평화자유중립지역선언(ZOPFAN)
1976. 2.	제1차 아세안 정상회의 개최, 아세안협력선언 I(Bali Concord I) 및 동남아우호협력조약(TAC) 채택
1992. 1.	아세안 자유무역지대(AFTA) 창설 합의
1994. 7.	아세안지역안보포럼(ARF) 창설
1997. 12.	제1차 아세안+3 정상회의 개최
2003. 10.	아세안 협력선언 II(Bali Concord II) 채택
2005. 12.	동아시아정상회의(EAS) 출범
2008. 12.	아세안 헌장 발효
2015. 12.	아세안 3대 공동체 출범

- 인 구: 약 6.3억 명(2014년)
- 총 GDP: 약 2.6조 달러(2014년, IMF)
- 교역 규모: 약 2.5조 달러(2014년, IMF)
- 주요 기구: 정상회의, 조정이사회, 공동체이사회, 사무국 등
- 한-ASEAN 교역액(한국 기준 2014년): 2,380억 달러
- 한-ASEAN 투자: 대아세안 투자 41억 달러(2014년)

출처: 2015.1. 및 2016.4. 한·아세안 센터발행 『4C로 이해하는 아세안』 및 『Fast Fact on ASEAN』

아세안을 대하는 바람직한 태도

우리와 아세안은 전략적 이해관계를 함께하고 있다. 19세기 후반 청일전쟁과 러일전쟁, 그리고 20세기 중반 태평양전쟁이 말해주듯이 동아시아의 국제 질서가 무너지면 한국과 동남아는 희생양이 될 수밖에 없었다. 따라서 우리와 아세안은 중국, 일본, 미국 등 강대국들이 이 지역에서 싸우지 않고 협력하도록 해야 하는 전략적 목표를 공유하는 공동 운명체이다. 그리고 미국과 일본, 그리고 중국이 서로 경쟁적으로 아세안의 지지를 얻기 위하여 경쟁하고 있는 오늘날의 국제 정세는 동남아의 지정학적 중요성을 일깨워 준다.

우리는 특히 강대국에 둘러싸여 혼자서는 그들과 맞상대할 수 없는 지정학적 취약점을 가지고 있기 때문에, 아세안과 손을 잡으면 국제사회에서 우리의 발언권을 더 강화할 수 있게 된다.

또한 경제면에 있어서 아세안은 우리의 2대 교역대상국이자 2대 투자 대상 지역이고, 매년 600만 명 이상의 우리 국민이 방문하는 최고 인기 지역이며, K-POP을 비롯한 드라마, 영화 등 우리 한류의 인기가 세계에서 가장 높은 지역이다. 2015년에 경제공동체를 형성한 아세안은 6억 명이 넘는 인구에 2조 달러를 상회하는 경제력을 가진 단일 경제권으로 세계 경제의 견인차 역할을 할 것으로 기대되는 지역이다.

그러나 이처럼 중요한 동남아나 동남아인들을 대하는 우리의 태도는 아주 실망스럽다. 우리 국민은 동남아를 통째로 무시하고 얕잡아 보는 경향이 있다. 태국이나 필리핀 등 우리 관광객들이 많이 찾은 지역에서 추태를 부리는 추한 한국인의 모습은 어제의 일만은 아니다.

싱가포르는 개인 소득이 5만 달러가 넘는 선진국이고, 말레이시아는 1만 달러가 넘는 소득 수준의 상위 중진국으로 성장하였다. 수도인 쿠알라룸푸르에 처음 온 우리 국민들은 서울보다 더 아름답고 깨끗한 도시 전경에 감탄을 금하지 못한다. 말레이시아는 가스, 석유, 천연고무, 팜 오일 등 풍부한 자연 자원을 가지고 있고, 오랫동안 동서양의 교역로 역할을 한 탓에 관광, 에너지, 금융 등 일부 산업에서는 우리보다 훨씬 세계화가 잘 된 나라인데도 우리 국민이나 기업은 이를 잘 모르고 무시하는 경향이 있다. 아세안 국가가 우리에 못지않은 수준에 있음을 자각하고, 무엇보다도 먼저 이들 아세안 국가들을 우리와 동등한 파트너로 인식하고 대하는 자세가 우리에게 필요하다.

동남아 지역과의 비즈니스를 모색하는 우리 기업인들 중 일부는 마치 시혜적인 일을 하는 것처럼 행동하는 경향이 있는데 이는 아주 잘못된 것이다. 투자를 하는 것은 일차적으로 자기에게 이익이 되기 때문인데 이를 마치 상대방을 위해 투자하는 것처럼 생각하고 행동하는 기업인들이 있다. 이러한 태도는 상대방으로 하여금 거부감을 불러일으켜 일을 그르치게 만드는 것이기 때문에 마땅히 지양해야할 태도이다.

끝으로 아세안 방식을 따르는 아세안을 대하면서 우리의 '빨리빨리' 문화를 앞세우면 일을 그르치기 쉽다. 그들은 성급하게 일을 추진하지 않기 때문에 평소에 자주 교류하면서 친분을 쌓고, 이를 기반으로 중장기적인 관점에서 일을 추진하면 성공할 가능성이 높아질 것이다.

part

05

지피지기하는 국민, 백전백승하는 외교

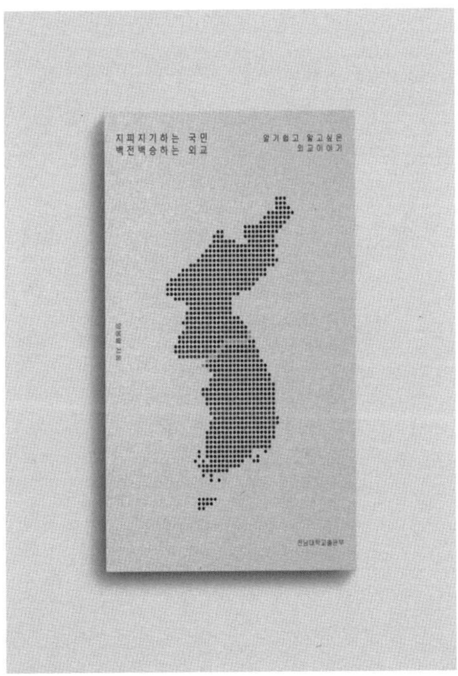

일러스터: 양시형

21세기는 개방의 시대이다. 정보 통신과 교통수단의 비약적인 발달로 세계 곳곳에 발생한 일들이 실시간으로 전 세계에 퍼지고, 지구 방방곡곡을 자유롭게 여행할 수 있는 시대이다. 이의 영향으로 소수의 정치인과 전문가 그룹이 독점했던 과거의 외교와는 다르게 오늘날에는 국민의 요구와 기대에 좌우되는 국민외교의 시대가 펼쳐지고 있다. '지피지기하는 국민이 백전백승하는 외교'를 가능케 하는 국민외교의 시대에 지피지기의 요체인 '1 동맹 3 친선 체제'와 중용외교, 그리고 남북관계와 4강 외교에 관하여 살펴보고, 백전백승하는 외교를 위해 우리 스스로 어떻게 외교 역량을 키울 것인지에 대하여 함께 생각해 보자.

'1동맹 3친선 체제'와 중용외교

우리 외교의 기본 구조이자 가장 큰 제약 요인은 4대 강대국에 둘러싸인 한반도의 지정학적 여건이다. 세계에서 가장 강력한 힘을 가진 4개 나라 즉 미국, 중국, 일본, 러시아의 이해관계가 한반도에서 첨예하게 부딪치고 있다. 역사적으로 우리가 국력을 길러 이들을 잘 활용했을 때는 평화와 번영을 누렸으나, 국력이 약해지고, 이들 간의 힘의 균형의 변화에 잘 대처하지 못하였을 때는 여지없이 침략을 당하여 막대한 피해를 입었다. 최악의 경우에는 나라를 잃게 되는 비극을 겪었다.

냉전시대에 우리 외교는 미국 일변도였다. 자유진영과 공산진영의 대립, 분단 그리고 한국전 등 냉전시대 한반도 정세는 우리에게 미국 외에 다른 선택이 없었다. 이 시기에 우리 외교는 미국과의 동맹을 기반으로 공산권의 도발과 세력 확대를 막아내면서 해외시장 개척에 매진함으로써 우리나라가 경제발전과 민주화라는 두 마리 토끼를 잡는 기적을 이루는 데 밑받침 역할을 하였다.

90년대 초 냉전이 끝나고 중국과 러시아와 우리가 수교함으로써 명실상부한 4강 외교의 시대를 맞게 된 이후 오늘날 까지 우리 외교의 요체는 '1동맹 3친선 체제'를 조화롭게 유지, 발전시키는 것이다.

오늘날 미국과의 동맹은 안보동맹에서 경제동맹으로 확대되어 우리의 안보와 번영을 담보해 줄 핵심 축으로서의 역할을 여전히 하고 있다. 또한 일본은 한·미·일 3각 안보 공조체제의 일원으로서 뿐만 아니라 경제·문화 등 모든 면에서 우리와 견고한 협력관계를 구축하고 있다.

한편 중국은 우리 경제에 가장 중요한 파트너로 부상함과 아울러 북한에 영향력을 행사할 수 있는 거의 유일한 나라로서 통일에 중요한 역할을 할 수 있는 우리의 전략적 파트너이다. 러시아는 과거에 비해 그 역할이 많이 축소되기는 하였으나, 자원 부국이자 한반도 문제에 일정한 영향력을 가지고 있기 때문에 러시아와의 관계를 잘 발전시켜 나가는 일 또한 우리 외교에 중요한 일이다.

'1동맹 3친선 체제'에 입각한 우리 외교는 이들 강대국들 간의 관계가 '대립과 경쟁'이 아닌 '공존과 협력'의 방향으로 갈 때 성공적으로 수행될 수 있다. 따라서 이들 관계의 변화를 면밀하게 주시하여 우리의 국익을 지키는 중용외교를 펼치는 것이 바람직하다.

중용외교는 흔히들 회자되고 있는 균형외교와는 다른 개념이다. 균형외교가 충돌하는 강대국 간의 이해관계에 중립적 입장을 취하는 것을 의미하는 반면, 중용외교는 우리 국익의 관점에서 주변 강대국 간의 서로 상충되는 이해관계에 대처하는 최선의 목표와 수단을 찾아내고, 이를 신중하고 끈기 있게 추구해 나가는 역동적이고 일관된 외교적 노력을 의미한다. 중용외교의 의미를 좀 더 세분하여 보면, 첫째는 실사구시의 입장에서 '1동맹 3친선 체제'와 현실적 상황의 조화를 통해 최선의 국익을 달성할 수 있는 목표를 찾아내는 것이다. 둘째는 시기와 상황이라는 현실적 제약 요소를 잘 헤아려서 유연한 실용적 수단과 방법을 강구하는 것이다. 셋째는 시시각각 변화되는 역동적인 상황에 유연하고 일관되게 대응하는 것을 의미한다. 활쏘기에서 두 발과 어깨와 팔의 각도, 그리고 가슴은 비우고 배는 든든히 힘을 채우는 바른 자세를 취해야 하고, 순서와 절차에 따라 끊이지 않는 동작 전체에 일관된 질서가 있어야 하듯이, 중용외교는 원칙과 실제의 조화를 통해 최선의 로드 맵을 만들고, 이를 바탕으로 역동적인 과정을 일관되게 관리해 나가는 모든 외교적 활동을 의미한다.

오늘날의 국제 정세는 중용외교의 필요성을 한층 더 높여 주고 있다. 중국이 G2로서 미국 중심으로 구축된 '팍스 아메리카나 시대'의 세계 질서에 거세게 도전하고 있어 미국과 중국 간의 관계가 '공존과 협력'보다는 '대립과 경쟁'의 양상을 보이는 가운데, 두 국가가 우리 안보에 심각한 위협이 되고 있는 북한 핵문제를 둘러싸고 서로 다른 해법을 제시하고 있어 우리에게 어려운 외교적 선택을 요구하고 있기 때문이다.

맹자는 "오직 지혜로운 자만이 작은 나라를 가지고 큰 나라를 상대할 수 있다惟智者 爲能以小事大."라고 갈파함으로써 큰 나라를 상대하는 작은 나라는 지혜로워야 함을 깨우쳐 준다. 동시에 맹자는 "큰 나라는 작은 나라를 어질게 대해야 한다惟仁者 爲能以大事小."라고 말한다. 맹자가 2,300년 전에 충고한 대로 주변 강대국이 우리를 위해 그들의 국익에 벗어나는 양보를 할 것으로 기대하지 않으면서, 그들이 우리의 국익을 일방적으로 침해하지 않도록 대비책을 찾아 조치하는 중용외교의 지혜가 우리에게 절실히 필요하다.

필자가 휴스턴 총영사로 근무했을 때 만난 남북한에 정통한 미국의 한 지한파 전직 고위인사는 그 당시 대북 정책으로 갈등이 심했던 노무현 대통령과 부시 대통령 간의 관계를 언급하면서 마치 '까불면 국물도 없다는 식'의 발언을 하였다. 남북한을 수없이 방문한 경험이 있으며, 남북한 사람을 만나 보면 똑같이 한恨을 가지고 있어 놀랐다고 말할 만큼 우리를 잘 아는 그 친한 인사의 우리에 대한 인식이 이러하니 미국 일반 시민들은 말할 필요가 없을 것이다. 이 경험은 필자에게 맹자의 충고를 마음에 늘 새기는 계기가 되었다. 늘 상대를 믿되 매사를 철저히 우리의 국익 입장에서 확인하는(trust but verify) 중용적 자세가 우리에게 절실하다.

남북관계와 4강 외교

남북한 관계가 대결과 경쟁 관계이냐, 아니면 화해와 협력의 관계이냐에 따라 우리의 4대 강대국에 대한 자주적 외교 역량이 지대한 영향을 받게 된다. 남북한 관계가 화해 협력의 기조로 발전되면 될수록 한반도 문제를 국제정치의 종속변수가 아니라 독립변수로서 우리 민족의 역량에 따라 자주적으로 해결할 수 있는 여지가 넓어지게 되며, 반대로 대결과 경쟁의 기조가 주가 되면 그만큼 우리 외교는 4대 강대국 간의 편 가르기에 좌우되게 된다. 이는 우리 외교가 직면하고 있는 불가피한 제약 요건인 분단 때문이다.

이념 대결로 대립과 경쟁 관계가 지속된 냉전 시대에 우리 외교는 국제사회에서 서로를 제압하고 영향력을 확대하기 위하여 북한과 치열한 외교전을 치러야 했다. 이 시기에 한반도는 미국, 일본 등 자유진영과 소련, 중국 등 공산진영이 첨예하게 대립하는 구조였다. 남북한 관계와 주변 4강 관계가 함께 대립적 이었다.

90년대 초 냉전이 종식된 이후 우리의 비약적인 경제발전과 공산권의 몰락은 우리에게 새로운 기회를 제공한 반면, 북한은 국제적으로 고립되었고, 이에 양측은 대화에 나서 '남북기본합의서'에 합의하는 등 남북관계에 훈풍이 불었다. 이 때 우리는 북방 정책을 적극 펼쳐 중국 및 러시아와 수교하는 데 성공하였다. 이처럼 이 시기에는 남북관계와 4강 관계가 협력적이었다.

역사상 최초로 남북정상회담이 개최되고, 남북 간에 화해 협력 시대가 본격적으로 열린 2000년대 초에는 남북관계와 4강 관계가 모두 대화와 협력의 시대이었다. 준비된 외교 대통령으로서 김대중 대통령이 펼친 탁월한 4강 외교의 결과이었다.

먼저 김대중 대통령은 평생을 통해 갈고 닦아 정립한 햇볕정책에 대한 미국의 지지를 확보하기 위하여 면밀하고 치밀한 외교를 펼쳤다. 우리나라의 민주화를 위해 5번의 죽을 고비를 넘기는 등 민주주의와 인권, 그리고 평화에 대한 그의 불굴의 신념과 투쟁으로 김대중 대통령은 국제적으로 높은 평가와 존경을 받았고, 이는 그가 대통령으로서 외교를 펼치는 데 큰 자산이 되었다.

김대중 대통령은 1998년 6월 미국을 국빈 방문하여 클린턴 대통령과 정상회담을 갖고, 햇볕정책은 냉전시대 미국의 데탕트 정책과 미중관계 개선 등 미국의 성공적인 외교에서 배운 것이라는 논리를 앞세워 미국 정부가 햇볕정책을 지지해 주도록 설득하였다. 이에 클린턴 대통령은 "김 대통령의 비중과 경륜을 볼 때 이제 한반도 문제는 김 대통령께서 주도해 주시 바랍니다. 김 대통령이 핸들을 잡아 운전하고 나는 옆자리로 옮겨 보조적 역할을 하겠습니다."[1]라고 말함으로써 미국의 한반도 정책을 한국 정부의 기조에 따르겠다고 약속하였다. 그레그 전 주한 미국대사는 이를 한국이 미국의 한반도 정책을 주도한 역사상 최초의 사례로 평가하였다. 미국의 지지를 확보한 김대중 대통령은 이어서 중국, 일본, 러시아 등 으로부터 햇볕정책에 대한 확고한 지지를 확보하였다.

또한 당시 우리 정부는 서유럽과 동남아 등 우리의 많은 우방 국가들이 북한과 수교하도록 권유하였고, 미국과 일본이 북한과 관계를 개선하도록 적극 노력하는 등 주도적인 외교를 펼쳤다.

햇볕정책이 실패했다는 비난이 지속적으로 제기되고 있으나, 객관적으로 평가할 때 과過보다는 공功이 더 크다고 생각된다. 마

---

1 김대중(2010), 앞의 책, p 84.

오쩌뚱 사망 후 그의 공과에 대하여 논란이 많았을 때 덩샤오핑은 공칠과삼功七過三의 논리를 들어 공이 7이고, 과가 3으로 공이 더 많으니 마오쩌뚱을 국가의 최고 지도자로 인정하는 것이 옳다고 말하였다. 이로써 이에 대한 논쟁이 끝나게 되었고, 마오쩌뚱은 오늘날까지 건국의 아버지로 추앙받고 있다. 햇볕정책에 대한 논쟁을 보면서 덩샤오핑의 지혜를 우리가 배워야 하지 않을까? 하는 것이 필자의 생각이다.

2006년 이후 북한의 4차에 걸친 핵실험과 미사일 발사 실험으로 급기야 2016년 초 남북 협력 사업으로는 유일하게 명맥을 유지해 오던 개성공단이 폐쇄되는 사태까지 발생함으로써 남북관계는 악화일로를 걷게 되었고, 국제사회에서 남북 간의 대결이 격화됨에 따라 우리는 미국 및 일본과의 공조를 강화하고, 중국과 러시아는 북한의 편을 드는 형국이 전개되고 있다. 이는 비록 강도는 약화된 측면이 있으나 냉전 시대 한반도를 둘러싼 강대국들 간의 대결 구조가 재현되고 있는 것으로 '1동맹 3친선 체제'를 조화롭게 유지, 발전시켜 나가야 하는 우리 외교에 큰 부담이 되고 있다.

2010년 천안함 폭침 사건이 발생하였을 때 필자가 말레이시아에 근무하면서 겪었던 남북한 간의 외교전과 관련된 일화가 있다. 이 일화는 분단으로 초래된 우리 외교의 안타까운 현실을 적나라하게 보여 준다. 당시 천안함 폭침이 북한의 소행인지 여부를 놓고 우리는 우리대로, 북한은 북한대로 국제사회를 대상으로 치열한 외교전을 전개하였다. 북한의 소행임으로 북한의 도발 행위를 비난하고 책임을 묻는 성명을 발표해 주도록 교섭하는 필자와 북한의 소행이 아님을 주장하는 북한 대사가 말레이시아 외무성 고위인사를 연이어 만나서 자신들의 입장을 지지해 주도록 요청하는 일을 겪으면서 느꼈던 분단의 비극적 현실이 지금도 생생하다. 결국 말레이시아 정부는 어느 편도 들지 않았다.

남북관계와 우리의 4강 외교의 함수관계를 볼 때, 남북 관계를 화해 협력의 기조로 이끌어 가면 갈수록 우리의 4강 외교의 자율성은 더욱더 확대되고, 우리와 북한이 한반도 문제를 자주적인 입장에서 해결해 나갈 수 있는 여지가 더욱더 넓어진다는 이치를 우리 모두 기억해야 하지 않을까?

동아시아 공동체는 우리의 미래

한반도는 세계에서 가장 힘이 있는 미국, 가장 인구가 많고 2번째 경제대국인 중국, 그리고 3번째 경제대국인 일본과 아시아와 유럽에 걸쳐 있는 러시아 등 4대 강대국에 둘러싸인 모습으로 동북아에 위치해 있다. 우리가 아무리 힘을 키워도 우리의 외교가 동북아에 갇혀 있는 한 이와 같은 지정학적 제약 요건에 얽매일 수밖에 없다. 이를 극복하는 최선의 전략적 방안은 우리의 외교 영역을 동북아에서 동아시아로 확대하여 우리와 같은 처지에 놓인 동남아 국가들과 보조를 함께 함으로써 국제사회에서 우리의 영향력을 높여 나가는 것이다. 왜 동아시아인가?

그 이유는 자명하다. 첫째는 동아시아는 21세기에 경제성장의 견인차 역할을 할 것으로 예측되기 때문이다. 비록 성장세가 꺾이기는 하였으나, 세계 경제 성장의 견인 역할을 하고 있는 중국과

연 5% 이상의 성장세를 이어 가고 있는 아세안이 동아시아에 위치하고 있으며, 세계 3대 경제 대국인 일본을 비롯하여 10위권의 경제력을 가진 한국, 인도네시아가 동아시아에 위치해 있다. 즉 우리 경제의 미래가 동아시아에 있다.

둘째는 우리의 지정학적 여건과 꼭 닮아 전략적인 파트너가 될 수 있는 아세안이 동아시아에 있다. 동남아는 역사적으로 동서가 교류하는 전략적 해상 요충지로 오랫동안 서구 열강들의 식민지가 된 역사를 가지고 있다. 예를 들면 말레이시아는 이미 16세기 초부터 차례대로 포르투갈, 네덜란드, 영국의 식민지가 되었다. 말레이시아에 근무할 때 필자가 예방한 한 주의 수상이 "한국과 말레이시아는 식민지 경험을 공유하고 있어 마음이 통한다"라고 말하면서 반갑게 맞아 주었던 기억이 새롭다. 이처럼 동남아인들은 우리를 자기들과 처지와 이해관계를 같이 하는 친밀한 국가로 생각하고 있다.

아세안과 우리나라는 역내 강대국들이 싸우지 않고 협력하도록 해야 하는 전략적 이해관계를 공유하고 있기 때문에 함께 손을 잡고 미국, 중국, 일본 등 강대국들에게 동일한 목소리를 낼 수 있는 최상의 파트너이다. 이렇게 되면 강대국들에 대한 우리의 입장을 강화시킬 수 있게 될 것이다.

이러한 전략적 판단에서 김대중 대통령은 1998년 12월 역사상 최초로 하노이에서 개최된 아세안+3 정상회의에서 동아시아의 협력을 강화하기 위한 방안을 연구하기 위하여 '동아시아 협력에 관한 비전 그룹(EAVG)'의 결성을 제안하였다. 기업인과 학자들이 참여하는 순수한 민간 주도인 비전그룹은 2년 후에 민간과 정부 관리들이 함께 참가하는 연구그룹(EASG)으로 확대되었고, 2005년에 동아시아정상회의(EAS)가 최초로 개최되는 데 기여하였다.

오늘날 남중국해 영토 문제, 동아시아 협력과 통합 주도권 등을 놓고 미국과 중국 간에 대립과 경쟁이 심화되고 있어 동아시아 공동체 형성이라는 당초 목표가 크게 흔들리고 있다. 더불어 브렉시트로 지역 통합의 모델인 유럽연합의 유용성에 대한 논란이 가열되어 지역통합의 동력이 크게 약화되고 있다. 그러나 큰 호흡을 가지고 중장기적인 시각에서 아세안과 함께 동아시아 공동체 비전을 실현하기 위한 노력을 꾸준히 전개해 나가는 것이 우리 외교의 외연을 확대해 나가는 데 바람직하다.

개개인의 외교 역량을 키우자

21세기 우리 개개인의 외교 역량이 외교의 성공을 좌우하는 국민외교의 시대를 맞아, 오늘날 개개인의 외교 역량의 중요성은 아무리 강조하여도 지나치지 않을 것이다. 그러면 우리가 외교 역량을 키우기 위해 무엇을 할 것인가?

첫 번째는 외교의 중요성을 인식하고 이를 실천하는 일이다. 사실 우리는 말로는 외교가 매우 중요하다고 하면서, 실제로는 외교에 대하여 크게 관심을 가지지 않고 있다. 대통령이나 국회의원을 뽑는 선거에서 유권자들이 후보자의 외교적 역량을 중요한 기준으로 생각하지 않고, 정치 지도자들 또한 외교 활동을 하는 경우가 매우 드문 형편임을 모두가 공감할 것이다.

과거의 정치 지도자들은 이와 달랐다. 대표적으로 김대중 대통령은 야당 지도자로서 매년 주변 4대 강대국을 비롯한 주요 국가들을 방문하여 그 나라 지도자들과 한반도 문제를 논의하였다. 80년대 초 2년여 동안 강제적으로 망명 생활을 하였던 미국의 고위 인사들과는 언급할 필요조차 없을 정도로 자주 만남을 가졌다. 94년 북한 핵 문제로 전쟁의 위기가 고조되고 있었던 5월에 당시 김대중 아태평화재단 이사장은 워싱턴을 방문하여 가진 내셔널프레스클럽 연설에서 카터 전 미국 대통령의 북한 방문을 제안하였고, 실제로 그가 북한을 방문하여 김일성 주석을 만나 합의를 이끌어 냄으로써 극적으로 위기를 해소하는 데 기여하였다.

퇴임한 후에도 김 대통령은 클린턴 재단, 하버드 대학 등의 초청으로 미국을 방문하여 클린턴, 키신저 등 주요 인사들을 만나 한반도 문제 등을 의논하였고, 학생들에게 세계 평화와 한반도 문제의 해결 방안에 관하여 설명하고, 함께 토론하였다. 클린턴 전 대통령은 물론이고, 그의 전임자인 부시 전 대통령, 키신저 전 국무장관, 파월 전 국무장관 등 방한한 미국의 전직 고위 인사들도 김대중 대통령을 찾아와 함께 한반도 문제 등에 관하여 논의하였다.

중국 경우 1994년 11월 아태평화재단 이사장 자격으로 최초로 방문한 이후 매년 방문하였으며, 퇴임 후인 2009년 5월에도 중국을 방문하여 당시 시진핑 부주석 등을 면담하였다. 또한 대통령이 되기 전에 이미 4차례 러시아를 방문하였다.

오늘날 대부분의 정치 지도자들이 과거의 지도자들과 다르게 외교활동을 등한시하는 것은 유권자들이 선거에서 후보자들의 외교적 역량을 중요하게 따지지 않기 때문이라고 할 수 있다.

4대 강대국의 이해관계가 첨예하게 수렴되는 한반도의 지정학적 여건과 36년 동안 일본의 지배를 받고, 수없이 많은 침략을 겪은 우리의 역사, 그리고 외교로 국가의 운명을 개척한 독립 당시의 미국과 유럽 통합을 통해 유럽의 중심 국가로 거듭난 벨기에의 사례, 그리고 독일이 통일을 이룩할 당시 지도자들의 외교적 역량이 결정적인 역할을 한 점 등은 우리가 왜 외교를 중요하게 생각하고 지도자의 외교 역량을 중요하게 따져야 하는지를 분명히 일깨워 준다.

우리가 외교 역량을 키워나가기 위해서 해야 할 또 하나의 일는 우리의 역량에 맞는 실용적 국익을 찾고, 또한 이를 실현할 수 있는 최선의 방법을 찾아 실천하는 중용 외교의 자세를 갖는 것이다. 때때로 우리는 우리의 역량을 따지지 않고 이상과 원칙만을 추구하거나 감성적인 대응을 하는 경향이 있다. 이와 같은 비실용적인 자세는 결국 외교적 실패를 초래하여 국가 이익을 해치게 된다. 주변 강대국에 비해 상대적으로 힘이 약한 우리의 처지에서 필요한 것은 시시때때로 우선순위가 바뀌는 국가 이익 간의 균형을 찾아냄과 아울러 이를 실현할 수 있는 최선의 방안을 강구하여 끈기 있게 추진하는 실용적인 중용 외교를 체질화 하는 것이다.

한반도에 평화를 지키고 만들어 나가면서 번영을 이루어 나가기 위하여 우리 개개인 모두가 외교 역량을 키우고, 뛰어난 외교 역량을 갖춘 지도자를 선출하여 통일 시대를 열어 나가는 지혜가 우리에게 필요하다.

부 록

외교 관련 기고문, 강연 원고 모음

광주매일신문 (제5756호) 2012년 9월 3일 오피니언

시 론

양 봉 렬 광주과기원 대외부총장

외교 대통령 DJ를 기리며

지난 8월 18일은 김대중 전대통령께서 서거한지 3주년이 되는 날이다. 이를 전후하여 국내외에서 그 분의 업적을 기리면서 애도하는 다양한 추모행사가 개최되었다. 국가부도위기를 초래한 IMF 외환위기의 조기극복, 민주주의와 인권신장, 그리고 남북화해협력시대를 연 최초의 남북정상회담 개최와 노벨평화상 수상, 정보화시대개막 등이 주로 김대중 전대통령의 업적으로 회자되고 있는데 필자는 이에 못지않게 외교분야에서의 업적도 중요하며, 외교를 가장 잘한 대통령이라고 생각한다. 3 주기를 애도하면서 그분의 외교철학과 업적을 되돌아 보고자 한다.

첫째, 김대중 대통령의 기본적인 외교철학은 실사구시외교와 균형외교로 요약될 수 있다. 실사구시외교는 그의 기본 사상인 "서생적 문제의식과 상인적 현실감각"을 구현하는 것으로 국제정세의 변화를 정확히 읽고, 그 상황속에서 우리의 현실에 맞는 최선의 국익을 추구하는 것을 의미한다. 균형외교는 한반도의 지정학적 특수성을 꿰뚫는 지혜이다. 그는 "한국은 4대국 사이에 끼여 있는데 자칫 잘못하면 찢기고 당할 수 있지만, 잘만 하면 색시 하나를 두고 신랑감 넷이 프러포즈를 하게 만들 수 있다. 그것이 외교다"고 말하였다.

한반도의 지정학적 특수성에 대한 깊은 통찰력을 바탕으로 김대중 전 대통령은 71년 야당인 신민당 대통령 후보로서 당시에는 매우 진취적인 한반도 4대국 보장론을 공약으로 제시하였다.

둘째, 김대중 전대통령은 집권한 후 그의 외교철학을 구체화한 '1동맹 3친선체제'를 공고히 함으로써 역사상 최초의 남북정상회담을 성사시키는데 밑거름이 된 외교환경을 조성하였다. 미국과의 동맹을 굳건히 하면서 당시 클린턴 대통령을 설득, 미국의 대북정책을 햇볕정책의 기조에 따르게 한 것은 DJ 외교의 하이라이트였다. 그레그 및 레이니 전 주한 미국대사는 김대중 전 대통령 재임 때 한미관계가 가장 좋았고 김대중 전대통령은 자주적으로 미국을 가장 잘 활용한 대통령이라고 격찬하였다. 일본대중문화를 개방하고, 과거 침략에 대한 죄과는 일본의 역사적 양심에 맡기고 미래의 새로운 파트너십 공동선언을 통해 일본과의 미래지향적인 협력관계를 구축하였다. 중국의 강택민 주석은 김대중 대통령을 '형님'이라고 부를 만큼 존경하면서 햇볕정책을 지지하였고 양국관계는 동반자 관계로 격상되었다. 대통령이 되기 전에 네 차례나 방문하였고 박사학위를 받은 바 있는 러시아와는 국민의 정부 초기에 외교관 맞추방의 앙금이 있었으나, 99년 5월 러시아국빈방문을 계기로 이를 말끔히 해소하였고, 옐친 대통령은 햇볕정책을 흔쾌히 지지하였다.

셋째, 김대중 대통령은 한반도와 동아시아에서의 평화와 번영을 확고히 하기 위해서 동북아 그리고 더 나아가 동아시아에서의 지역협력체제 구축이 필요하다는 장기적인 전략을 가지고 있었다. 이러한 원대한 구상을 실현하기 위해 그는 98년 12월 하노이에서 열린 아세안+3(한국, 중국, 일본) 정상회의에서 '동아시아 협력에 관한 비전그룹(EAVG)' 구성을 제안하였고, 2년후에 싱가폴에서 개최된 동일한 회의에서 '동아시아연구그룹(EASG)'의 창설을 제안하였다. 그리고 2005년 첫 번째 동아시아정상회의가 마침내 개최되었다. 한·중·일 정상회담이 정례화된 것도 그의 제안에 의한 것이었다.

넷째 김대중 대통령은 반독재, 민주주의와 인권신장을 위한 투쟁으로 '아시아의 넬슨 만델라'로 불릴 만큼 국제적으로 존경받았다. 그의 민주주의와 인권에 대한 확고한 신념과 국제적인 명성으로 우리 외교의 지평은 민주주의와 인권신장분야로 확장되었다. 한 미국의 고위 외교관이 김대중 대통령을 '한국의 국가적 자산(national asset)'이라고 말한 바와 같이 그의 국제정치무대에서의 무게와 리더십은 동티모르 독립에 결정적인 역할을 한 바 있다. 1999년 9월 뉴질랜드에서 개최된 APEC정상회의에서 김대중대통령의 주도적 노력으로 동티모르유혈사태가 종식되었다. 클린턴 대통령은 후에 동티모르 대통령이 된 호세 라모스 오르타 당시 동티모르저항운동협의회부의장이 자기에게 감사한다고 말하자 '한국의 김대중 대통령에게 감사하라'고 했다한다.

작년 말 김정일 위원장의 사망으로 북한의 미래가 매우 불확실한 상황이며, 아시아에서의 미중간 경쟁이 심화되고 있고, 남중국해에서 그리고 한중일간의 영토문제, 역사문제 등으로 갈등이 심화되고 있는 등을 감안할 때 그 어느 때 보다도 우리는 국제정세에 밝고 외교에 능한 정치지도자가 필요한 시기에 살고 있다. 김대중 전 대통령 서거 3주기를 맞아 그 분의 외교 철학과 업적을 되새기면서 다가오는 12월 대선에서 외교에 밝은 지도자가 선출되기를 고대해 본다.

출처: 지은이 소장 자료

동남아의 부상과 우리나라

- 2012년 2월 6일자 광주매일신문 기고문

최근 동남아가 세계적인 관심 지역으로 부상하고 있다. 그 이유는 두 가지이다.

첫 번째 이유는 지정학적인 면에서 전략적으로 매우 중요한 지역이기 때문이다. 동남아는 동서 교류의 요충지로 역사적으로 강대국들의 각축장이었으며, 지금은 중국과 미국 간에 영향력 경쟁이 치열하다. 미국은 남중국해에 항공모함을 상주시키고 있으며, 이에 대해 중국은 해군력 증강에 힘을 쏟는 한편, 남중국해 남사군도와 서사군도에서 동남아 국가들과 벌이고 있는 영토 분쟁에 미국의 개입을 방지하려고 안간힘을 쓰고 있다. 또한 중국은 말라카해협에서의 영향력이 취약한 데 대한 대책으로 메콩강 유역국들과의 협력을 통해 인도양과 중국 남부 지역을 직접 연결하는 육로와 철도 그리고 석유가스관 건설을 적극적으로 추진하고 있다.

두 번째 이유는 동남아 국가들이 석유, 가스, 수력 등 풍부한 천연자원을 보유하고 있고, 21세기에 들어 경제가 빠르게 성장함으로써 경제적인 가치를 높이고 있기 때문이다. 특히 이 지역의 유일한 지역협력기구로서 중심적인 역할을 하고 있는 아세안을 보면 2015년까지 10개 회원국 간 경제공동체를 만드는 데 매진하고 있으며, 지난 10년 동안 GDP 규모가 2배 이상 증가하는 등

(2000년 약 5,986억불에서 2010년에는 18,654억불로 증가), 경제가 욱일승천의 기세로 성장하고 있다. 6억의 인구를 가지고 있어 시장으로서의 가치 또한 크다.

전략적으로나 경제적으로 하루가 다르게 그 중요성이 높아지고 있는 동남아는 우리에게도 매우 가치 있는 파트너로 성장해 왔다. 지정학적인 관점에서 볼 때 한반도는 미국, 중국, 일본, 러시아 등 강대국으로 둘러싸여 있기 때문에 우리와 비슷한 처지에서 함께 힘을 합하여 강대국에 발언권을 높일 수 있는 대상은 동남아 10개 국가들의 지역협력체인 아세안뿐이다. 동남아는 아세안을 통한 단합으로 강대국 간의 영향력 경쟁에 대해 엄정한 중립적 입장을 취하면서도 남중국해에서의 영토 분쟁 경우 등에서 볼 수 있듯이 자기들의 이익을 위해 그들의 경쟁을 적절히 활용하는 지략을 보여주고 있다.

또한 경제적인 면에서 아세안은 이미 우리의 핵심 협력 대상으로 부상하였다. 2010년 통계를 보면 아세안은 미국과 일본을 앞서 중국에 이어 우리의 2번째 교역 대상이며, 우리가 두 번째로 많은 투자를 한 지역이다. 또한 중국 다음으로 우리 국민이 많이 방문한 지역이다. 우리 건설업체들의 해외건설 수주 실적에서도 중동에 이어 두 번째를 차지한 지역이 바로 동남아이다.

그러면 동남아와 우리의 관계가 나날이 그 중요성이 높아지는 만큼 성숙되어 있는가? 이에 대하여 필자는 아직 충분치 않으며, 이를 위해 동남아보다는 우리가 더 노력해야 한다는 견해를 가지고 있다. 동남아는 이미 우리를 매우 높게 평가하고 가까이 하려고 하고 있다. 동남아인들은 우리나라의 눈부신 경제 발전을 배우고 싫어 하며, 우리 문화에 매료되어 있다. 특히 경제발전을 늦게 시작한 베트남, 라오스, 캄보디아 등이 우리를 발전 모델로 삼아 우리와의 협력을 절실히 원하고 있다. 또한 동남아 전역에 한류 열풍이 불어 K-pop과 드라마 등 우리 문화가 크게 유행하고 있다.

반면 우리는 유감스럽게도 동남아가 얼마나 중요한가에 대한 인식이 희박하며, 그들을 우리보다 못살고 우리보다 못한 사람들로 무시하는 경향이 있다. 우리가 동남아와 진정한 파트너십을 일궈나가기 위해서는 이러한 잘못된 편견을 바로 잡고, 떠오르는 동남아에 대한 인식을 새롭게 하여 그들이 필요로 하고, 우리가 할 수 있는 지원과 협력을 다 해 나가는 노력을 진지하게 펼쳐 나가야 하겠다.

국제적 식견을 가진 지도자

– 2012년 3월 12일자 광주매일신문 기고문

금년에 우리는 국회의원 선거와 대통령 선거를 차례로 치를 예정이다. 이 두 선거는 앞으로 우리가 직면하게 될 대외 여건이 변화의 소용돌이 속에서 매우 유동적이고 불확실한 가운데 진행되게 된다.

즉 금년에는 유난히도 주요 국가의 지도자 교체가 많다. 지난주에는 러시아 대통령 선거가 실시되어 푸틴이 다시 선출되었고, 4월에는 프랑스, 그리고 10월 중국, 11월 미국 등에서 국가 지도자 선출이 예정되어 있다. 또한 지난 12월에 북한의 김정일 위원장 사망으로 김정은 부위원장에게 3대 권력 세습이 이미 이뤄진 북한의 정세가 매우 예측 불가능하다. 게다가 중국의 급격한 부상에 따라 동아시아에서의 미국과 중국 간 경쟁이 심화되고 있으며, 유럽의 경제 위기로 세계 경제의 미래가 심각한 위기에 직면해 있다.

이와 같이 엄중한 국제 정세를 잘 헤아려 통일의 기반을 조성하고 국가 발전을 지속하려면 우리에게 그 어느 때보다도 국제적인 식견을 가진 지도자가 필요한 시기이다. 국제적 식견이 있는 지도자의 유무가 역사의 물줄기를 바꿔 국가의 흥망을 좌우하기 때문이다.

역사적인 경험을 살펴보자. 루즈벨트 미국 대통령은 1933년 주변의 반대를 무릅쓰고 러시아와 국교를 수립하였다. 그 스스로 공산주의에 반대하였기 때문에 매우 이례적인 조치였으나, 독일의 히틀러와 일본의 군국주의 세력의 발호를 견제하는 세력 균형을 위해서는 러시아와의 관계 개선이 필요하다고 판단하였기 때문이다. 그의 세계 정세를 꿰뚫는 안목이 2차 세계대전이 발발하였을 때 크게 빛을 발하게 되었다. 러시아가 연합국의 일원으로 독일과 일본에 맞서 싸우게 되었기 때문이다.

닉슨 대통령 또한 1972년 역사적인 중국 방문을 통해 중국과의 적대적 관계를 청산하였다. 소련을 다루는 데 유용한 지렛대로 중국이 필요했기 때문이다. 키신저를 밀사로 파견하여 아주 비밀리에 추진되었고, 아무도 예상치 못한 상황에서 발표됨으로써 닉슨 쇼크로 불릴 만큼 충격적이었다. 그 이후 데탕트 시대가 열리고 궁극적으로는 민주 진영의 승리로 냉전이 종식되게 되었다.

우리 역사에서 가장 탁월한 외교관은 고려시대의 서희였다. 그는 993년 북방의 거란족이 세운 요나라가 침범해 왔을 때 왕을 비롯한 조정대신들이 땅을 떼어주고 화친하자는 주장을 물리치고 협상에 나서 침략군의 수장인 소손녕과 나눈 담판에서 오히려 강도 6주를 얻었다. 이는 신라 삼국통일 이후 청천강 이남으로 축소되었던 영토를 압록강까지 넓히는 쾌거이었다. 신흥 세력인 요나라와 기존 세력인 송나라 간의 세력 다툼을 꿰뚫어 본 서희는 요나라의 목적이 우리 땅을 차지하는 것이 아니라 우리를 자기들 편으로 끌어 드리는데 있음을 간파하였다.

반면 19세기 말 우리가 일본의 식민지가 되는 과정은 과거에 매달려 국제정세 변화를 읽지 못한 당시 우리 지도층의 우물 안

개구리식 안목이 초래한 되풀이 되지 말아야할 비극이었다.

민주주의 국가에서 지도자는 주로 국내적 이슈를 중심으로 이를 잘 해결할 수 있다고 믿어지는 후보자가 선출되는 경향이 있다. 외교 문제가 이슈화되는 경우도 주로 국민 감정을 자극하는 방법으로 제기되곤 하였다.

우리도 마찬가지다. 금년 선거에서도 양극화 해소, 경제 민주화, 복지 등 주로 경제 문제를 중심으로 선거 이슈가 형성되고 있다. 한미 FTA가 주요 이슈로 부상하였으나 논란의 초점은 우리의 외교 전반과 관계되는 맥락이 아니라 국내산업 등에 미치는 영향이 되고 있다.

금년 양대 선거에서는 우리 국민이 앞으로 4-5년간 예측할 수 없는 변화가 예상되는 한반도를 둘러싼 국제 정세의 심각성을 고려하여 국내 이슈 해결 능력과 함께 국제적 식견을 가진 인물에게 투표하는 현명한 선택을 하게 되기를 기대해 본다.

동아시아 정세 변화와 우리의 대응

– 2012년 5월(일자 미상) 광주매일신문 기고문

우리에게 지대한 영향을 미치고 있는 동아시아의 최근 국제 정세가 복잡다단한 양상을 보이면서 변화하고 있다. 지난해 말 새로이 출범한 북한의 김정은 체제는 지난 4월 13일 비록 실패하였지만 장거리 미사일 실험 발사를 감행하였고, 조만간 3차 핵실험을 할 것이라는 보도가 나오고 있다. 오바마 미 행정부는 동아시아에서의 지배권을 유지하기 위하여 일본, 한국과의 동맹을 강화하고, 북부 호주에 미 해병을 주둔시킴과 아울러, 인도, 베트남, 필리핀과의 군사 협력을 확대하고 있다. 최근에는 24년 만에 미얀마에 상주 대사를 파견하기로 하는 등 오랫동안 적대적 관계에 있었던 미얀마와도 관계개선을 추진하고 있다. 또한 일본, 인도, 러시아 등이 미국과 중국 간의 세력다툼의 틈새를 파고드는 등 동아시아 정세가 매우 유동적이고 불확실성이 높아지고 있는 형국을 보이고 있다.

이와 같은 동북아 국제 정세 변화의 근원은 다름 아닌 중국의 급격한 영향력 확대이다. 중국은 지난 30년이 넘는 기간에 연 평균 10% 이상의 눈부신 경제 성장을 이룩하여 왔고 이를 바탕으로 국제 사회에서 G2로 불릴 만큼 경제적 영향력을 확대하였다. 실질적으로 중국은 2007년 이후부터 미국을 제치고 세계 GDP 성장에 가장 크게 기여하는 국가가 되었고, 전문가들의 예측을 한

참 앞선 2010년에 일본을 앞서 세계 2대 경제대국이 되었다. 또한 중국은 1998년 아시아 외환 위기 이후 약 10여 년 동안 미국이 아프가니스탄, 이라크와의 전쟁으로 동아시아에 소원한 틈을 타서 아세안을 중심으로 한 동남아 국가들과의 관계를 집중적으로 강화하는 조치를 취하였다.

우선 동아시아 외환 위기가 최고조에 달한 1998년에 위안화를 평가절하하지 않았다. 2001년에는 아세안에 자유무역협정체결을 제의하였고, 2002년에는 동남아 국가들과 영토 분쟁을 하고 있는 남중국해에서 무력을 사용하지 않겠다고 선언하였다. 또한 중국 남부 지방과 아세안 국가 특히 미얀마, 라오스, 캄보디아, 베트남, 태국 등 메콩 유역 국가들과의 경제 협력을 강화하기 위해 도로, 철도, 전력 등 인프라 건설을 적극 지원하고 있다. 2008년 세계 경제 위기 때에는 250억 달러의 아세안 기금을 설치하여 금융 위기로 어려움을 겪고 있는 아세안 국가들을 지원하였다.

한반도의 평화와 번영, 그리고 궁극적으로는 평화통일을 달성하기 위해서 주변 정세를 안정적으로 관리해야 하는 우리는 이와 같이 유동적인 동아시아의 국제 정세 변화에 어떻게 대응해 나가야 할 것인가?

먼저 북한 정세의 불확실성을 제거하는 노력을 강화해야 할 것이다. 이제 막 출범한 북한의 김정은 체제는 체제 자체가 아직 안정적이지 못하며, 장거리 미사일 실험 발사를 감행하고 제3차 핵실험을 시도할 가능성이 거론되는 등 한반도 주변 정세에 긴장을 조성하고 있다. 우리가 이를 슬기롭게 관리해 나가기 위해서는 미국과의 안보 동맹을 굳건히 하면서 중국, 일본, 러시아 등 주변 강대국들과 긴밀한 협조 체제를 구축해야 할 것이다.

둘째는 동아시아에 가장 오래된 지역협력체인 아세안과의 전략적 협력 관계를 두텁게 해야 할 것이다. 주변에 강대국을 둔 우리로서는 미국, 중국 등 강대국이 앞다투어 구애하고 있는 아세안을 우리의 진정한 파트너로 삼아 그들과 힘을 합쳐야 강대국들에 발언권을 높여 나갈 수 있기 때문이다.

셋째는 중장기적으로 역내 국가들이 모두 참가하는 지역협력기구를 결성하는 방안을 적극 추진해야 한다. "풀밭은 코끼리가 서로 싸울 때뿐만 아니라 좋아할 때도 상처를 입는다."라는 동남아의 속담이 말해 주듯이 강대국들 간에 경쟁이 심해질 때는 물론이고 서로 짝짜꿍이 되는 상황에서도 주변 약소국들은 희생양이 되기 쉽다. 따라서 그들을 포함한 모든 역내 국가들이 자리를 함께하여 대화로 이해관계를 조정해 나가는 협의체를 만들어 내는 전략적인 노력을 강화해 나가야 할 것이다.

외교적 측면에서 본 독일 통일의 교훈

– 2012년 6월 25일자 광주매일신문 기고문

우리의 6월에는 유난히도 역사적인 일들이 많이 발생하였다. 한국전쟁, 6.10항쟁 등 우리의 삶을 송두리째 바꿔버린 일들 이외에도 분단의 큰 아픔과 고통을 가지고 있는 우리에게 잊을 수 없는 또 하나의 역사적인 사건이 있었다. 바로 6.15 남북 공동선언이다. 남북관계에 있어서 역사의 한 획을 그었던 6.15 남북 공동선언 12주년을 맞아 독일 통일의 교훈을 되새겨 보는 것은 의미 있는 일이 될 것이다. 필자는 직업 외교관 출신으로서 특히 외교적 측면에서의 독일 통일 교훈을 살펴보고자 한다.

1969년 10월에 집권한 브란트 서독 수상은 '화해를 통한 변화'를 기치로 동방 정책을 적극 추진하였는데 이는 두 가지 측면에서의 변화를 추진한다는 의미를 가지고 있었다. 하나는 동서독 관계에서의 변화이고, 둘째는 당시 서독의 국제 관계에서의 변화이었다. 동독과 외교 관계를 가진 나라와는 수교하지 않는다는 할슈타인 원칙을 폐기한 것도 이때였다.

당시 서독이 동방 정책으로 추진한 국제 관계에서의 새로운 변화의 하이라이트는 1975년 헬싱키 조약 체결을 주도하여 소련과 서구 진영 간의 데탕트를 실현시킨 것이었다. 헬싱키 조약은 동서 간 데탕트를 연 최초의 협정이었다. 헬싱키 조약에는 당시 미국, 캐나다를 비롯한 서구 자유 진영 국가와 알바니아를 제외한 동구 공산권 국가 등 무려 35개국이 서명하였다.

당초 미국 등 서방 진영은 이 조약에 큰 관심이 없었으나, 서독은 소련을 비롯한 동구권과 화해할 절호의 기회라며 끈질기게 설득했다. 서독의 이러한 집념어린 설득의 결과 서방국가들이 헬싱키 조약에 참가하게 되었다. 미국과 소련을 비롯한 동서 진영 사이의 데탕트가 없었다면 또한 유럽통합 노력을 통해 독일, 프랑스, 영국 등 서유럽 주요국들 간 신뢰가 조성되어 있지 않았더라면 독일 통일은 어려웠을 것이다.

독일 통일 당시 서독 정부는 미국과 찰떡궁합이었다. 미국은 독일 통일에 반대하던 영국, 프랑스, 그리고 소련까지 나서서 직접 설득하였다. 이 과정에서 미국은 소련이 끝까지 반대했던 독일의 나토(NATO, 북대서양조약기구) 잔류를 관철시켜 독일을 유럽의 군사 협력 체제 하에 묶어 두었다. 비록 독일이 철저히 과거를 반성하고 자유민주주의 체제를 견고히 하고 있었으나, 독일의 독자적인 재무장으로 다시 유럽의 안보가 흔들리게 되는 것을 막기 위해서였다.

국제법적으로 볼 때 독일 통일은 동서독과 미국, 영국, 프랑스, 소련 사이에 맺어진 2+4 협정으로 마무리 되었다. 동서독은 통일을 하고 이를 나머지 국가가 국제적으로 보장하는 방식이었다.

그러면 외교적 측면에서 독일의 통일이 우리에게 주는 교훈은 무엇인가?

첫째, 한미 동맹 관계를 기반으로 미국과의 긴밀한 공조 체제가 무엇보다도 중요하다는 점이다. 당시 부시 미국 정부가 독일 통일의 정당성과 불가피성에 대한 확고한 믿음을 가지고 소련은 물론이고 영국, 프랑스를 설득하게 된 것은 서독과의 튼튼한 신뢰와 공조에 바탕을 둔 것이었다.

둘째, 중국, 일본, 러시아 등 주변 강대국들과의 협력 관계를 공고히 해 나가야 할 것이다. 독일 통일 과정에서 소련, 영국, 프랑스 등 주변 강대국들의 동의를 얻기 위해 미국과 서독이 끈질긴 노력을 한 바와 같이 우리의 통일 과정에는 중국, 일본, 러시아의 협조가 불가피한 실정인 만큼 이들 국가들이 우리의 통일을 지지할 수 있도록 하는 국제정치적 여건을 만들어 나가는 데 진력해야 할 것이다.

셋째, 독일 통일이 국제법적으로 2+4 방식으로 완결된 바와 같이 우리 경우 남북한, 미국, 중국이 협정을 맺고, 이를 유엔 안보리가 공식 추인하는 2+2+UN 방안을 고려할 수 있는 만큼 이를 감안한 외교적 대비를 해 나가야 하겠다.

국제정치적 관점에서 보면 독일 통일은 유럽통합 과정의 일부로 이해되는 측면이 있다. 우리 경우도 우리의 통일 노력이 동아시아 통합 등과 같은 지역 통합 움직임과 병행된다면 중국, 일본 등 강대국들을 설득하는 데 좀 더 유리한 환경이 조성될 것이다.

우려스러운 남중국해 영토 분쟁

– 2012년 7월 30일자 광주매일신문 기고문

지난 7월 9일 캄보디아 프놈펜에서 개최된 제45차 ASEAN 외교장관회의가 남중국해에서의 영토 분쟁 관련 회원국 간 이견으로 45년 역사상 최초로 공동성명을 발표하지 못하였다. 필리핀 외무성 발표에 따르면 지난 4월에 황옌다오黃巖島(스카보러섬) 인근에서 발생한 중국과 필리핀 정부 선박 간의 대치 사태 등에 대하여 아세안외교장관회의에서 논의된 내용을 포함하자고 주장하였으나, 주최국인 캄보디아가 이에 반대함으로써 결국 공동성명을 발표하지 못하게 되었다고 한다. 필리핀과 베트남은 주최국인 캄보디아가 아세안이 남중국해 영토 분쟁을 다루는 데 반대하고 있는 중국 입장을 감안하여 공동성명에 이를 명기하는 데 반대하였다고 비난하였다. 이에 대하여 캄보디아는 영토 분쟁에 어느 편도 들지 않는다는 것이 자국의 정책이며, 공동성명을 발표하지 못하게 된 것은 모든 회원국의 책임이라고 대응하였다.

남중국해에서 중국과 영토 분쟁을 가지고 있는 아세안 회원국은 필리핀, 베트남, 말레이시아, 브루나이 등 4개인데 이중 최근에 중국과 잦은 충돌을 보이는 나라가 필리핀과 베트남이다. 가장 최근에는 중국 해군 함정이 필리핀과 분쟁이 있는 해역을 순찰 중에 좌초되는 사건이 발생하였고, 베트남이 석유가스를 탐사하는 장소와 겹치는 해역에 중국이 석유가스 탐사를 위한 국제 입찰을 개시한다고 발표한 데 대하여 베트남은 강력히 항의하였다.

남중국해 영토 분쟁을 둘러싼 아세안 회원국 간의 분열은 아시아에서 나날이 치열해 지고 있는 미국과 중국 간의 영향력 확대 경쟁이 한몫을 하고 있다. 이번에 함께 개최된 아세안지역안보포럼(ASEAN Regional Forum)에 참석하는 기회에 베트남을 방문한 클린턴 미 국무장관은 남중국해에서의 영토 분쟁이 평화적으로 해결되어야 한다고 하면서도 미국과 베트남은 남중국해를 포함한 각종 국제 현안에 전략적 이해를 공유하고 있다고 언급함으로써 베트남 편을 들었다. 또한 미 국무장관으로서 57년 만에 라오스도 방문함으로써 이 지역에서의 중국의 영향력을 견제하는 데 적극적인 행보를 보였다. 이와 같은 미국 정부의 공세적 태도는 2009년 오바마 정부 출범 이후 G2로 떠오른 중국이 아시아에서 더 이상 영향력을 확대해 나가는 것을 방치할 수 없다는 입장에서 취해온 적극적인 아시아 개입 정책의 일환으로 평가된다.

오바마 정부의 아시아 개입 정책은 3가지 방향에서 나타나고 있다. 첫째는 남중국해에서의 중국과 아세안 간의 영토 분쟁에 적극 대응하여 베트남, 필리핀과의 군사 협력을 확대하고 있다. 둘째 지정학적으로 강대국들의 각축장이 되어온 인도지나 반도에 위치한 메콩 유역국(태국, 캄보디아, 라오스, 베트남 등)과 '메콩하류지역외교장관회의(Lower Mekong Initiative)'를 2009년 이후 매년 개최하여 보건, 환경, 교육 분야 등에 협력을 강화하고 있는데 이는 중국이 2000년 초부터 이 지역에 대규모 지원을 함으로써 쌓아온 영향력을 견제하는 데 목적이 있는 것으로 평가되고 있다. 2011년 11월에 클린턴 장관이 국무장관으로서는 50년 만에 처음으로 미얀마를 방문하여 관계를 개선함으로써 미국의 대중 견제 정책이 한층 탄력을 받게 되었다. 셋째 이 지역에서 새로운 자유무역협정인 TPP(Trans-Pacific Partnership)를 추진하여 경제 분야에서 중국·아세안 자유무역협정(CAFTA)에 대응하고 있다. TPP는 2002년 칠레, 싱가포르, 뉴질랜드의 발의로 시작되어 그 이후에 브루나이, 호주, 말레이시아, 페루, 미국, 베트남 등이 참가함으로써 현재 9개국이 참가하고 있으며, 2015년까지 관세와 비관세 장벽을 철폐하고, 노동, 환경, 투자 등 분야에서의 협력 방안을 논의하고 있다.

G2인 미국과 중국 간에 동남아에서 벌이고 있는 이와 같은 세력 확대 경쟁은 우리에게 남의 집일은 아닐 것이다. 동남아에서의 미·중 간 갈등은 북한 핵문제 등 동북아에서의 안보 문제, 남북한 관계, 그리고 이어도에 대한 중국의 태도 등 우리에게 큰 영향을 미칠 수 있기 때문이다. 따라서 우리는 아세안 국가들이 남중국해 영토 분쟁을 평화롭게 해결해 나가기 위하여 추진하고 있는 새로운 행동 규범이 도출될 수 있도록 가능한 지원을 다해야 할 것이며, 또한 동북아에서 새로운 다자 안보 협력체를 만들어 나가고 한중일 자유무역협정을 성사시키는 데 진력해야 할 것이다. 동북아에서의 이와 같은 지역협력체가 형성되면 이는 미·중 간에 갈등이 발생하더라도 그 영향을 최소화시킬 수 있는 안전판이 되어줄 수 있기 때문이다.

외교 대통령 DJ를 기리며

– 2012년 9월 3일자 광주매일신문 기고문

지난 8월 18일은 김대중 전 대통령께서 서거한 지 3주년이 되는 날이다. 이를 전후하여 국내외에서 그분의 업적을 기리면서 애도하는 다양한 추모 행사가 개최되었다. 국가 부도 위기를 초래한 IMF 외환 위기의 조기 극복, 민주주의와 인권 신장, 그리고 남북 화해 협력 시대를 연 최초의 남북정상회담 개최와 노벨평화상 수상, 생산적 복지 제도 확충, 정보화 시대 개막 등이 주로 김대중 전 대통령의 업적으로 회자되고 있는데 필자는 이에 못지않게 외교 분야에서의 업적도 중요하며, 외교를 가장 잘한 대통령이라고 생각한다. 3주기를 애도하면서 그분의 외교 철학과 업적을 되돌아보고자 한다.

첫째, 김대중 대통령의 기본적인 외교 철학은 실사구시 외교와 균형 외교로 요약될 수 있다. 실사구시 외교는 그의 기본 사상인 '서생적 문제 의식과 상인적 현실 감각'을 구현하는 것으로 국제 정세의 변화를 정확히 읽고, 그 상황 속에서 우리의 현실에 맞는 최선의 국익을 추구하는 것을 의미한다. 균형 외교는 한반도의 지정학적 특수성을 꿰뚫는 지혜이다. 그는 "한국은 4대국 사이에 끼여 있는데 자칫 잘못하면 찢기고 당할 수 있지만, 잘만 하면 색시 하나를 두고 신랑감 넷이 프러포즈를 하게 만들 수 있다. 그것이 외교다."라고 말하였다.

한반도의 지정학적 특수성에 대한 깊은 통찰력을 바탕으로 김대중 전 대통령은 71년 야당인 신민당 대통령 후보로서 당시에는 매우 진취적인 한반도 4대국 보장론을 공약으로 제시하였다.

둘째, 김대중 전 대통령은 집권한 후 그의 외교 철학을 구체화한 '1동맹 3친선체제'를 공고히 함으로써 역사상 최초의 남북정상회담을 성사시키는 데 밑거름이 된 외교 환경을 조성하였다. 미국과의 동맹을 굳건히 하면서 당시 클린턴 미국 대통령을 설득하여 미국의 대북 정책을 햇볕정책의 기조에 따르게 한 것은 DJ 외교의 하이라이트였다. 그레그 및 레이니 전 주한 미국대사는 김대중 전 대통령 재임 때 한미 관계가 가장 좋았고 김대중 전 대통령은 자주적으로 미국을 가장 잘 활용한 대통령이라고 격찬하였다. 일본 대중문화를 개방하고, 일본의 과거 침략에 대한 죄과는 일본의 역사적 양심에 맡기고 미래의 새로운 파트너십 공동선언을 통해 일본과의 미래지향적인 협력 관계를 구축하였다. 중국의 강택민 주석은 김대중 대통령을 '형님'이라고 부를 만큼 존경하면서 햇볕정책을 적극 지지하였고 양국 관계는 동반자 관계로 격상되었다. 대통령이 되기 전에 네 차례나 방문하였고 박사학위를 받은 바 있는 러시아와는 국민의 정부 초기에 외교관 맞추방의 앙금이 있었으나, 99년 5월 러시아 국빈 방문을 계기로 이를 말끔히 해소하였고, 엘친 대통령은 햇볕정책을 흔쾌히 지지하였다.

셋째, 김대중 대통령은 한반도와 동아시아에서의 평화와 번영을 확고히 하기 위해서 동북아 그리고 더 나아가 동아시아에서의 지역 협력 체제 구축이 필요하다는 장기적인 전략을 가지고 있었다. 이러한 원대한 구상을 실현하기 위해 그는 98년 12월 하노이에서 열린 아세안+3(한국, 중국, 일본) 정상회의에서 '동아시아 협력에 관한 비전그룹(EAVG)' 구성을 제안하였고, 2년 후에 싱가폴에서 개최된 동일한 회의에서 '동아시아연구그룹(EASG)'의 창설을 제안하였다. 그리고 2005년 첫 번째 동아시아정상회의가 마침내 개최되었다. 한·중·일 정상회담이 정례화된 것도 그의 제안에 의한 것이었다.

넷째, 김대중 대통령은 반독재, 민주주의와 인권 신장을 위한 투쟁으로 '아시아의 넬슨 만델라'로 불릴 만큼 국제적으로 존경받았다. 그의 민주주의와 인권에 대한 확고한 신념과 국제적인 명성으로 우리 외교의 지평은 민주주의와 인권 신장 분야로 확장되었다. 한 미국의 고위 외교관이 김대중 대통령을 '한국의 국가적 자산(national asset)'이라고 말한 바와 같이 그의 국제 정치 무대에서의 무게와 리더십은 동티모르 독립에 결정적인 역할을 한 바 있다. 1999년 9월 뉴질랜드에서 개최된 APEC정상회의에서 김대중 대통령의 주도적 노력으로 동티모르 유혈 사태가 종식되었다. 클린턴 대통령은 후에 동티모르 대통령이 된 호세 라모스 오르타 당시 동티모르저항운동협의회부의장이 자기에게 감사한다고 말하자 "한국의 김대중 대통령에게 감사하라."라고 했다고 한다.

작년 말 김정일 위원장의 사망으로 북한의 미래가 매우 불확실한 상황이며, 아시아에서의 미중 간 경쟁이 심화되고 있고, 남중국해에서 그리고 한중일간의 영토 문제, 역사 문제 등으로 갈등이 심화되고 있는 등을 감안할 때 그 어느 때보다도 우리는 국제 정세에 밝고 외교에 능한 정치 지도자가 필요한 시기에 살고 있다. 김대중 전 대통령 서거 3주기를 맞아 그분의 외교 철학과 업적을 되새기면서 다가오는 12월 대선에서 외교에 밝은 지도자가 선출되기를 고대해 본다.

차기 오바마 정부는 미국의 전략적 글로벌 리더십을 발휘할 수 있을 것인가?

– 2012년 11월(일자 미상) 광주매일신문 기고문

예측불허의 혼전 속에서 지난 11월 6일에 치러진 미국 대통령 선거가 오바마 대통령의 재선으로 끝났다. 오바마 대통령이 재선됨으로써 지난 4년 동안의 미국 대외 정책의 기조가 지속될 것으로 예상되나, 유럽 경제 위기 속에 지속되고 있는 세계적인 경기 침체 현상, 시리아 사태 등 계속되는 중동정세 불안, 북한과 이란의 핵 문제, 그리고 동아시아에서의 영토 분쟁 등 세계 정세의 불안정과 불확실성을 극복하기 위해서 미국이 전략적 글로벌 리더십을 발휘해 주기를 기대하는 목소리도 높다.

우리는 2차 세계대전 후에 유럽의 재건을 이끈 마셜 정책, 1970년대 초 닉슨 대통령의 대중국 관계 개선 조치 등 세계사의 흐름을 바꾼 미국의 전략적인 글로벌 리더십을 기억하고 있다. 미국의 차기 오바마 정부가 이러한 요구에 부응하여 전략적 글로벌 리더십을 발휘할 수 있을 것인가? 이에 대한 대답은 G2로서 우리 한반도 정세에 결정적 영향을 미치는 미중 관계와 북핵 문제 등 우리 주변 정세와도 직결된 문제이기 때문에 우리 또한 관심이 크다 하겠다. 최근 미국의 저명한 역사학자인 폴 케네디 교수는 미국 차기 정부가 그와 같은 글로벌 리더십을 발휘하기가 어렵다는 견해를 피력한 바 있는데 그 논지는 아래와 같다.

첫째, 미국 외교의 근본적인 성향 중의 하나인 고립주의가 미국민들의 마음에 면면히 이어져 오고 있다는 점이다. 초대 워싱턴 대통령의 "유럽대륙 간의 골치 아픈 다툼에 휘말리는 동맹을 피하라."는 지침에 잘 나타나 있듯이 전통적으로 미국은 세계 문제에 개입하기를 꺼려하였다. 이는 미국의 주변에 안보를 위협하는 세력이 없다는 지정학적인 이유 때문에 건국 초기부터 형성되어 온 전통이었다. 북미 대륙을 보면, 미국이 가장 부강하고 큰 나라이고, 북쪽에는 가장 친밀한 국가인 캐나다가 있고, 남쪽에는 멕시코가 있다. 멕시코는 19세기 중반 미국과의 전쟁에서 패한 후 미국의 안보를 위협하는 세력이 된 적이 없었다.

둘째, 미국 헌법은 외교에 대한 권한을 대통령과 의회에 나눠주었다. 예를 들면 미국상원은 미국의 대외 정책에 관여할 수 있는 권한이 있으며, 전쟁 선포권도 의회에 주어져 있다. 이러한 특이한 헌법적 구조 때문에 대통령이 주도권을 가지고 세계 문제에 리더십을 발휘하기기 어려운 실정이다. 미국이 진주만 공격을 당한 이후에야 2차 세계대전에 참가하게 된 것도 바로 미 국민들의 고립주의 전통과 헌법적 구조 때문이었다. 루즈벨트 대통령은 일본의 무모한 진주만 공격으로 조성된 압도적인 참전 여론을 적극 활용하여 참전을 결정하게 되었다.

셋째, 미국 사회의 극단적인 분열이다. 1% 대 99% 논쟁에서 보는 바와 같이 현재의 미국 사회는 소득 수준, 이념, 계층 등에 따른 양극화가 극심한 형편이다. 이번 선거에서 공화당의 롬니 후보와 민주당의 오바마 후보 간에 거의 비슷한 득표율을 보인 것은 이를 극명하게 보여주고 있다. 정치권에서 공화당과 민주당 간의 극심한 이념, 정책 차이로 과거에 자주 볼 수 있었던 여야 합의, 크로스보팅의 전통이 퇴색하고 사사건건 대립하고 있는 실정이다. 더구나 집권당인 민주당이 하원에서 소수당으로 대통령의 정책 방향이 자주 제동이 걸리고 있는 현실을 감안할 때 대외 정책의 권한을 나눠가지고 있는 의회의 다수당인 공화당이 반대파인 오바마 대통령이 전략적 글로벌 리더십을 발휘하도록 지원할 가능성은 무척 낮다고 하겠다.

이를 감안하여 미 차기 정부의 대아시아 정책과 대북 정책을 생각해 보면서 우리가 어떻게 해야 할 것인가를 살펴보자. 대아시아 정책의 핵심은 대중국 정책인데 오바마는 취임 초기 중국과 전략적 동반자 관계를 갖겠다고 했으나, 이번 선거 기간 중에는 "중국이 국제 규범에 맞는 페어플레이를 하도록 압박할 것"이라고 말한 바 있다. 이는 중국에 대한 부정적 여론을 반영한 포퓰리즘에 영합하는 발언으로 중국과의 관계에 부정적 영향을 미칠 가능성이 있다고 하겠다. 또한 동아시아에서의 영토 분쟁 등으로 충돌할 요인도 있으나, 정치, 경제 등 모든 면에서 서로의 협력이 필요한 상황이기 때문에 지금까지와 같이 협력과 경쟁을 반복하게 될 것으로 예상된다. 대북한 관계는 이번 선거 과정에서 거의 이슈가 되지 못하였으며, 다른 돌발 변수가 없는 한 '대화와 압박'으로 요약되는 전반기의 대북 정책이 지속될 것으로 예측되고 있다.

마침 이달에 미국의 대선과 함께 중국의 지도자 교체가 이뤄지고, 다음 달에는 우리가 대통령 선거를 치루게 된다. 우리가 선출하는 새로운 대통령이 변화하는 주변 정세에 능동적으로 대응하는 지혜를 발휘할 수 있기를 기대해 본다.

남북관계의 주도권을 생각한다

– 2012년 12월 21일자 광주매일신문 기고문

2000년 12월 노벨상위원회는 김대중 전 대통령에게 노벨평화상을 수여하면서 그 이유로 수십 년 동안 민주주의와 인권을 위해 기울인 노력과 함께 "북한과의 적대관계를 청산하고, 화해 협력을 통해 냉전의 잔재를 제거하고 평화를 만들기 위해 기울인 노력"을 들었다. 노벨평화상이 인정한 바와 같이 김대중 전 대통령은 남북 관계를 '반목과 대립'에서 '화해와 협력'으로 근본적으로 변화시키는 데 주도적인 역할을 하였다. 이를 위해 그는 two track approach를 취하였다.

첫째는 얼어붙은 남북 관계를 해동시키기 위해 취임사에서 북한과 화해 협력을 적극 추진해 나가겠다고 선언하고 다양한 채널을 통해 대화를 가진 결과, 2000년 6월 역사상 최초의 남북정상회담을 개최하였다. 철도와 도로연결, 개성공단 건설, 금강산 관광, 이산가족 상봉 등 화해 협력 시대가 활짝 열려 국민의 정부 기간에 남북 당국 간 총 240회의 대화와 협상이 개최되었고, 식량, 비료, 의약품 등 연 평균 2억 4천만 달러(국민 1인당 5천원/년) 상당의 인도적 지원이 제공되었다.

둘째는 주변 강대국들이 우리의 대북 화해 협력 정책을 적극 지지하도록 하는 전방위 외교 노력을 경주하였다. 먼저 미국과 일본을 설득하여 이들로 하여금 북한과의 관계를 개선토록 하는 한반도 평화 프로세스를 주도하였다. 1998년 6월 미국을 국빈 방문한 김대중 대통령과의 정상회담에서 클린턴 대통령은 김대중 대통령의 대북 화해 협력 정책에 적극 찬동하면서 "김 대통령의 비중과 경륜으로 볼 때 이제 한반도 문제는 김 대통령이 주도해 주기 바란다."라며 "김 대통령이 핸들을 잡아 운전하고 나는 옆자리로 옮겨 보조적 역할을 하겠다,"라고 말했다. 이를 계기로 우리가 마련한 '한반도 냉전구도 해체를 위한 포괄적 접근 전략'을 기초로 페리보고서가 작성됨으로써 한미일 정책 공조가 이루어지게 되었고, 중국과 러시아의 지지도 이끌어 내게 되었다. 1998년 11월 북경에서 개최된 한중정상회담에서 장쩌민 주석은 "북한에 불어오는 바람이 차가운 바람이라면 외투를 벗지 않고 옷을 더욱 여미게 될 것이다."라고 하면서 우리의 대북 정책에 적극 지지를 표명하였다. 역사상 처음으로 우리 주도로 주변 강대국의 적극적인 지원을 얻어 남북관계를 풀어 나가게 되었다.

지난 12월 13일 북한의 장거리 미사일 발사가 성공하고 핵실험의 가능성도 제기되는 등 한반도 정세가 매우 어려운 상황이다. 또한 내년 초에 우리 주변 정세에 지대한 영향을 미치고 있는 미국에는 제2기 오바마 정부가 출범하게 되고 중국에서는 시진핑 시대가 펼쳐지게 된다. 일본에도 보수파인 아베 전 수상이 이끄는 자민당 신정부가 들어서게 되었다. 이와 같이 경색된 남북 관계와 우리 주변의 국제 정세가 어려운 상황임을 감안할 때 박근혜 대통령 당선자가 이끄는 우리의 새 정부는 그 어느 때보다도 주도적으로 대북 정책을 펴 나가야할 필요성이 높은 시기에 출범하게 된다. 박근혜 대통령당선자가 남북 관계 정상화를 위하여 제시한 개성공단 국제화, 지하자원 남북공동개발, 북한 영유아 사업 우선 지원, 라진·선봉 등 북한 경제특구 진출 모색 등 '한반도 신뢰 프로세스'가 우리가 주도적으로 남북 관계에 꼬인 매듭을 풀어 나갈 수 있는 좋은 방안이 될 것으로 기대한다.

북한의 3차 핵실험이 제기하는 문제들

– 2013년 2월 25일자 광주매일신문 기고문

지난 2월 12일 북한은 국제사회의 강력한 반대와 경고에도 불구하고 제3차 핵실험을 강행하였고, 소량화, 경량화에 성공하였다고 발표하였다. 이번 핵실험은 이례적으로 그 전날 중국, 미국, 러시아에 사전에 통보되었다. 북한은 히로시마와 나가사키에 투하된 원폭으로 2차대전이 끝나고, 1949년 소련의 핵무기 개발, 1964년 중국의 핵실험 성공을 보면서 핵무기의 위력을 일찍이 깨달고, 끈질기게 핵개발을 추진해 왔는데, 1953년 소련과 원자력의 평화적 이용에 관한 협정체결로 핵개발에 착수한 지 60년 만에 3번째 핵실험에 성공한 것이다. 북한의 주장이 사실이라면 이는 핵 무기화 단계에 근접했다는 의미로 기술적인 핵보유국이 된 것으로 평가되고 있다. 또한 북한의 핵개발 목적이 협상용이 아니라 주권과 자주, 그리고 체제 안전을 보장받는 수단이라는 사실이 명백해졌다고 하겠다. 이번 3차 핵실험과 관련하여 우리는 세 가지 점에 주목할 필요가 있다고 생각된다.

첫째는 과연 북한의 금번 핵실험이 고농축 우라늄을 사용한 것이냐 하는 점이다. 이는 과거 2번의 핵실험이 플루토늄에 의한 것으로 제한적인 반면 고농축 우라늄을 사용한 핵실험은 앞으로 북한이 소형화, 경량화한 핵무기를 양산할 수 있다는 점을 시사해 주기 때문에 이를 둘러싸고 많은 논란이 제기 되고 있다. 전문가들은 북한이 고농축 우라늄을 사용했는지 여부는 폭발로 발생한 가스 분석을 통해 추정해 볼 수는 있으나 가스 채집 문제 등으로 가까운 시일 내에 이를 확인하기는 불가능할 것으로 예측되고 있다.

둘째는 기술적으로 핵보유국이 되는 길에 성큼 다가선 북한을 앞으로 어떻게 다룰 것이냐 하는 문제이다. 1993년 국제원자력기구가 폐연로봉에서 플루토늄을 추출한 흔적을 발견함으로써 처음 제기된 북한 핵문제와 관련하여 북한이 핵무기를 보유하는 상황을 막아야 한다는 데는 이견이 없었으나, 이를 어떻게 실현하느냐 하는 방법론에 있어서 협상론과 제재론 간에 대립되어 왔고, 그동안 미국을 필두로 한 국제사회는 대화와 제제를 반복하여 왔다. 즉 북미직접대화, 6자회담 등 국제적인 프로세스를 통하여 제네바합의, 9.19 합의 등 대화를 통한 해결책을 모색하였으나, 북한이 미사일, 핵실험을 지속적으로 감행함으로써 미국, 유엔 등을 통한 제제가 반복적으로 시행되어 왔다. 금번 핵실험으로 강력한 추가 제제 조치가 취해질 것으로 예상되고 있으나 이러한 추가적인 경제 제제로 북한 핵 문제를 해결할 수 있는지 여부에 대하여는 과거의 경험에 비추어 볼 때 의문이 제기되고 있다. 특히 중국이 국제적인 제재 조치에도 불구하고 북한 경제에 필수적인 에너지, 식량을 제공해 왔기 때문에 대북 경제 제제가 효과를 거두지 못하였다. 이와 같이 그동안 실효적으로 북한의 핵개발을 막지 못한 상황에서 미국의 핵과학자로서 2010년에 북한을 방문하여 농축 우라늄 프로그램을 최초로 직접 목격한 시그프리드 헤커 박사의 3 No(No more bomb, No better bomb, No export) 제안이 관심을 끌고 있다. 요약하면 이 정책은 북한이 더 좋은 핵무기를 더 많이 생산하고, 또 이를 수출하는 상황을 막자는 것이다. 중장기적으로는 북한이 핵무기를 보유하지 못하게 하는 데 목적을 두되 단기적인 방안으로 취할 수 있는 현실적인 대안 중 하나라는 평가를 받고 있다.

셋째는 이번 북한의 3차 핵실험이 과거 중국의 대북 정책 변화를 가져올 수 있을 것인가 하는 점이다. 중국은 북한의 핵개발을 반대하면서도 자신과 북한을 순치관계脣齒關係로 여기면서 북한의 붕괴를 막는 데 최우선 목표를 두고 있기 때문에 국제적인 제재에도 불구하고 에너지, 식량 등을 지속적으로 지원하여 왔다. 중국이 종전처럼 강력한 대북 제재에는 반대할 것으로 예상되고 있으나, 이번 북한 핵실험에 대한 부정적인 중국 국내 여론 그리고 미국과 일본 등 동북아의 주요 국가들의 군사력 증강 움직임 등 마냥 북한편만 들 수 없는 상황이 전개되고 있어 중국 정부의 결정이 주목되고 있다. 특히 오바마 행정부 등장 이후 '아시아로의 회귀(Pivot to Asia)'를 기치로 아시아에 군비 증강과 군사 협력을 강화해온 미국은 이번 북한 핵실험에 대응하여 미사일 방어체제 강화를 들고 나오고 있고, 일본 또한 군사 협력 강화를 공언하고 있다. 북한의 핵실험이 주변 강대국들의 군사력 증강에 구실이 되고 있는 형국으로 이는 결국 중국의 안보에도 부담이 될 것이다.

북한의 3차 핵실험으로 오는 2월 25일 출범하는 박근혜 정부의 대북 정책인 '한반도 신뢰 프로세스'가 중대한 시험대에 서게 되었다. 북핵 문제는 남북 간의 문제일 뿐만 아니라 국제적인 문제이기 때문에 국제적인 추가 제재조치에 적극 동참해야 할 것이다. 그러나 이로 인하여 그렇지 않아도 경색된 남북 관계가 더욱 더 얼어붙을 것인데 이러한 상황을 무한정 방치할 수도 없을 것으로 생각된다. 따라서 새 정부가 이를 타개할 돌파구를 마련하는 솔로몬의 지혜를 발휘해 주기를 기대한다.

최근 북한의 핵 공격 위협에 대한 평가

– 2013년 4월 8일자 광주매일신문 기고문

지난 3월 8일자 북한 노동신문은 "이미 타격 목표를 확정한 대륙 간 탄도미사일을 비롯한 각종 미사일들이 핵탄두들을 장착하고 대기 상태에 있다."라고 주장하면서 우리와 미국에 대한 핵무기 공격을 위협하였다. 이후에도 판문점 통신선을 차단하고, 정전 협정과 남북 불가침 선언을 전면 무효화한다고 발표하고, 김정은 제1비서의 일선 전투 부대 시찰 등 우리에 대한 도발위협을 대대적으로 보도하고 있다. 3월 29일에는 전략미사일부대에 사격 대기 명령이 하달되었다고 발표하였다. 지난 2월 12일 북한의 3차 핵실험에 대해 UN이 더욱더 강력한 제제 조치를 취하고, 한미연합군 간의 키리졸브 훈련 그리고 스텔스 전략폭격기 B-52의 한반도 전개와 폭격 훈련 등 우리 측도 북한의 도발 위협에 강력히 대응하고 있는데 북한이 왜 이와 같이 무모하고 도발적인 위협을 거듭하고 있는 것일까? 전문가들의 분석은 3가지로 요약된다.

첫째, 선대 김정일 위원장의 '선군정치' 통치 이념을 이어 받은 김정은이 취약한 통치 기반을 강화하기 위하여 군내 강경파의 주장을 따르고 있다는 분석이다. 일부 언론 보도에 의하면 북한 내부에 3차 핵실험을 둘러싸고 강온파 간 의견 대립이 있었다고 하며, 김정은은 군내 강경파의 손을 들어 3차 핵실험을 감행하였고, 이어서 우리와 미국에 대한 핵공격 위협 등 도발적인 선동을 감행하고 있다는 것이다.

둘째, 대내 결속용이라는 주장이다. 최근 미국의 한반도 전문가는 한 기고문에서 북한이 3차 핵 실험을 감행하고, 이어서 대외적인 군사 위협 수위를 높이고 있는 이유는 고질적인 빈곤과 대중국 의존도 심화 등으로 인해 주민들에게 먹혀들지 않고 있는 주체사상을 강화하기 위해서라고 주장하였다. 그는 90년대 초 냉전 종식과 극심한 식량난으로 인해 북한 주민들 간에 자주·자립을 근간으로 하는 주체사상에 대한 믿음이 엷어지고 있는 데 더하여 에너지의 90%, 소비재의 80%, 식량의 45%(2011년)를 중국에 의존하는 등 대중국 경제 의존도가 심화된 상황에서 중국이 동북공정을 통해 옛 고구려를 중국 역사로 편입하려는 주장을 펴고 있어 주체사상의 근간이 흔들리고 있기 때문에 북한이 대내 결속용으로 핵카드를 사용하고 있다고 평가한다. 주체사상은 북한 주민이 북한 정권을 지지하는 사상적 기반이기 때문에 북한국민들이 이에 대한 믿음을 잃게 되면 정권의 정통성을 잃어버리게 되는 결과를 초래하게 됨으로 주체사상에 대한 믿음을 유지하는 일은 북한 정권에 가장 중요한 과제로 평가된다.

셋째, 우리와 미국, UN 등으로 하여금 제제를 완화하고 경제 지원을 재개토록 하기 위한 대화용이라는 분석이다. 과거 북한은 핵실험 등 도발을 감행한 후 대화 국면으로의 전환을 통해 제제를 완화하고 경제 지원을 획득하였다. 북한 핵 위기가 처음으로 제기된 1990년대 초에 북한은 전쟁 위협을 고조시키면서도 카터 전 미국 대통령의 방북을 통해 미국과 직접 대화를 갖는데 성공하고, 극적으로 제네바 합의를 이끌어 냈다. 또한 2006년 1차 핵실험 이후 2.13 합의를 통해 9.19 공동성명이행을 위한 초기 조치에 합의하였다. 이와 같은 북한의 과거 행적으로 볼 때 북한이 이번에도 3차 핵실험을 감행하고, 핵위협을 가함으로써 다시 대화 국면을 조성하여 국제적인 제재 조치를 완화하고 경제 지원을 받으려 한다는 주장이다.

오바마 정부는 지난 4년 동안 '전략적 인내 정책'을 펴면서 북한이 약속을 이행하지 않는 한 대화하지 않겠다는 입장을 고수하여 왔고, 북한의 3차 핵실험 이후 북한 장거리 미사일을 요격할 수 있는 지상발사요격미사일(GBI) 14기를 미 서부해안에 추가 배치한다고 발표하는 등 강경한 입장을 견지하고 있으나, 다른 한편으로는 대북한 정책이 큰 틀에서 변화의 조짐을 보이고 있다. 북한이 핵보유국의 지위를 주장하고, 미국 내 여론이 한반도 비핵화보다는 북한의 제3국으로의 핵수출 저지에 더 많은 관심을 표명하면서 오바마 정부의 대북 정책에 대한 비판이 커지고 있기 때문이다. 이와 함께 북핵 문제에 있어서 중국의 역할이 커지고 있는 형국임을 감안할 때 우리가 무엇을 하여야 할 것인지 복합적이고 진지한 고민과 대책이 필요한 시점이다. 때마침 우리 정부가 북한의 도발과 위협에는 강력히 대응하면서도 비핵화 프로세스와 남북 협력을 상호 보완적으로 추구하면서 대북 압박과 대화를 투트랙으로 추진하겠다는 입장을 표명한 것은 적절한 것으로 평가된다. 이를 계기로 한반도 평화 체제 확립 등 보다 더 포괄적인 대북 정책이 구체화되기를 기대한다.

아세안을 우리 경제의 돌파구로 삼자

- 2013년 4월 23일자 광주매일신문 기고문

요즈음 우리 경제가 아주 어려운 상태이다. 기업은 기업하기 힘들다고 하소연하고, 일반 국민은 소득은 줄고 물가는 올라 살기 힘들다고 하소연하고 있다. 특히 중소기업이 힘들어 하고, 청년 실업은 갈수록 심각한 상황이다. 지난 4월 10일 통계청이 발표한 '3월 고용 동향'에 따르면 청년 실업률이 8.6%로 작년 동월보다 0.3% 높아졌다. 금년도 정부의 경제 성장율 예측치가 2%대에 머물고 있고 세계 경제도 좀처럼 좋아질 조짐을 보이지 않고 있어 가까운 시일 내 우리 경제가 나아질 것 같지 않으며, 청년 실업 또한 개선될 여지가 없어 보인다. 국내에서는 탈출구를 찾기가 쉽지 않아 보이면서, 해외로 눈을 돌리고 있는데, 그중에도 새로이 부상하고 있는 아세안은 우리 경제의 돌파구가 되기에 충분한 잠재력을 가지고 있는 것으로 평가되고 있다. 인도네시아, 태국, 말레이시아, 싱가폴, 브루나이, 필리핀, 베트남, 캄보디아, 미얀마, 라오스 등 동남아 10개국을 회원국으로 하는 아세안(동남아시아국가연합)은 2015년 경제공동체 형성을 목표로 경제통합을 이뤄가고 있는데 이렇게 되면 역내 무역 자유화 등 일정 분야에 있어서는 EU와 같이 통합된 시장을 형성하게 된다.

우리에게 아세안이 주는 경제적 매력을 살펴보면, 첫째, 유로존 경제 위기의 영향으로 세계적인 경기 불황이 계속되고 있는데 비해 아세안은 2012년 5.3%(추정치)의 견실한 성장을 이룩하였고, 금년도에는 이보다 높은 5.5%(ADB 전망치)의 성장 예측 등 경제가 견실한 성장을 지속할 것으로 예상되고 있다. 2012년에 무디스가 아세안의 최대 경제인 인도네시아의 신용등급을 아시아 외환 위기 이후 최초로 투자 적격 등급으로 상향 조정한 것은 아세안 경제가 얼마나 좋아지고 있는지를 잘 보여주고 있다.

둘째, 글로벌 기업들의 아세안에 대한 투자가 집중되고 있다. 2011년에 아세안으로 유입된 외국인 직접 투자(FDI)는 전년 대비 25.7%가 증가된 1,165억불에 이르렀다. 아세안이 포스트 차이나 생산 기지로, 또한 소비시장으로 부상하고 있기 때문이다. 최근 모 경제연구소가 발표한 자료에 따르면, 아세안 임금 수준은 중국 임금의 20-60% 수준(2015년)이고, 2020년에는 중산층이 1억 명, 도시 인구가 3억 명에 이를 것으로 예측하고 있다.

셋째, 아세안은 이미 중국에 이어 우리의 2대 교역국이자 최대 투자 대상국이 되는 등 나날이 우리 경제에 있어서 그 중요성이 증가하고 있다. 아세안의 수출 비중은 2010년 11%, 2011년 13%, 2012년 14% 등 매년 증가하고 있고, 무역 흑자도 증가하고 있다. 아세안에 대한 우리 기업의 직접 투자규모가 2010년부터 중국에 대한 직접 투자 규모를 상회하여 우리의 최대 투자 대상이 되었다.

이미 아세안 지역에는 많은 우리 기업이 진출해 있고, 400만이 넘는 우리 국민들이 매년 아세안 지역을 방문하고 있으나, 아직도 어려운 여건에 처한 우리 중소기업과 청년들에게 희망을 줄 수 있는 큰 잠재력을 가지고 있다. 이를 잘 활용하려면 우선 아세안 경제의 2중적 구조를 파악하여 적절한 대상 국가와 분야를 선택해야 할 것이다. 아세안은 이미 상당한 수준의 경제 발전을 이룬 선발 신흥국과 뒤 늦게 개혁 개방 정책을 채택한 후발 신흥국으로 나누어지며, 각기 다른 경제적 특성을 가지고 있다.

인도네시아, 태국, 말레이시아, 필리핀 등 선발 신흥국은 상대적으로 성장성이 낮고, 임금이 높아 생산기지로서의 매력은 상실되었으나, 중산층과 젊은 층의 증가로 인해 잠재력이 큰 내수시장을 가지고 있다. 우리로서는 특히 이들 지역에서 인기 높은 한류를 활용해 중산층과 젊은 층의 소비 트렌드 변화를 읽어 시장을 발굴하면 좋은 결과를 얻을 수 있을 것이다. 인도네시아에는 이미 더페이스샵, 스킨푸드 등 우리 화장품의 인기가 매우 높고, 뚜레주르, 카페베네 등이 판매망을 확대하고 있다.

베트남, 캄보디아, 미얀마, 라오스 등 후발 신흥국은 낮은 임금으로 중국을 대체하는 생산기지로서, 또한 인구 3억의 시장으로서 새롭게 각광 받고 있는 지역이다. 이들 개도국에 진출하는데 있어서 가장 중요한 점은 다른 사람과 다르게 하고, 대상 국가의 발전 단계를 감안하되 우리의 개발 과정에서 얻은 경험을 적용하라는 점일 것이다. 가장 좋은 예가 개척적인 우리 기업인이 라오스에 세운 '코라오 그룹'이다. 이 그룹은 라오스에 자동차와 오토바이 제조공장을 가지지 않고도 독자적인 브랜드와 판매망을 갖추고 라오스 자동차 시장의 약 40%를 차지하는 라오스 최대 기업으로 성장하였고, 작년에는 해외 한상 기업 중 최초로 코스닥에 상장하였다. 중고 자동차를 수입하여 분해하고 재조립하는 창조적인 방법으로 현지 시장에 맞는 값싼 자동차와 오토바이를 생산함으로써 동남아 자동차 시장의 절대 강자인 일본이 라오스에서만은 맥을 못추게 만들고 있다. 새로운 활로를 모색하는 우리의 중소기업과 젊은이들이 넓게 열려있는 아세안 시장에서 자기에 맞는 분야를 개척해 나가는 용기를 가져 보도록 적극 권유한다.

60주년을 맞는 한미동맹

- 2013년 5월 17일자 광주매일신문 기고문

"자유는 공짜가 아니다(Freedom is no free)."

필자가 주휴스턴 총영사로 근무하던 2003년 가을에 제막식에 참석하였던 텍사스 한국전 참전 기념비에 새겨진 글이다. 워싱턴에 있는 한국전쟁 참전자 기념공원에도 같은 문구가 적혀 있다. 한미동맹은 한국전쟁에 참가하여 54,246명의 값진 목숨을 잃은 미국이 소련 공산주의의 팽창에 맞서 자유세계의 최일선에 있던 우리나라와 맺은 군사동맹이었고, 지난 60년 동안 우리의 국가안보와 번영을 담보해 주는 보류 역할을 수행하여 왔다. 한미동맹 60주년을 맞아 한국전을 전후한 미국의 대한반도 정책 변화와 한미동맹의 미래를 조망해 보고자 한다.

한반도에 단일 정부 수립 노력이 수포로 돌아가자 1948년 남북한은 각기 단독정부를 세웠고, 이에 따라 미군과 소련은 각각 남한과 북한에 주둔하던 자국 군대를 1949년 말까지 철수시키기로 하였다. 그러나 소련은 막대한 무기 지원과 더불어 군사고문단 명목으로 2,000여 명의 소련군을 북한에 남긴 반면, 미국은 100여 명의 고문단만 남긴 채 모두 남한을 떠났다. 설상가상으로 미국은 1950년 2월 '애치슨 선언'을 통해 미국의 극동 방위선을 "알류산열도, 일본, 오키나와, 필리핀을 잇는 선으로 정하며 한국을 제외시킨다."라고 발표하였다. 당시 소련은 미국의 개입 가능성 때문에 김일성의 끈질긴 남침 지원 요청을 거절하였는데 마침 미국이 애치슨선언을 발표하자 이에 찬성하였다. 1950년 6월 북한이 남침을 감행하자 미국은 신속히 참전을 결정하였다. 1949년 남한의 전략적 가치를 낮게 평가하여 사실상 전원 철군을 단행한 미국이 철군한 지 채 1년도 되지 않아 발발한 한국전에 왜 그렇게 신속히 참전하게 되었을까? 이에 대하여 트루만 대통령은 자서전에서 다음과 같이 언급하고 있다.

"한국전 발발 보고를 받고 1930년대 발생했던 3개의 사건이 떠올랐다. 1931-32년 만주사변, 1935년 이태리의 이디오피아 침공, 그리고 1938년 독일의 오스트리아 점령이었다. 한국이 무너지게 놓아두면 공산주의자들은 기고만장해져 다른 국가들을 침략할 것이고, 약소국들은 저항도 못한 채 쓰러질 것이다. 이는 결국 3차 세계대전을 부르지 않겠는가."

이를 보면 트루먼의 주요 관심이 한국의 방어보다는 소련 같은 큰 독재 공산국가가 한국같이 작은 나라를 밟고 세력을 팽창시키는 상황을 막는 데 있었음을 쉽게 알 수 있다. 이렇게 한국전에 뛰어든 미국은 3년 동안 한반도에서 전쟁을 치르게 되었고, 1953년 8월 휴전을 성사시킨 후에 우리나라와 상호방위조약을 맺게 되었다. 이를 바탕으로 한반도의 평화와 안정을 확보함으로써 우리나라는 눈부신 경제 발전과 민주화를 이룩하였고, 2011년에는 한미자유무역협정 발효를 통해 한미동맹이 경제 영역으로 확대되었다.

이와 같이 확대 발전되어온 한미동맹의 미래는 어찌 될 것인가? 먼저 미국의 한반도 정책을 결정하는 3가지 주요 요소를 살펴볼 필요가 있다. 첫째는 미국의 한반도 정책은 언제나 미국의 세계 전략이라는 큰 테두리 내에서 결정된다는 점이다. 이러한 미국의 입장은 한반도 정세를 우선하는 우리의 입장과 마찰을 일으킬 소지가 있다. 1970년대 초 미국 닉슨 정부는 소련과 데탕트를 추진하고 중국과의 관계 정상화를 위한 닉슨 독트린을 발표하면서 주한 미군 2만 명을 일방적으로 감축한다고 발표함으로써 우리 정부와 심한 마찰을 일으켰다. 강대국인 미국과 그에 비해 소국인 우리와의 관계에서 미국이 우리나라와의 동맹을 세계 전략의 일환으로 보는 것은 양국 관계에서 우리가 처한 구조적인 현실이라 하겠다.

두 번째 요소는 미국의 국내 정치 환경이다. 미국은 외교 문제에 대한 권한이 행정부와 의회 간에 폭넓게 분산되어 있어 미국의 국내 정치 환경이 외교 정책을 크게 좌우해 왔다. 클린턴 정부는 대북한 화해 협력 정책을 적극 전개하여 올브라이트 국무장관이 평양을 방문하고, 북한의 조명록 차수가 워싱턴을 방문하는 등 적극적인 대북한 개입 정책을 전개하였다. 그러나 후임인 부시 정부는 북한을 악의 축, 불량국가로 부르며 압박 정책을 가함으로써 그전 정부와는 정반대의 대북 정책을 전개하였다. 이와 같이 미국의 국내정치 환경의 변화는 미국의 대한반도 정책에 지대한 영향을 미친다.

셋째는 우리나라에 대한 미국의 가치 평가이다. 한국전 이전에 미국은 우리를 전략적 가치도 없고, 경제적 가치도 없는 것으로 평가하였다. 그러나 우리가 눈부신 경제 발전을 이루고 민주화를 달성함으로써 국제적 위상이 크게 높아졌고, 또한 눈부신 경제 발전으로 국제적 영향력이 크게 상승한 중국과 미국 간에 아시아에서의 주도권 경쟁이 심화됨에 따라 우리의 전략적, 경제적 가치가 매우 높아진 상황이다. 이를 반영하여 지난 5월 7일 박근혜 대통령이 워싱턴을 방문하여 오바마 미 대통령과 정상회담을 갖고 발표한 '한미동맹 60주년 기념 공동선언'에서 "한미동맹이 아시아, 태평양 지역의 평화와 안정의 핵심 축(linchpin)으로 기능하고 21세기 새로운 안보 도전에 대응할 수 있도록 동맹을 계속 강화시키고 조정해 나갈 것이다."라고 선언하고 있다. 또한 동 선언에서 양국은 한미동맹이 1953년 한미 상호방위조약에 기초하여 정치, 경제, 문화, 인적 교류 분야에서의 폭넓은 협력을 바탕으로 포괄적 전략 동맹으로 진화해 왔고, 글로벌 파트너십으로 거듭나고 있다고 선언하였다. 한미동맹이 한반도의 평화와 번영을 넘어 세계 무대에서 미국과 협력을 하는 단계로 격상되고 있는 것이다. 60년 전을 회고해 볼 때 우리 입장에서 상전벽해의 변화를 실감하면서 한미 양국 국민이 상호 유익한 한미 동맹 관계 발전을 위해 힘을 모아 나가기를 고대한다.

미중 정상회담과 한중 정상회담

– 2013년 6월 25일자 광주매일신문 기고문

지난 6월 7일 중국의 시진핑 주석은 취임 후 처음으로 미국을 방문, 캘리포니아에서 오바마 미국 대통령과 이틀에 걸쳐 첫 정상회담을 가졌다. 그리고 오는 6월 말에는 박근혜 대통령이 취임 후 처음으로 중국을 방문하여 시진핑 주석과 정상회담을 가질 예정이다. 이 두 정상회담은 지난달에 개최된 한미정상회담과 함께 향후 4-5년간의 한반도 정세를 가름하는 중요한 전기가 될 것이며, 특히 초미의 관심사가 되고 있는 북한 핵문제에 관하여 국제적인 대처 방안이 마련될 것임으로 이 문제에 관한 논의 동향을 살펴보는 것은 의미가 크다고 하겠다.

먼저 지난 5월 7일 워싱턴에서 개최된 한미 정상회담에서 양국은 '한미동맹 60주년 기념 공동선언' 발표를 통해 "한미 양국은 북한의 평화로운 비핵화를 달성하기 위한 확고한 의지를 갖고 있으며, 6자회담 참가국들 및 국제사회와 함께 북한이 국제적 의무와 약속을 이행하도록 노력해 나가고 있다."라고 선언하였다. 북한의 비핵화 원칙을 재확인하면서 이를 성취하기 위하여 6자회담 참가국을 포함한 국제사회와 공동 대처해 나가겠다는 의지를 확인한 것이다. 북한 비핵화를 위한 국제사회와 공동 대처 노력에서 가장 중요한 역할을 할 수 있는 국가는 중국이며 이러한 이유로 이번 미중 정상회담에서 북한 핵문제가 가장 중요한 의제로 다뤄졌다. 6월 8일 미중 정상회담 이후 톰 도닐론 백악관 국가안보보좌관은 브리핑에서 "미중 양국은 한반도 비핵화라는 공동의 목표를 달성하기 위하여 구체적인 조치를 함께 취해나가는 데 절대적으로 동의했다."라고 하면서 "어떤 나라도 북한을 핵보유국으로 인정할 수 없으며 한반도 비핵화를 이루기 위한 협력과 대화를 강화한다는 데 합의했다."라고 발표하였다. 북한이 비핵화에 대한 진정성을 보이지 않는다면, 그리고 북한과의 대화를 하지 않겠다는 미국의 입장을 감안한다면 향후 미북 대화와 6자회담 등을 재개하기 위해서는 중국이 어떻게 북한으로 하여금 미국의 요구를 충족케 할 것인가가 관건이 될 것으로 보인다. 특히 신대국관계를 주창하면서 이번 정상회담을 통해 명실상부한 G2로의 위상을 확립하였다고 주장하는 중국에 북한 비핵화 문제는 그에 걸맞는 역할을 할 수 있는지 여부의 시금석이 될 것이다.

미중 정상회담에서 합의된 한반도 비핵화와 이를 위한 국제사회와의 공동 대처 노력 등을 염두에 두면서 오는 6월 27일 북경에서 개최될 예정인 한중 정상회담에서 북한 비핵화와 관련하여 우리가 중국 측과 합의해야할 것은 다음 3가지가 될 것이다. 첫째는 확고한 북한 비핵화 원칙을 중국 측과 함께 재천명하는 것이다. 미국과 한반도 비핵화를 이미 합의한 중국의 입장을 염두에 두면서 우리 측으로서는 북한의 핵무장이 초래하는 남북한 간의 군사적 비대칭성을 감안할 때 북한 비핵화가 필수적임을 강조할 필요가 있다. 둘째는 북한 비핵화를 실현하기 위한 실천적인 방안을 도출하는 것이다. 그동안 합의와 위반을 반복해온 북한의 믿을 수 없는 행동을 감안할 때 북한이 비핵화를 위한 진정성 있는 조치를 취하도록 하는 중국의 역할을 강조하고 이런 전제에서 6자회담 재개 등 국제사회의 노력을 강화해 나갈 필요가 있다는 점을 강조할 필요가 있다 하겠다. 최근 중국의 책임 있는 고위 당국자가 '중국-북한 관계를 일반 국가 관계로 규정하는' 등을 근거로 중국의 대북한 정책이 근본적으로 변화되었다는 보도가 나오고 있으나, 순치 관계로 여기고 있는 북한의 정세 불안정을 원하지 않는 중국이 북한을 지지하는 정책을 변경했다고 보기는 어렵다. 다만 북한의 3차 핵실험으로 핵보유국의 지위를 주장하는 북한을 마냥 묵인할 수 없는 상황임으로 유엔의 대북 제재안에 신속히 동참하고 금번 미중 정상회담에서도 한반도 비핵화와 북핵 불용 원칙을 강조한 것으로 평가된다. 셋째는 '한반도 신뢰 프로세스'와 '동북아 평화 협력 구상'에 대한 중국의 지지를 확보하는 일이다. 중국은 한반도의 평화와 안정을 유지하는 것을 가장 중요시하고 있기 때문에 남북한 간의 교류협력을 지지하는 입장이다. 지난 6월 6일 북한이 당국회담을 갑자기 제의한 것도 최룡해 특사의 방중 시에 중국의 입장을 확인하고 더이상 도발과 대화단절을 지속할 수 없다는 판단에서 나온 결정으로 보인다. 따라서 한반도 신뢰 프로세스가 우리와 북한 간의 대화를 통해 신뢰를 쌓아가면서 교류 협력을 확대하고 궁극적으로 평화 통일을 추구하는 합리적인 방안임을 중국 측에 확신시켜 이에 대한 적극적지지 입장을 밝히도록 해야 할 것이다.

향후 우리 주변 한반도의 평화와 안정을 유지해 나가는 데 있어서 금번 한중 정상회담은 매우 중요하다. 지난 5월 한미 정상회담의 성공적 개최에 이어서 금번 한중 정상회담을 성공적으로 개최함으로써 우리 신정부의 신뢰외교가 탄탄대로의 길로 들어서게 되길 기대한다.

‘아랍의 봄’ 그리고 광주

– 2013년 8월 6일자 광주매일신문 기고문

2010년 말 튀니지의 ‘재스민 혁명’을 시작으로 아랍에 불어닥친 거센 봄의 폭풍은 30년 철권통치의 이집트 무바라크 대통령과 42년 최장수 독재정권이었던 리비아의 카다피 정권을 일순간에 붕괴시키는 등 아랍권에 민주화의 봄을 활짝 열었다. 그러나 최근 이 지역에 거센 역풍이 휘몰아치고 있다. 지난 7월 3일 무함마드 무르시 대통령이 군부 쿠데타로 축출된 이집트에서는 7월 27일 200여 명이 사망하고 수천 명이 부상당하는 대규모 유혈 사태가 발생되어 이집트 정국은 한치 앞을 내다볼 수 없는 상황이며, 리비아와 튀니지에서도 극단 이슬람 세력이 기승을 부리면서 정정 불안과 치안 부재 상태가 계속되고 있다. 또한 시리아에서는 2년이 넘는 동안 내전이 계속되고 있어 사망자가 10만을 넘어서고 주변 지역에 난민이 넘쳐나고 있는 실정이다. 아랍의 봄으로 상징되는 아랍권의 민주화가 최근 맞고 있는 좌초의 위기에 과연 탈출구는 없는가?

이에 대한 답으로 세계 최대의 회교국으로서 민주화에 성공한 인도네시아의 사례가 자주 인용되고 있다. 90년대 말 민주화가 시작된 후 인도네시아에서도 인종과 종교간 갈등으로 폭동이 발생되었고, 극단 이슬람 세력이 테러를 감행하여 많은 사상자가 발생하였으나, 민주주의가 착실히 정착되는 가운데 건실한 경제 성장을 이루어 왔다.

인도네시아 민주화 과정의 특징을 살펴보면, 첫째, 1998년 31년간 지속된 수하르토 독재 정권이 무너진 후 실시된 3번의 선거에서 이슬람 극단세력이 아닌 온건세속주의 세력이 다수를 차지함으로써 이슬람 극단주의가 뿌리를 내리지 못하였다. 1999년 민주화 이후 처음 치러진 선거 결과 이슬람을 표방하는 정당 소속으로서 의회간접선거에서 당선된 와히드 대통령은 비록 이슬람 정당 소속이었으나 이슬람 교조주의적인 정책을 추진하지 않고 민주적 절차를 존중하는 제도 개선과 실천에 충실함으로써 인도네시아 민주주의 발전에 공헌한 것으로 평가받고 있다. 이는 무바라크 대통령이 민중 봉기로 축출된 후 처음 실시된 선거에서 당선된 무르시 이집트 대통령이 이슬람 극단주의 정책과 이슬람 세력의 집권을 공고화하는 데 집착한 과정에서 발생된 혼란과 무질서를 빌미로 군부에 의해 축출된 이집트의 최근 사태에 반면교사의 교훈이 된다.

둘째는 유도요노 현 대통령을 비롯하여 의회 등 사회지도층에 군 출신이 다수 포진해 있는 등 군부의 영향력은 아직도 막강하나 군의 정치 개입을 제도적으로 차단하는 데 성공하였다. 민주화 초기에 군과 경찰을 분리하고, 현역 군인의 의회, 당직 보임 제도 폐기 등 군의 정치 개입을 차단하는 조치를 신속히 취하였다. 다만 군의 경제 활동은 계속 허용하는 타협적 조치를 취함으로써 군의 반발을 무마할 수 있었다. 무슬림과 크리스천 간에 폭력사태가 발생하여 수백 명의 사상자와 수십만 명의 난민이 발생하고, 정당의 난립으로 정치적 불안이 심각한 상황도 있었으나, 군부는 선거에 의해 선출된 대통령을 축출하지 않았다.

셋째는 민주화 과정에서 지속적인 경제 성장을 이루어 주민들의 생활 수준이 꾸준히 향상되고 있다. 민주화 초기에는 인도네시아의 민족 구성의 다양성 등으로 인해 민주주의와 경제 성장은 병행 발전될 수 없음으로 어느 한 쪽을 선택해야 한다는 주장이 제기되었으나, 민주주의가 발전되는 과정에서 년 5-6%의 견실한 성장세를 지속함으로써 민주화와 경제 발전이 상호 긍정적으로 상승 작용을 한 것으로 평가되고 있다.

이와 같은 인도네시아의 성공적인 민주주의 발전 과정을 살펴볼 때, 아랍의 봄이 현재 거세게 불어오는 역풍을 헤쳐 나가려면 무엇보다도 먼저 군의 정치 개입을 차단하면서 인종, 종교 등 다양한 정치 세력 간에 서로를 인정하고, 타협, 공존하는 대통합의 협력이 필요하다. 특히 절대 다수를 차지하고 있는 무슬림 세력이 민주주의 제도를 인정하고 타 종교, 인종과의 공존을 추구하는 정책을 지향해야 할 것이다. 이를 위해서는 건강한 시민사회의 힘이 반드시 필요하며, 이는 무슬림 국가인 인도네시아의 민주화 과정에서 여실히 증명되었다. 민주화 초기에 인도네시아 시민사회는 사법부 및 입법부 등 민주주의 국가 제도 발전에 필수적인 기관을 감시하고, 기술적 지원을 제공하는 역할을 수행함으로써 민주주의 제도 정착에 크게 기여하였다. 또한 무슬림 단체와 연결된 학생과 여성단체 그리고 NGO가 투표자 교육, 선거 모니터, 민주주의 교육 과목 개발, 인권 및 다원주의 확대 등에 많은 역할을 하였다. 우리나라 민주화의 성지이며, 민주, 인권, 평화도시인 광주와 이 지역의 시민단체들이 역풍을 맞고 있는 아랍의 봄이 꽃을 피워낼 수 있도록 지원하기 바란다.

3대 권역으로 재편되고 있는 세계 통상질서

– 2013년 8월 26일자 광주매일신문 기고문

최근 세계 통상질서가 거대 경제권이 주도하는 3대 권역으로 재편될 움직임을 보이고 있다. 미국은 아시아 태평양 지역에서 일본 등 역내 12개국이 참여하는 '환태평양 경제 동반자 협정(Trans-Pacific Economic Partnership)'을 추진하고 있고, 유럽에서는 EU와 '환대서양 경제 동반자 협정(Trans-Atlantic Trade and Investment Partnership)' 체결 협상을 진행하고 있다. 한편 중국은 한국, 일본, 아세안 등 아태지역 16개국과 함께 '역내 포괄적 경제동반자협정(Regional Comprehensive Economic Partnership)'을 추진하고 있다. 이들 협상이 모두 타결되면 세계 경제의 약 80%(총 GDP기준)를 차지하게 되어 이 3대 경제블록이 세계 경제를 지배하는 시대가 열리게 되며, 이 경우 우리의 통상 환경에 심대한 영향을 미칠 것임으로 이들 협상의 진행 상황을 주시하면서 우리에 미치는 영향에 미리 대비해야 할 것이다.

먼저 '환태평양 경제 동반자 협정(TPP)'은 2002년부터 칠레, 싱가포르, 뉴질랜드 등에 의해 추진되어온 이 협상에 2010년에 미국이 참가함으로써 탄력을 받게 되었다. 2009년 오바마 대통령이 취임 이후 'America is back'을 선언하면서 공격적으로 추진해오고 있는 아시아 회귀정책(Pivot to Asia)의 일환으로 TPP에 참가하기로 한 것이다. 2012년에는 일본이 참가함으로써 아시아 태평양 지역에 거대 경제블록의 탄생을 예고하고 있다. 당초 2013년 말까지 타결을 목표로 협상에 속도를 내고 있으나, 선진국과 개도국이 함께 참여하고 있고, 상호 간에 민감 품목이 달라 목표 시기 내에 합의를 이루기는 어려울 것으로 예상된다. 다만 최근 미국과 일본 간의 사전 협의에서 일부 예외를 인정하는 형태로 협상의 돌파구를 마련하기로 합의함으로써 당초 합의한 '전 품목 예외없는 관세 철폐'를 관철하지는 못하게 되었으나 협상 타결에는 긍정적인 영향을 미칠 것으로 보인다.

'역내 포괄적 동반자 협정(RCEP)'은 미국 주도의 TPP가 아시아에서의 자신의 주도권을 견제하기 위한 것으로 인식한 중국이 그동안의 지역 경제 협의체에 미온적인 태도를 바꾸어 아세안과 함께 적극적으로 추진하게 되었다. 지난 5월 브루나이에서 최초의 협상을 가졌고, 참가국은 한국, 중국, 일본, 아세안 10개국 등 16개국이며, 아세안이 한국, 중국, 일본 등 동북아 3개국과 개별적으로 체결한 FTA보다는 높은 수준의 협정인 것으로 보이나, 이 협상 역시 참가국과 이슈가 다양하여 협상 타결까지는 적지 않은 시간이 걸릴 것으로 예상된다. 즉 한국과 일본은 공산품 및 서비스 시장 개방에서 높은 수준의 개방을 선호하나, 중국과 아세안은 이에 유보적일 것이며, 이와 반대로 농업 분야 경우는 중국과 아세안이 한국과 일본에 높은 수준의 개방을 요구하게 될 것으로 예상된다. 이 협상과 함께 한국, 중국, 일본 간 FTA 협상과 TPP 협상이 동시에 진행 중이고 RCEP 협상 참가국의 일부가 이들 협상에도 참가하고 있어 아시아 지역에서의 통상질서가 복합적인 모습을 보이고 있다.

세계 최대의 선진 경제권의 탄생을 예고하는 '환대서양 경제동반자 협정(TTIP)' 체결을 위한 협상이 2년 내 타결을 목표로 지난 7월 워싱턴에서 최초로 개시되었다. 이 협상이 마무리되면 미국과 EU의 GDP는 추가적으로 0.5-1% 증가하고 200만 개의 일자리가 창출될 것으로 추정되고 있다. 선진국간의 FTA인 만큼 높은 수준의 시장 개방이 예상되나, 농업 등 분야에서 쟁점이 있어 치열한 협상이 예상되고 있다.

이와 같은 세계 통상질서의 재편 움직임이 우리에게 주는 도전은 무엇이고 어떻게 대처해야 하는가? 우리나라는 한-미, 한-EU FTA를 체결함으로써 일본, 중국 등 주요 경쟁국들과 비교하여 FTA 선점효과를 누리고 있는데 통상질서가 재편되면 이 효과가 크게 약화되고 우리의 주요 시장에서 경쟁이 한층 더 치열해질 것으로 예상된다. 일본, 중국 등 우리의 주요 경쟁국들이 우리 주요 시장인 국가들과 FTA를 맺게 되기 때문이다. 이에 따라 우리 정부와 기업들은 해외 전략을 재점검하고 위험 관리를 한층 더 강화해 나가야 할 것이다. RCEP, TPP 등이 체결되면 원산지 규정이 통합되고 관세가 인하될 것임으로 우리 기업의 역내 생산거점 재편을 검토해야 할 것이며, TTIP, TPP의 체결로 기업을 대상으로 하는 규제 리스크가 급증할 것임으로 이에 선제적으로 대응할 준비를 해야 할 것이다. 이에 더하여 주력 시장에서의 경쟁력 악화에 대비하여 우리 제품의 경쟁력을 강화해 나가면서 시장을 다변화해야 할 것이다.

시리아 사태가 우리에게 주는 교훈

– 2013년 9월 23일자 광주매일신문 기고문

2년 반이 넘는 동안 지속되고 있는 시리아 내전은 지난 8월 시리아 정부군이 화학 무기를 사용하여 1400여 명의 민간인 사상자가 발생함으로써 새로운 국면에 직면하게 되었다.

오바마 미 대통령은 이는 금지선(redline)을 넘는 것으로 다량의 화학무기를 가지고 있는 북한이 유사한 도발을 감행하였을 때 어떤 제재를 당하는지 보여주어야 한다는 점 등을 들어 무력 개입을 주장하였다. 그러나 영국의회가 군사 개입 반대를 의결하고, 독일과 프랑스는 침묵하고, 유럽연합은 분열되는 등 국제사회의 군사 개입 지지세가 미약함에 따라 오바마 대통령은 미국만의 단독 개입을 허용해 달라고 의회에 요청하였다. 이러한 과정에서 러시아의 푸틴 대통령이 미국의 단독 군사 개입을 비난하면서, 군사 개입 대신 시리아의 화학무기를 국제적 통제 하에 놓는 외교적 해결 방안을 제시하자 이를 수용하여 미 의회에 군사 개입 동의안 심사를 연기해 주도록 요청하게 되었다. 외교적 해결책을 마련하기 위해 케리 미 국무장관과 라브로프 러시아 외교부장관이 제네바에서 만나 이의 실행 방안에 관하여 논의하는 등 러시아의 제안이 시리아 화학 무기 사용에 대한 국제적 대응을 주도하는 형국이 되었다.

최근 미국 내 여론조사에서 미 국민의 약 2/3가 무력 개입에 반대하고, 의회에서의 표결도 전망이 밝지 않은 점 등을 감안한 오바마 대통령의 이러한 결정에 대하여 찬반 양론이 비등하게 대두되고 있다. 찬성하는 그룹은 오바마 대통령이 시리아 화학 무기 사용에 대한 군사 개입 결정을 두 번이나 공개적으로 번복한 것은 열린 자세와 무력 사용을 꺼려하는 입장을 보여 주는 것으로 신선하다는 반응을 보고 있는 반면, 반대하는 측에서는 오바마 대통령의 보좌관들조차 러시아의 외교적 대안을 의심하는 상황임을 감안할 때 이 제안을 수용한 것은 오바마 대통령의 무기력함을 보여 주는 것으로 수세적이고 반동적이라고 비판하고 있다.

필자가 읽어본 한 미국의 언론기사는 이번 시리아 사태에 대한 미국의 반복적인 정책 번복이 미국이 내부로 회귀함으로써 세계를 닻이 없는(anchorless) 상태로 방치하는 중대한 전환점이 될 것이라고 주장하면서 "당신은 지금 전후 체제가 끊임없이 붕괴되고 있는 것을 보고 있다."라는 콘브럼 전 주독일 미국대사의 언급을 인용하였다. 해석하면 2차대전 이후 미국의 신뢰할 수 있는 군사력으로 뒷받침된 원칙이 미국을 세계의 닻(anchor)으로 만들었는데 오바마 대통령의 이번 결정은 이러한 원칙이 국내적으로는 고립주의에 밀려 나고 있으며, 국제적으로는 세력 변동에 휘둘리고 있다는 의미이다.

금번 시리아의 화학 무기 사용에 대처하는 미국의 정책 변화를 보면서 우리 한반도에 유사한 사태가 발생할 경우에 대하여 생각해 보게 된다. 이번 시리아 사태에서도 언급된 바 있듯이 북한은 다수의 화학 무기 등 대량 살상 무기를 소지하고 있기 때문이다. 먼저 군사적 제재가 가능할 것인가 하는 점이다. 이를 위해 가장 바람직한 방안은 유엔 안보리에서 군사적 제재 방안을 결의하는 것일 것이다. 유엔의 결정은 국제사회가 제재 조치를 이행할 수 있는 정당성을 주기 때문이다. 그러나 이번 시리아 사태에서 보듯이 유엔 안보리 제재는 그 가능성이 극히 희박하다. 미국은 유엔 안보리에 시리아에 대한 군사 제재건을 상정하지 않았는데 러시아와 중국의 반대로 인해 통과될 수 없다는 판단 때문이었다. 같은 이유로 우리 한반도에 유사한 사태가 발생될 경우에도 유엔 안보리에서는 제재안이 통과될 가능성이 매우 희박하다고 생각된다.

그러면 미국이 일부 동조하는 국가들과 함께 단독으로 군사 행동을 할 수 있을 것인가? 앞에서 본 바와 같이 미국이 세계 경찰로서의 역할을 더 이상 하지 않으려 하고 있다는 점, 군사 행동이 초래할 제2의 한국전 가능성 등을 감안할 때 미국이 독자적으로 군사 행동을 취할 가능성은 거의 전무하다고 하겠다. 미국은 1994년 북한 핵문제를 해결하기 위하여 북한 핵시설 공격을 검토했으나 대가가 너무 크다는 판단에 따라 이를 포기하였다.

따라서 유일한 해결책은 외교적 대화이다. 이런 점에서 장기간 열리지 못하고 있는 6자회담이 관련국들의 타협과 양보를 통해 재개될 수 있기를 고대한다. 비록 6자회담이 북한 핵문제 해결을 목적으로 하고 있지만 한반도 문제를 포괄적으로 해결할 수 있는 유일한 대화의 장이며, 이를 통해 북한 핵문제를 포함한 모든 한반도 문제를 사전에 해결할 수 있는 방안을 도출할 수 있기 때문이다. 병을 이기려면 예방이 치료보다 훨씬 좋은 방법이다.

강대국의 외교 각축장이 된 아세안과 우리의 대응

– 2013년 10월 21자 광주매일신문 기고문

지난 10월 7일부터 인도네시아 발리와 브루나이에서 APEC 정상회의, ASEAN+3, 동아시아 정상회의가 잇따라 개최되었고, 이를 계기로 중국의 시진핑 주석은 말레이시아와 인도네시아를, 그리고 리커창 총리는 브루나이, 태국, 베트남을 각각 순방하였다. 아베 총리 또한 2012년 12월 취임 이후 3번째로 동남아를 방문하였고, 다음 달에는 라오스와 캄보디아를 방문할 예정이며, 오는 12월에는 일본-아세안 우호 협력 40주년을 기념해 동경에서 일본·아세안 특별 정상회의를 개최할 것으로 알려지고 있다.

한편 미국의 오바마 대통령은 당초 APEC 정상회의와 동아시아 정상회의에 참석하고, 필리핀과 말레이시아를 방문할 예정이었으나 이를 취소하였다. 의료보험 개혁 프로그램 시행을 둘러싸고 공화당과의 갈등으로 예산이 통과되지 않아 연방정부가 '셧다운'되었기 때문이다. 미국이 국내 문제에 발목이 잡혀 손을 쓰지 못하는 사이에 동남아가 중국의 독무대가 된 상황이 연출되었다.

시진핑 주석은 인도네시아를 방문하는 중에 500억 달러 기금의 인프라 뱅크 설립을 발표하였고, 리커창 총리는 남중국해 영토분쟁으로 그동안 껄끄러운 관계를 가져온 베트남의 응우옌 총리를 만나 "새로운 사고로 양국관계에 남아있는 유일한 역사문제인 남중국해 분쟁을 해결하자."라며 남중국해 자원을 공동 개발하기 위해 '해상 공동개발 협상조직'의 신설을 제안하고, 사회간접자본 협력 조직과 금융 협력 조직 등 적극적인 경제 협력 방안도 제안하였다.

오바마 대통령이 취임 후 추진해온 적극적인 아시아 개입 정책(Pivot to Asia)으로 수세에 몰렸던 중국이 남중국해 문제로 갈등을 겪어온 아세안 국가들과 적극적인 관계 개선을 추진하고 있는데 반해 2기 오바마 정부는 중동문제에 더 집중함으로써 상대적으로 아시아 지역을 소홀히 한다는 비판을 받고 있던 차에 오바마 대통령의 금번 동남아 방문이 취소되어 미국의 입지가 더욱더 축소된 것이다.

필자가 최근 참석한 한 세미나에서 인도네시아, 싱가폴 등에서 온 참석자들이 동남아에서 미국과 중국의 경쟁에 관하여 언급하면서 "미국은 geopolitical power이지만, 중국은 geographical power이다. 동남아 국가들은 지리적으로 먼 미국보다는 가까운 중국에 더 신경을 쓰지 않을 수 없다."라는 요지의 발언을 하는 것을 들었는데 최근 미국이 국내 문제나 중동 문제로 아시아에 소홀한 모습은 동남아 국가들의 이러한 인식을 확인시켜 주었다는 생각이 든다.

일본의 아베 정부는 중국의 적극적인 동남아 구애에 대응하여 남중국해 영토 문제로 중국과 대립하고 있는 필리핀에 경비정 10척 제공, 인도네시아와 대테러 공동 훈련 그리고 베트남에는 군사용 선박 제공 등 선심 정책을 펴면서, 일본 경제회생을 위한 아베노믹스의 세 번째 화살 대상을 동남아로 지목, 이 지역과의 경제

협력을 활발히 추진하고 있다. 전체적으로 보면 중국의 동남아에서의 세력 확장에 대응하여 미국과 일본은 정치 안보와 경제면에서 각각 역할 분담을 하여 대응하는 형국이 전개되고 있다. 무역, 투자 등 경제면에서 중국은 아세안에 이미 부동의 제1 파트너인데 비하여 미국은 나날이 그 비중이 감소하고 있어 경제면에 있어서는 중국이 미국을 압도하고 있으며, 그나마 일본이 중국의 경제력 확장에 맞대응하고 있는 형국이다. 미국이 환태평양 경제 동반자 협정(Trans-Pacific Partnership) 체결을 서두르는 것은 바로 이 지역에서 중국의 영향력 확대에 대응하려는 정치 경제적 고려가 내재되어 있는 것이다.

아세안 국가들에 대한 중국의 영향력이 상대적으로 강화되고 있는 현 정세 하에서 우리 정부도 적극적인 대아세안 외교를 펼치고 있다. 박근혜 대통령은 역대 대통령 중에는 처음으로 취임 6개월 내에 베트남을 방문한데 이어 이번에 브루나이에서 개최된 아세안+3 정상회의와 한·아세안 정상회의 그리고 동아시아 정상회의에 연달아 참석한 이후 인도네시아를 국빈 방문하였다. 새로 취임한 대통령이 미국, 일본, 중국, 러시아 등 4강을 먼저 방문하는 것이 관례인 점을 감안하면 박근혜 대통령의 베트남, 인도네시아 방문은 이러한 관례를 깬 것으로 우리 외교에 있어서 아세안이 4강과 어깨를 나란히 할 만큼 그 중요성이 커졌다는 것을 나타내 주는 것이다. 이번 한·아세안 정상회의에서 차관보급의 안보 대화를 개최하기로 합의함으로써 그동안 주로 경제 관계에 치중되었던 한·아세안 관계가 한 단계 격상되어 우리 외교의 지평이 넓혀졌다. 인도네시아와는 포괄적 경제 동반자 협정(CEPA)의

연내 타결에 합의하고, 3년 만기의 100억 달러 규모의 통화 스와프에도 합의하였다. 이를 통해 우리 기업의 인도네시아 진출에 한층 유리한 환경이 조성되었다. 아세안에 대한 강대국들의 구애가 나날이 치열해 지고 있는 현재의 국제정세와 우리의 제2 교역 파트너이자 투자 대상지인 아세안의 중요성이 나날이 증대되고 있는 현실을 감안할 때 앞으로도 우리는 아세안과의 관계를 전반적으로 가일층 확대·강화해 나가야 할 것이다.

이란 핵협상이 우리에게 주는 시사점

– 2013년 11월 18일자 광주매일신문 기고문

지난 6월 온건파인 루하니 이란 대통령의 당선과 9월 그와 오바마 대통령간의 전화 통화 이후 이란 핵문제를 대화로 해결하기 위한 협상이 급물살을 탄 가운데 큰 기대를 안고 제네바에서 개최된 2차 협상이 지난 11월 8일 합의를 이루지 못하고 종료되었다. 이번 회의 결과가 당초 기대와 달리 합의를 도출해내지 못함으로써 실망을 안겨주었다.

서방측을 대표한 협상단인 P5+1(유엔안보리 상임이사국인 미국, 중국, 러시아, 영국, 프랑스와 독일을 지칭) 측에 따르면 협상이 타결되지 못한 것은 이란 측이 우라늄 농축 권리(enrichment power)를 인정해 달라고 요구했기 때문이라고 한다.

미국은 이란과의 핵 협상에 다단계 합의 전략을 추진해온 것으로 알려 졌는데, 이번 협상에서 그 첫 단계로 '이란이 향후 6개월간 핵개발 노력을 현재 수준으로 동결하는 대신 이란의 동결된 자산 해제를 포함한 제제 조치를 제한적으로 완화해 주는 안'을 제시한 것으로 알려졌다. 미 정부는 이란의 핵개발 수준이 임계점(threshold)을 넘지 못하도록 하는 최선의 방책이 협상이며, 더 나아가 30년 이상 단절된 양국 관계 개선을 위한 길을 열어 줄 수 있을 것이라고 주장하는 반면, 이스라엘, 사우디 등과 미 의회 내 강경파는 이란 핵 협상에 강력히 반대하여 왔다.

네탄야후 이스라엘 수상은 "이란 핵협상이 이란 경제 제제에 대한 국제사회의 지지를 와해시키면서 우라늄 농축을 계속할 수 있게 하여주는 등 이란으로 하여금 핵개발 옵션을 가지게 하는 경우 중차대한 역사적 오류를 범하게 될 것이다."라고 경고하면서 이란이 우라늄 농축 능력을 완전히 포기하고 핵개발 프로그램을 해체할 준비가 될 때까지 경제 제제를 강화해야 한다고 주장하고 있다.

이스라엘과 적대 관계에 있는 사우디 또한 이번 이란 핵 협상에 완강히 반대하고 있는데 그 이유는 수니파를 대표하는 사우디와 시아파를 대표하는 이란간의 해묵은 주도권 다툼 때문이다.

미 의회 내 강경파들 또한 대이란 제재를 강화하는 결의안을 제출하는 등 이란과의 핵협상에 강하게 반대하고 있는 실정이다.

이란 내에서도 반대 목소리가 높다. 이란 내 강경파들이 이란의 핵 주권을 포기하는 어떤 협상에 대하여도 반대하고 있다. 그나마 다행인 것은 하메이니 최고 지도자가 협상을 지지하고 있다는 점이다.

이와 같이 이란 핵협상이 내외부의 큰 도전에 직면해 있음에도 불구하고 타결 전망은 긍정적인 것으로 알려지고 있다. 11월 20일에 실무 협상이 재개될 예정으로 있고, 이번 2차 협상이 끝난 후 케리 미 국무장관과 이란 외무장관이 협상 타결에 긍정적인 전망을 내놓고 있기 때문이다.

또한 과거 이란과의 협상이 실패한 경우도 많았지만 성공한 경우도 있었다. 2001년 아프가니스탄에서 미국이 탈리반과 알카에다 세력과 전쟁을 하였을 때 이란이 미국과 적극 협력하였고,

아프가니스탄 문제를 다루기 위한 본(Bonn) 회의에서 카르자이가 이끄는 아프가니스탄 임시 정부 수립을 합의하는 데 있어서 미국과 이란 간의 사전 합의가 결정적인 역할을 하였다.

미국의 한 중동 전문가는 이란과의 성공적인 협상을 위해서는 첫째, 중대한 이슈에 대하여 미국과 이란 양자 간의 타협이 가장 중요하며, 둘째 합의에 도달할 때까지 협상 내용이 외부에 유출되지 않아야 하고, 셋째, 미국이 핵문제 이외의 이슈도 논의할 준비가 되어있어야 하며, 넷째 미국이 이란의 현 체제를 전복할 의사가 없다는 점을 명확히 해야 한다는 등을 제시하고 있다.

이는 북한 핵문제를 다루는 6자회담에도 그대로 적용될 수 있다고 생각된다. 2005년 북한 핵문제와 관련하여 6자회담에서 합의한 9.19 공동선언은 바로 이와 같은 협상 원칙이 낳은 결과라는 생각이 든다. 최근 중국의 우다웨이 한반도 문제 특별대표가 북한을 방문하는 등 북한 핵문제와 관련하여 한국, 미국, 중국, 일본, 러시아 등 6자회담 참가국 간에 논의가 진행 중이다. 이란 핵협상이 성공적으로 마무리된다면 북한 핵문제를 다루는 6자회담의 재개에도 긍정적인 영향을 미칠 것으로 보이며, 이를 거울삼아 미국과 북한이 대화를 통한 문제 해결의 입장에서 주요 이슈에 타협안을 도출해 내기를 기대한다.

TPP 참가 찬반 논쟁을 보면서

- 2013년 12월 16일자 광주매일신문 기고문

지난 11월 29일 현오석 부총리겸 기획재정부 장관은 "TPP 참여에 관심을 표명하기로 했다."라고 발표함으로써 우리 정부가 TPP 참가를 사실상 결정한 것으로 받아들여지고 있고, 이를 둘러싼 찬반 논쟁이 더욱더 가열되고 있다. TPP는 2006년에 뉴질랜드, 싱가폴, 칠레, 브루나이 등 4개국 참여로 논의가 시작되었으나 크게 주목을 받지 못하였다. 그러나 2010년에 미국이 참가를 결정함으로써 사실상 미국 주도의 자유무역협정으로 인식되고, 참가국이 호주, 페루, 베트남, 말레이시아, 일본, 멕시코 등 12개국으로 확대되어 그 경제 규모가 21조를 넘어섬으로써 NAFTA와 EU를 넘어서 세계 최대의 경제블록을 형성하게 된다. 이에 더하여 지정학적 측면에서 미국이 동아시아에서 중국을 견제하기 위한 전략적 판단에 따라 TPP를 추진하고 있는 것으로 해석되고 있어 또 하나의 쟁점이 되고 있다.

우리나라의 TPP 참가에 대한 찬반 논쟁의 핵심 쟁점이 무엇인지에 대하여 살펴보면, 첫째는 과연 TPP 참가가 우리 경제에 이득이 될 것인지에 대한 문제이다. 찬성하는 측에서는 TPP가 세계 최대 경제블록인 만큼 우리가 가입하지 않으면 상대적으로 불이익을 받게 되어 우리의 경제 성장에 부정적 영향을 미치게 된다고 주장하고 있다. 대외경제정책연구원은 TPP에 가입 시 발효

후 10년간 년 2.5%-2.6%의 실질 국내 총생산(GDP)이 증가할 것으로 전망된다고 밝히고 있다. 이에 대하여 반대하는 측에서는 TPP 논의에 참가하고 있는 12개국 중 이미 7개국과 양자 FTA를 체결하고 있어 가입 효과가 크지 않을 것이고, 특히 미국 쇠고기 추가 개방, 2015년 이후 미국산 쌀에 부과되는 관세의 인하 등 문제와 호주, 뉴질랜드, 캐나다 등 농수축산 수출국의 한국의 농수축산 시장 추가 개방 요구 등 농수산 분야에 피해가 막대할 것이며, 일본과는 자동차, 기계부품 등 분야에서 경쟁력이 약화될 것이라고 주장한다.

둘째는 중국과의 관계와 관련된 이견이다. 정부는 이 문제에 대하여 중국이 TPP를 배타시하는 입장이 완화되었으며, 중국 내 연구소들에서 중국이 TPP에 들어가야 한다는 이야기도 나오고 있다고 설명하였다. 이에 대하여 반대하는 측에서는 중국과 FTA 체결을 추진하고 있는 입장에서 TPP 참여문제로 불편한 관계를 초래할 가능성이 크며, 이 경우 우리의 최대 교역국이자 거대 시장인 중국과의 관계가 나빠지게 되어 우리 경제가 어려움에 처할 수밖에 없다고 주장한다. 또한 중국은 외교·안보 면에서도 중요한 파트너인 만큼 중국과의 관계에 부정적 영향을 주지 않도록 해야 한다고 주장한다. 이와 같이 상반된 주장이 제기되는 상황을 감안할 때 이 문제에 대하여 우리의 현명한 판단과 신중한 대책이 요구된다고 생각된다.

먼저 고려할 점은 무역 의존도가 높은 우리나라는 칠레와의 FTA를 시작으로 미국, EU, 아세안 등 거대시장과 양자 간 FTA를 체결하였고, 또한 중국, 캐나다, 한·중·일 3자 간 FTA 등의 체결을 추진하고 있다. FTA를 통한 해외 시장 확대가 우리 경제 성장의 견인차 역할을 하여 왔기 때문에 세계 최대의 경제블록이 될 TPP를 마냥 무시할 수는 없다고 생각된다. 따라서 우리 정부가 협상 참여에 관심 표명을 결정한 것은 납득할 수 있는 판단으로 생각된다. 다만 TPP 참여가 우리의 최대 교역국이자 경제협력 파트너이고 북한 관계 등 외교·안보 면에서 매우 중요한 중국과의 관계를 불편하게 하지 않도록 해야 할 것이다.

이를 위해 한·중 FTA 및 한·중·일 3자 FTA 추진 그리고 우리나라와 중국, 아세안 등 16개국이 참가하여 협상 중인 역내 포괄적 경제 동반자 협정(RCEP) 체결을 병행하여 균형 있게 추진해 나가야 할 것이다. 우리가 TPP와 RCEP에 동시에 참가함으로써 궁극적으로 이 두 경제블록의 연결고리가 되어 중장기적으로 미국, 중국이 함께 참가하는 거대 경제블록의 탄생에 산파역을 할 수도 있을 것으로 생각된다. 또한 TPP 참가로 불이익을 받게 될 농수축산 분야나 서비스 분야의 경쟁력을 향상시킬 수 있는 방안이 동시에 강구됨으로써 이들 분야에 종사하는 국민들이 TPP 참여를 납득할 수 있게 해야 할 것이다.

아세안과의 인적 교류와 문화 교류를 확대하자

– 2014년 말 제2차 한·아세안 특별정상회담 계기 기고문

오늘 12월 11일부터 양일간에 걸쳐 부산에서 '한·아세안 특별정상회의'가 개최된다. 지난 2009년에 이어 5년 만에 두 번째로 개최되는 금번 정상회의는 아세안과의 관계가 얼마나 긴밀하게 발전되고 있는지를 상징적으로 보여 준다고 생각된다. 2009년에 제주도에서 개최된 1차 특별정상회의에 주 말레이시아 대사로 참석한 경험을 가진 필자로서는 5년 만에 다시 열리는 이번 정상회의 개최 소식에 아세안과의 관계 발전에 가속도가 붙었다는 생각이 들어 특별한 감회를 느끼게 된다.

지난 25년 동안 우리나라와 아세안의 관계가 가장 괄목할 만하게 발전된 분야는 경제 분야이다. 우리의 두 번째 교역대상국, 두 번째 투자대상국 등 경제 분야에서 아세안은 우리의 가장 중요한 파트너 중 하나로 부상했다. 과거 미국, 일본이 우리의 가장 중요한 경제 파트너였으나, 아세안이 이들을 추월한 것이다. 또한 날로 확대되는 경제 협력을 기반으로 정치·군사 분야 등 다방면에서 관계가 긴밀해져 가고 있다. 장기적으로 한·아세안 간의 전략적 협력 관계가 지속적으로 발전되어 나가기 위해서는 무엇보다도 아세안 역내 주민에게 다가가야 하며, 이를 위해서는 인적 교류와 문화 교류의 확대가 가장 중요한 과제라고 생각한다. 이

분야에서의 관계 발전은 한·아세안 관계의 기반이 튼튼해지는 것을 의미하기 때문이다.

인적 교류 분야에 있어서 한·아세안 관계는 괄목할 만한 발전을 보여 주고 있다. 매년 400만 명 이상의 우리나라 관광객이 아세안 지역을 방문하고 있으며, 100만 명 이상의 아세안 국민이 매년 우리나라를 방문하고 있다. 청소년 교류 또한 빨리 증가하고 있다. 최근 우리나라 유학생의 아세안 진출과 아세안 학생들의 우리나라 대학 진학이 활발해지고 있다. 필자가 근무했던 말레이시아는 80년대부터 공무원, 기술자, 학생 등 연수생을 우리나라에 파견하였다. 예를 들면 우리나라 중앙공무원교육원에서 연수받은 말레이시아 공무원들이 4,000명에 달하는 것으로 기억된다. 아세안과의 인적 교류가 질적, 양적으로 더욱 활발해지도록 우리 정부가 주도적 역할을 할 필요가 있다는 믿음에서 필자는 금년 개최되는 특별 정상회의에서 '이공계 대학 인턴 십 초청 프로그램'을 제의할 것을 건의하고자 한다.

개발도상국이 다수인 아세안 국가들이 지속적으로 경제발전을 이루기 위해서는 기술 인력의 확대가 가장 필요하며, 이 분야에서 앞서 있는 우리나라의 지원을 크게 기대하고 있다. 또한 우리나라 대학은 아세안 지역의 우수한 이공계 학생들을 공과대학에 유치해야 하는 실정임을 감안할 때 이공계 학생 인턴십 프로그램은 양측에 모두 혜택을 가져오는 사업이 될 것이다. 특히 우리 젊은이들이 이공계 대학과 대학원 진학을 기피하는 현상으로 인해 특히 우수한 외국 유학생의 유치가 필요한 우리나라 이공계 대학원에 큰 도움이 될 것이다. 몇 년 전에 서울대학교가 전액장

학금을 주면서 300명 이상의 학생을 동남아에서 유치하였는데 이는 우리나라 이공계 대학원의 실상을 잘 알려 주는 사례라고 생각된다. 필자가 최근까지 근무한 광주과학기술원에서는 이미 오래 전부터 외국 이공계 대학 또는 대학원생들에게 장학금을 지급하면서 한 학기동안 인턴으로 공부할 수 있는 기회를 제공해 왔는데 매우 성공적이라는 평가를 받고 있다. 이들 중에 상당수가 후에 우리 대학원에 정식으로 입학하여 새로운 기술개발에 기여해 왔기 때문이다.

문화 분야에서의 교류 또한 매우 활발하여 아주 특별한 수준에 이르렀다고 생각된다. 한류가 가장 활발한 지역이 동남아인 것을 보면 이를 잘 알 수 있는데, 말레이시아에 근무할 때 만난 많은 현지인들이 필자가 알지 못하는 우리나라 드라마 내용을 신나게 설명하고 물어와 당황했었던 기억이 새삼 떠오른다.

다만 그동안 우리 문화만 아세안에서 인기를 누리는 일방적인 문화교류가 장기적으로 바람직한가에 대한 의문이 지속적으로 제기되었고, 우리나라에서 아세안 문화를 즐길 수 있는 기회를 확대해야 한다는 요구가 높았다. 이런 면에서 우리나라가 금번 특별정상회의에서 '아세안 문화원' 설립을 제안하기로 결정했다는 소식은 매우 의미 있는 일이라고 생각된다. '아세안 문화원'을 우리 국내에 세움으로써 문화 교류가 양방향으로 진행되도록 우리 정부가 주도적으로 역할을 하는 계기가 될 것으로 생각되며, 이는 아세안 국가들에게 신뢰 외교의 진면목을 보여 줄 것으로 기대한다.

4강의 틈바구니에 끼여 있는 우리의 지정학적인 여건을 감안할 때 중견국인 우리나라가 국제사회에서 자기 목소리를 키워 가기 위해서는 아세안과의 연대가 매우 중요한 과제이며, 이러한 측면에서 아세안을 우리의 5강으로 삼아 관계발전에 힘써야 하는 상황에 비추어, 금번 특별정상회의에서 '이공계 대학 인턴십 초청 프로그램'과 '아세안 문화원 설립'에 합의함으로써 장기적인 관계 발전의 튼튼한 토대가 마련되기를 기대한다.

세계인 김대중

– 월간 『아시아 문화』 2014년 9월호 기고문

시대를 변혁시킨 지도자

2009년 9월 23자 뉴스위크지(미국의 최대 주간 전문 시사뉴스지)는 '시대를 변혁시킨 지도자(Transformational Leader)' 11인 중의 한 명으로 김대중 전 대통령을 선정하였다. 덩샤오핑, 만델라, 콜 전 독일수상, 바웬사 전 폴란드 대통령, 마가렛 대처 전 영국 수상 등이 함께 선정되었다. 그는 국제사회에 가장 널리 알려져 있고, 가장 존경받는 한국인이다. 그가 한국인으로서는 매우 이례적으로 세계적으로 존경을 받게 된 것은 생사를 넘나드는 반독재 민주화 투쟁과 2000년 노벨 평화상 수상 그리고 그의 세계인으로서의 특출한 자질 때문으로 평가된다. 그는 대통령 퇴임 후에도 클린턴, 부시 전 미국 대통령, 키신저 전 미국 국무장관, 고르바초프 전 소련 서기장, 브란트 전 서독 수상 등 방한한 세계지도자들이 찾는 유일한 전직 대통령이었다.

그는 6년 여의 형무소 생활과 연금, 단식, 해외 망명 등의 억압 속에서도 불굴의 의지와 신념으로 반독재 민주화 투쟁을 전개함으로써 '아시아의 만델라'로 칭송되고 있다. 이 과정에서 미국과 유럽 등 서방국가뿐만 아니라 일본과 중국의 정치인, 지식인들이 그를 지지하고 성원하였고, 서방 언론뿐만 아니라 일본, 중국,

동남아 등 아시아 언론에 그의 투옥 등 반독재 민주화 투쟁이 대대적으로 보도됨으로써 일반 대중에게도 널리 알려졌다. 특히 그는 80년대 초 2년 여의 미국 망명 기간에 200여 회에 걸친 강연과 언론 회견, 그리고 에드워드 케네디 상원의원 등 80여 명의 미 정계 인사와 정부 고위 인사들을 접촉하여 군사 정권을 지지하는 미 정부 정책의 변화와 아시아 민주 세력에 대한 지지를 호소하는 등 반독재 민주화 투쟁을 활발히 펼침으로써 미국을 비롯한 서구 사회에 아시아 민주지도자로서 각인되었다.

그러한 과정에서 그는 세계적인 지도자들과 넓고도 깊은 친분과 교류 관계를 가졌다. 몇 가지 예를 들어 보자. 미국의 카터 대통령은 반체제 인사인 김대중의 사형을 집행하지 않도록 전두환 정권에 압력을 가하였고, 후임인 레이건 대통령에게 그를 살려야 한다고 특별히 요구하여, 결국 그가 살아나는 계기를 마련하였다. 1994년 최초의 북한 핵 위기가 발생하였을 때 김대중 당시 아태재단 이사장은 워싱턴을 방문하여 내셔널 프레스 클럽에서 가진 연설을 통해 카터 전 대통령의 북한 특사 파견을 제안하였고, 결국 그가 방북하여 1차 북한 핵 위기를 해결하는 전기를 마련하였다.

그 후 이 두 지도자는 노벨평화상 수상자로서 상호 우정으로 협력하는 관계를 가졌다. 브란트 전 서독 수상과의 인연도 특별하였다. 브란트는 김대중이 납치되었을 때와 사형 선고를 받았을 때 열정적으로 구명 운동을 하는 등 오랫동안 동지적 관계를 가졌다. 1989년 11월 베를린 장벽이 무너지던 날, 마침 김대중 당시 야당 지도자의 초청으로 서울을 방문 중이던 브란트는 예상하지 못했다고 말하면서 서둘러 귀국하였다고 한다. 뿐만 아니다. 에드워드 케네디 상원의원은 83년 초에 망명객인 김대중을 위해 미 의회에서 환영행사를 열어 주었다. 그는 80여 명의 미국의 상원, 하원 의원들과 친교를 맺었다. 특히 85년 초 그가 귀국할 때 미국의 하원 의원, 전직 고위관리와 언론인들이 암살을 막기 위하여 그와 동행하여 방한하기도 하였다. 아키노 전 필리핀 상원 의원이 83년 8월 망명지인 미국에서 귀국하던 중 마닐라 공항에서 권총으로 암살되었기 때문에 김대중의 귀국은 그 당시 세계적 관심사였다.

김대중 전 대통령은 퇴임 후에도 많은 외국의 저명인사, 한반도 전문가, 언론인 등의 단골 방문 대상이었다. 또한 노벨평화상 수상자회의, 아시아 재단, 나우만 재단, 노벨위원회, 중국인민외교학회, 동경대, 하바드대, 스탠포드대, 베를린 자유대 등 세계 유수의 단체와 대학이 그를 초청하였으며, 아사히신문, 르 몽드, 뉴욕타임즈, 자이퉁지 등 세계 언론이 앞다퉈 그와 인터뷰를 하였다.

직업외교관인 필자가 2005년 1월부터 2007년 8월까지 김대중 전 대통령의 비서관으로 일하게 된 것은 이와 같이 대외 활동이 왕성한 김대중 전 대통령이 정부에 특별히 요청한 때문이었는데, 전례가 없는 일이었다(최규하 전 대통령이 퇴임 후 직업외교관 출신을 비서관으로 활용한 바 있으나, 그는 직업외교관출신으로 김대중 전 대통령과는 다른 경우이다).

김대중 전 대통령의 세계인적 자질

불굴의 의지와 미래를 내다보는 통찰력 그리고 행동하는 양심으로 세계인과의 연대 속에 전개된 그의 반독재 민주화 투쟁에 더하여 평생을 통해 깊은 사색과 독서 그리고 끈질긴 노력으로 닦아온 그의 세계인적 자질은 그가 세계적인 명성을 쌓는 데 밑거름이 되었다. 특히 그는 6년여 동안 갇혀 지낸 형무소는 대학이었고, 대학원이었다. 그곳에서 그는 철학, 역사, 정치, 경제, 사회 등 다양한 분야의 학문을 섭렵함으로써 전문가에 뒤지지 않는 비전과 지식을 축적하였다. 심지어는 그곳에서 독학한 영어 실력으로 망명지인 미국에서 영어로 연설하고 기자 회견하는 실력을 과시하였다. 이렇게 길러진 그의 세계인적 자질을 구체적으로 살펴보도록 한다.

첫째는 확고한 평화·민주 사상이다. 그에게 있어서 이 두 가치는 서로 분리할 수 없는 것이었으며, 이를 현실 정치, 남북 관계 그리고 대외 정책에서 실천하였다. 햇볕정책은 그의 평화통일 3단계 통일론의 실천 계획이었으며, 2000년 역사적인 남북정상회담은 이의 결정체이었다. 퇴임 후에도 그는 남북한 간에 화해 협력을 통해 평화를 만들어 가면서 통일에 접근하는 문제와 세계 평화와 빈곤 퇴치 문제에 끊임없이 관심을 가지고 실천하였다.

둘째는 국제 정세를 읽는 탁월한 능력이다. 71년 대통령 선거에 야당 후보로 나선 그는 반공을 국시로 삼던 그 시절에 매우 앞서 나가는 외교 안보 공약을 내세웠다. '4대국 안전 보장론, 공산권 국가들과의 관계 개선 그리고 남북교류와 평화통일론' 등 그의 선거 공약은 데탕트 시대의 도래와 동서독 간 화해 움직임 등 국제 정세의 변화를 미리 읽어내고 제시한 정책이었다. 그는 항상 눈과 귀를 세계의 움직임에 열어 놓고 있었으며, 비록 그것이 국내 문제일지라도 국내외 정세와 역사에서 답을 찾아보곤 하였다. 그의 서재와 침실, 집무실에는 세계 지도가 늘 걸려 있었다. 그는 국내외 신문과 잡지에 실린 주요 기사를 꼭 챙겨서 읽었다. 그의 머릿속에는 세계 주요 국가의 움직임이 차곡차곡 쌓여 있어 어느 시점에서의 사건을 역사적 맥락에서 정리하곤 하였다. 왜 사람들이 그를 '걸어 다니는 도서관'이라고 말하는지를 그와 가까이서 대화한 사람들은 곧 깨닫게 되었다.

셋째, 그는 한반도의 지정학적인 여건과 이로 인한 우리 외교의 기본 구조에 대하여 확실한 통찰력을 가지고 있었다. 그는 "4대 강국에 둘러싸인 한반도의 지정학적 여건은 우리 민족의 운명이다. 이를 잘 활용하여 색시 하나를 두고 신랑감 넷이 프러포즈하게 만드는 것이 외교이다."라고 갈파하였다. 그는 우리 외교는 '실사구시에 입각한 실용 외교, 능동적인 균형 외교'의 원칙을 가지고, '1 동맹 3 친선 체제'의 근간을 잘 유지해 나가야 한다고 믿었다. 야당 지도자로서 미국, 일본, 중국, 러시아, 독일, 영국 등 주요 국가를 계기별로 방문하여 각계 지도자들과 교류와 관계 발전에 노력하였다. 이와 함께 중장기적으로는 동북아와 동아시아에서 유럽의 NATO나 EU와 같은 지역협력체를 결성하여 강대국을 포함한 역내 국가들의 이해관계를 조정하고, 공동으로 평화와 번영을 이루어 나가는 것이 우리의 국익에 중요하다는 장기 비전을 가지고, 집권 후 이를 실천하였다.

넷째는 해박한 역사 지식이다. 실용적 의미에서 역사는 지혜와 교훈을 주고, 주장이나 논지의 정당성을 뒷받침해 주는 논거(advocacy)로 활용된다. 김대중 전 대통령은 역사에서 얻은 지혜로 시대를 읽는 통찰력을 갖추었으며, 또한 상대방을 설득하는 데 역사적 사례를 가장 능숙하게 활용하였다. 1994년 리관유 당시 싱가폴 수상과 세계적 권위의 국제정치 학술지인 'Foreign Affairs' 기고문을 통해 벌린 '아시아 민주주의 논쟁'은 유명한 일화이다. 리관유 수상이 아시아에는 민주주의 철학과 전통이 없다고 주장한데 대하여 김대중 전 대통령은 존 로크의 주권위임론과 맹자의 왕도 정치론의 유사성, 그리고 동학의 인내천 사상을 예로 들며 아시아의 민주주의 뿌리가 서양보다 더 오래되었다고 주장하였다.

다섯째는 뛰어난 설득력이다. 김대중 전 대통령은 상대방을 설득하기 위하여 상황에 맞는 역사적 사례를 잘 활용하였다. 1998년 대통령 취임 후 가진 최초의 한미 정상회담에서 그는 데탕트, 닉슨 방중 외교 등 포용 정책을 통한 미국의 외교적 성공 사례를 들어 클린턴이 햇볕정책을 받아들이도록 설득하였다. 또한 동양인들에 익숙한 귀납적 사고뿐만 아니라 서양인들의 연역적 사고 방식에 익숙하여 자기의 주장의 핵심을 먼저 제시한 후 그 이유를 하나 둘씩 설명함으로써 자기 주장의 근거를 명쾌하게 제시하였다.

전례 없는 외교 업적

김대중 전 대통령의 길고 고난에 찬 반독재 민주화 투쟁과 그 과정에서 쌓은 국제적인 인맥과 명성, 그리고 그가 갖춘 세계인적 자질은 훗날 대통령에 당선되어 전례 없는 외교적 업적을 이루어 내는 데 결정적인 자산이 되었다.

미국의 한 고위 외교관이 "김대중 대통령은 한국의 특별한 국가적 자산(national asset)이다."라고 부러워하면서 말한 바 있다. 1998년 IMF 경제위기로 국가 부도 사태를 맞았으나, 누구도 예상하지 못했던 단기간 내에 이를 극복해 냈고, 햇볕정책으로 남북한 관계를 '불신과 대결의 시대'에서 '화해와 협력의 시대'로 역사의 물줄기를 바꾸었다. 1998년 하반기에 뉴질랜드에서 개최된 APEC 정상회의에서는 유혈 사태로 수십만이 희생될 수 있는 동티모르 사태 해결의 실마리를 마련해 내고, 미얀마 군사 정권의 인권 탄압에 반대하는 유엔결의안에 우리 정부가 최초로 찬성하는 등 적극적인 평화인권외교를 펼쳤다.

1998년 초 최초의 한미정상회담에서 클린턴 대통령은 "김 대통령이 핸들을 잡아 운전하고, 나는 옆자리에 앉아 보조 역할을 하겠다."라고 말함으로써 햇볕정책을 전폭적으로 지지하였다. 미국이 대북 포용 정책을 기조로 포괄적 접근 방안과 이의 단계적 이행을 제시한 페리프로세스를 채택하도록 주도적인 역할을 하였다. 페리 조정관은 93년 3월 김대중 대통령에게 대북정책 구상을 보고하면서, "부끄럽지만 임동원 수석이 제시한 전략 구상을 도용하고 표절하여 미국식으로 재구성한 데 불과하다."라고 말하였다. 페리프로세스를 통해 한·미·일 3국간 대북 포용정책 공조가 가동되어 미국과 일본의 대북 관계 개선을 위한 '한반도 평화 프로세스'가 진행되었다. 울브라이트 미 국무장관이 평양을 방문하여 클린턴 대통령의 북한 방문을 협의하였고, 일본의 고이즈미 수상이 평양을 방문하였다. 그레그 전 주한 미국대사는 이를 "미국의 한반도 정책을 한국이 주도한 최초의 역사적 사례이다."라고 평가하였다.

또한 동아시아 지역 협력이 중요하다는 중장기 외교 전략에서 1998년 하노이 아세안+3(동남아국가연합+한국, 중국, 일본) 정상회의에서 동아시아 비전그룹 결성을 제안하였고, 이는 결국 동아시아 연구그룹을 거쳐, 2003년 동아시아포럼 개최로 이어지고, 마침내 2005년에 말레이시아 쿠알라룸푸르에서 최초로 동아시아 정상회의(East Asia Summit)가 개최되었다. 한반도 정세에 절대적인 영향력을 미치고 있는 4대 강국을 동아시아 지역협력의 틀로 묶어 우리의 입지를 강화하면서 발언권을 높여 나가야 한다는 중장기 전략을 가지고, 이를 실천할 능력을 갖춘 김대중 전 대통령이 아니었으면 가능하지 않았을 것이다.

세계인 김대중을 배우고 활용해야

앞에서 살펴본 바와 같이 김대중 전 대통령은 '아시아의 넬슨 만델라'로서, 한반도 분단 역사의 물줄기를 바꾼 '변혁의 지도자'로서, 그리고 2000년 노벨평화상 수상자로서 세계에서 가장 존경받고 널리 알려진 한국인이다. 외국인의 말을 빌릴 필요도 없이 김대중 전 대통령은 우리의 국가적 자산임에도 불구하고 유감스럽게도 우리 국민들은 그의 이러한 소중한 세계적 가치를 깊이 인식하지 못하고, 이를 제대로 활용하지 못함으로써 국가적으로 손해를 보고 있다는 것이 필자의 생각이다. 또한 필자는 분단된 우리나라가 평화와 번영을 지켜나가면서 통일을 이루어 내기 위해서는 무엇보다도 우리 국민들이 국제적인 감각을 키우고 외교의 중요성을 알아야 한다고 생각한다. 세계인 김대중을 배우고,

활용하자는 취지에서 두 가지를 제안코자 한다.

첫째는 국가적 자산인 세계인으로서의 김대중 전 대통령을 배우고 기리는 사업을 제안한다. 그의 평화·민주·인권 사상과 실천을 이어가기 위해서 가칭 '김대중 평화대학원'을 설립하여, 후세대가 이를 계승, 발전시키고, 개발도상국의 젊은이들이 또한 이를 배움으로써 민주주의와 평화의 범지구적 확산에 기여할 수 있는 터전을 마련하는 일이 시급하다. 또한 그의 세계적인 업적을 널리 알리고 보존하는 장으로 '김대중 평화 도서관'을 설립하여, 세계적인 인물이 우리에게 있음을 보여줌으로써 우리의 자긍심을 높이고, 또한 이를 관광자원으로도 활용할 수 있을 것이다.

둘째는 우리의 지도자들이 국제적인 안목과 외교적 역량을 갖추도록 국민들이 두 눈 똑바로 뜨고 감독하여 이러한 능력이 부족한 지도자는 나라의 앞날을 책임지는 자리에 앉지 못하도록 할 것을 제안한다. 나라가 위기에 처할 때면 지도자의 국제적인 감각과 외교적 역량이 나라의 운명을 좌우하게 된다. 나라를 잃을 위기에 빠뜨린 임진왜란을 겪은 유성룡은 징비록懲毖錄에서 "한 사람의 정세오판이 국가 대사를 그르칠 수 있음을 경계해야 한다."라고 적었다. 4강에 둘러싸인 분단된 한반도의 앞날을 생각하면 우리 국민이 지도자를 뽑을 때 '국제적 안목과 외교적 역량'을 우선하여 투표해야 할 것이다.

김대중과 아키노

– 월간 『아시아 문화』 2014년 9월호 기고문

들어가는 말

김대중 전 대통령과 필리핀의 아키노 전 상원의원은 한국과 필리핀에서 각각 민주화의 아버지로 존경받고 있으며, 비슷한 시기에 목숨 걸고 반독재 민주화 투쟁을 함으로써 아시아 민주화 운동의 효시가 되었다. 1970년대 초 필리핀의 마르코스 대통령과 한국의 박정희 대통령은 앞다투어 독재 체제를 강화해 나갔는데, 필리핀에서는 계엄령이 선포되었고, 한국에서는 유신 체제가 수립되었다. 마르코스 정권의 계엄령에 맞선 아키노는 투옥되는 첫 번째 반체제 인사이었으며, 투옥 중에도 40일간 단식 투쟁을 하는 등 투쟁을 이어 갔고, 결국 사형선고를 받았다. 비상계엄이 선포되던 날, 일본에 체제하고 있던 김대중은 망명의 길을 걸어 해외에서 반유신 독재 투쟁을 전개하던 중 납치되어 한국으로 강제 귀국되었고, 결국 투옥되었다.

두 아시아 민주 지도자는 83년에 미국에서 동시에 망명 생활을 하였고, 만나서 '아시아 민주 전선' 같은 민주화 운동의 구심체를 공동으로 결성하기로 의기투합하였다. 그들이 동일한 시기에 미국에 체제하게 된 것은 7년간 투옥 생활을 하던 아키노가 80년 초에 지병 치료차 미국으로 갔고, 전두환 군사정권 하에서 사형 선고를 받고 복역 중이던 김대중 또한 82년 말에 반강제적으로 미국으로 망명하게 되었기 때문이었다.

이 글은 아시아 민주화의 효시가 된 두 지도자의 반독재 민주화 투쟁과, 세계인으로서의 김대중 전 대통령을 조명해 보고, 그가 남긴 귀한 국제적 자산의 가치를 재인식하고, 이를 활용하는 방안을 제안코자 한다.

아키노의 반독재 민주화 투쟁

83년 8월 21일, 아키노는 망명지인 미국으로부터 싱가폴과 타이페이를 거쳐 도착한 마닐라 공항에서 자신을 호송하던 군인의 총격으로 피살되었다. 이를 기화로 필리핀에 마르코스 대통령의 독재 체제에 항거하는 People Power 민중 운동이 폭발하였고, 드디어 20년 독재자 마르코스가 1986년에 축출되고, 아키노의 아내인 코라손 아키노 여사가 대통령에 취임함으로써 민주화가 달성되었다. 비록 그는 50세의 나이로 독재의 희생양이 되었지만, 필리핀 민주화의 아버지로 추앙받으면서 필리핀 국민의 마음 속에 영원히 남아 있다. 그를 기리어 마닐라 국제공항은 니노이 아키노 국제공항으로 개명되고, 그의 사망일인 8월 21일은 공휴일로 지정되어 있다. 그가 17세에 한국전 종군기자로 참전한 시기의 사진과 기사가 500페소 지폐 뒷면에 실려 있다. 현 필리핀 대통령인 아키노 3세는 그의 아들이다.

베니그노 아키노 2세는 1932년 11월 27일 딸락주 컨셉시온시에서 지주 집안의 아들로 태어났다. 그의 조부는 필리핀 독립의 아버지인 아귀날도 독립군의 장군이었으며, 아버지는 국회의장을 역임하였다. 그는 행동지향적인 인물로 17세의 어린 나이에 한국전 종군기자로 활약하여 훈장을 받았다. 일찍이 정치에 뛰어 들어 22세에 시장, 27세에 부지사, 29세에는 도지사에 각 각 당선되었고, 34세에는 최연소 상원의원이 되었다. 승승장구하던 아키노는 72년에 선포된 계엄령에 따라 최초로 구속되어 사형 선고를 받았다.

투옥 중에도 40일간 단식을 하는 등 반독재 투쟁을 멈추지 않았다. 7년 7개월의 감옥 생활에서 얻은 지병 치료차 80년에 미국으로 망명하여, 미국의 정계, 학계, 언론, 종교계 그리고 재미 필리핀계 단체 등을 상대로 반독재 투쟁을 활발하게 전개하였다. 83년에 마르코스 대통령의 지병 소식을 들은 아키노는 병든 마르코스가 평화롭게 정권을 이양하도록 설득하기 위하여 귀국을 결심하게 되었다. 그가 귀국을 발표하자 마르코스 정권은 항공사에 그를 태우지 못하도록 위협하는 등 귀국을 방해하였다. 이에 대해 그는 거주지인 보스턴에서 바로 귀국하지 않고, LA를 거쳐 싱가폴, 타이페이로 간 후 그곳에서 마닐라로 귀국하는 여정을 택하였다. 귀국 전 타이페이에서 가진 기자회견에서 그는 "나는 권총으로 암살될 가능성이 매우 높고, 그래서 방탄조끼를 입고 간다. 그러나 머리는 어떻게 할 도리가 없다."라고 하면서, "당신들은 마닐라에 도착 즉시 카메라를 준비해야 할 것이다."라고 태연하게 말하였다. 그가 예측한 대로 마닐라 공항에 도착하자마자 그를 호송한 군인 중 한 명의 총탄에 살해되었다. 아키노의 어머니는 국민들의 저항심을 일깨우기 위해 총탄을 맞아 참혹한 아키노의 모습 그대로의 시신을 안치토록 하였다.

아키노의 암살 소식을 들은 김대중은 미국 내 곳곳에서 개최된 항의 집회에 참석하여 아키노의 희생을 기리면서 독재 정권의 폭거를 비판하고, 특히 그 즈음에 계획되었던 레이건 대통령의 필리핀 방문 취소를 촉구하였다.

공통점과 차이점

앞에서 상술한 바와 같이 김대중 전 대통령과 아키노 전 상원의원은 투옥, 단식, 사형선고, 망명 등 비슷한 반독재 민주화 투쟁의 삶을 살았으며, 각각 자신들의 국가에서 민주화의 아버지로 추앙받고 있고, 그리고 가톨릭 신자로서 깊은 신앙심을 가지고 비폭력적인 방법으로 반독재 투쟁을 하였다는 점 등에서 유사점을 가졌다. 특히 아키노 3년 그리고 김대중 777일 동안의 미국 망명 기간 중 망명지인 미국에서 만나 의기투합하여 아시아 민주주의 발전을 위해 함께 투쟁하기로 한 점은 의미가 크다 하겠다. 그 후 이 다짐은 1994년 말에 김대중 아태재단 이사장의 주도로 결성된 '아시아태평양 민주 지도자 회의'에 그와 코라손 아키노 전 대통령이 공동의장에 선임됨으로써 실현되었다 하겠다.

한편 이 두 아시아 민주지도자 간에는 성장 배경과 과정 그리고 후반부 인생에서 차이가 두드러진다. 아키노는 지주 집안에 태어나 일찍부터 정계에 진출하여 승승장구하였던 반면, 김대중 대통령은 자수성가형으로 4전 5기 끝에 국회의원에 당선되는 등 굴곡 많은 전반기 생을 보내야 했다. 그러나 후반기에 두 지도자의 삶은 크게 대비되는데, 아키노는 50세에 암살당함으로써 개인적으로는 비극적인 삶을 살았다고 하겠으나, 김대중은 70세가 넘어 대통령에 당선되어, 역사상 최초의 남북정상회담을 갖고, 노벨평화상을 수상하는 등 세계적인 지도자로서 자리매김하게 되었다.

두 아시아 지도자의 투쟁과 삶을 비교하는 이 글을 쓰면서 필자는 우리 국민이 필리핀 국민을 배워야 하겠다는 생각을 하게 되었다. 왜냐하면, 필리핀 국민은 아키노의 민주화 투쟁을 기리어 그가 죽임을 당한 날을 공휴일로 지정하는 등 그를 국가적으로 기리는 데 비하여 우리는 아직까지 김대중 전 대통령의 철학과 업적을 배우고 기리는 데 인색하다고 생각하기 때문이다. 김대중 전 대통령이 남긴 유산은 국가적 자산임을 인식하여 하루빨리 그러한 사업이 펼쳐질 수 있기를 기대한다.

한·아세안외교

– 『김대중 외교: 비전과 유산』(양성철·이상근 편, 2015)에 실린 필자의 강연 녹취록

오늘 저를 불러주신 두 가지 이유가 있는 것 같아요. 하나는 제가 직업외교관으로 약 33년 동안 재직했고, 마지막에 말레이시아 대사와 아세안 대사를 했습니다. 그래서 아세안에 대해서 좀 안다고 생각하신 측면이 있는 것 같아요. 또 하나는 제가 외교부에 재직할 때 김대중 대통령님을 모셨었습니다. 김대중도서관 4층에서 제가 2년 반 동안 근무를 했습니다.[1] 전직 대통령께서 비서관으로 외교관을 불러다 쓰신 적이 없어요. 그런데 대통령님께서는 워낙 외교를 소중하게 생각하시고, 어떻게 보면 우리나라 대통령 중에는 외교를 제일 잘 하신 분이라서 외교관을 데려다가 많은 대외 활동을 하신 것 같습니다. 살아계실 때는 외국에서 VIP들이 오시면 다들 김 대통령님을 만나 뵙고 싶어 했어요. 제가 있을 때만 해도 클린턴 전 대통령, 시니어 부시 전 대통령, 폰 바이체커 전 독일대통령, 키신저 박사 등이 오셨어요. 외국에서 오셔서 이야기를 나눌 만한, 외교를 잘 아시는 우리나라 전직 대통령이 없잖아요? 이렇게 말씀드리면 동의하지 않는 분도 계실 테지만, 그런 인연으로 제가 오늘 이 자리에 온 것 같습니다.

오늘 제가 말씀드리고 싶은 건 두 가지인데, 하나는 김대중 대

1 [편집자] '전직 대통령 예우에 관한 법률' 에 의거하여 전직 대통령은 자신이 추천하는 3명을 비서관으로 둘 수 있다. 이들은 별정직 국가공무원의 신분으로 근무한다.

통령님의 아세안 외교에 관해서입니다. 또 하나는 아세안이 정치적, 경제적으로 얼마나 중요한지에 대해서입니다. 물론 강의를 들으셨으니까 대통령님께서 미국, 중국, 일본과 어떤 외교를 하셨는지 큰 틀에서 다 아시고 계실 텐데, 김 대통령님은 동아시아 공동체라는 큰 비전을 가지고 계셨어요. 아세안을 통해서 동아시아 공동체라는 비전을 실현시켜 나가셨습니다.

아세안+3라고 혹시 들어보셨는지 모르겠는데, 김 대통령님이 취임하신 1998년부터 아세안 국가들과 한·중·일 3국의 정상들이 모인 회의체가 시작되었어요. 김 대통령께서 그 계기를 살리셔서 그때부터 이렇게 하나하나 동아시아 공동체의 토대를 놓으셨어요. 그때까지는 동아시아 공동체에 대한 합의가 없었어요. 1991년에 마하티르 말레이시아 수상이 동아시아 경제협력체를 제기했어요. 그런데 중국도 반대하고, 일본도 반대하고, 특히 미국의 반대가 심했죠. 동아시아가 뭉치면 미국이 소외되잖아요. 그러니까 반대를 많이 했어요. 그래서 합의가 이루어지지 못했습니다.

우리나라가 워낙 미국과 가깝고 미국의 동맹이잖아요. 그러니까 동남아 국가 사람들이 의심을 했어요. 한국이 뭐라고 하면 분명히 뒤에 미국이 있다고 생각했습니다. 김대중 대통령이 그런 외부의 인식을 어떻게 극복해 나가시면서 동아시아 공동체를 추구했는지에 대해서 좀 말씀을 드리겠습니다. 그리고 현재가 중요하니까 오늘날의 아세안과 한·아세안 관계에 대해서도 설명을 드리려고 합니다. 제가 이번에 대통령님과 동아시아 공동체에 관한 이야기를 하려고 조사를 좀 했는데 자료가 굉장히 부실해요. 청와대 홈페이지 자료실에도 들어가 봤는데 자료가 너무 부실해요. 물론 대통령기록관은 많은 자료를 가지고 있겠지만 그것을 사용할 수가 없어요. 그런 점을 이해해 주시기 바랍니다.

제가 설명드릴 순서는 먼저 김대중 대통령님의 외교를 아주 간략하게 전반적인 것들을 좀 정리를 해 드리겠고요. 그 다음에 미·중·일이 지금 아세안과 어떤 관계를 갖고 있고 역사적 맥락에서 어떤 관계인지를 좀 말씀드리겠습니다. 세 번째로는 통계자료를 통해서 아세안이 정치적, 경제적으로 얼마나 중요하게 부각되고 있는지 말씀을 드리겠습니다. 그 다음은 우리나라와 아세안이 지금 어떤 관계인지에 대해서 네 번째로 말씀드리고, 결론은 아세안을 우리가 굉장히 중요시해야 되겠다. 우리가 주로 4강 외교를 이야기하는데 아세안을 우리의 다섯 번째 핵심 파트너로 삼아야 되겠다는 생각을 말씀드리려고 합니다.

한국인들의 아세안에 대한 인식 부족

아세안에 대해서 잘 모르시죠? 아세안이라고 하면 무슨 생각이 드시나요? 동남아 협력기구? 섬과 해안으로 연결된 것? 반은 맞습니다. 그렇지만 대륙으로도 중국, 인도 쪽으로 연결돼 있으니까 지정학적으로 굉장히 중요하지요. 옛날 서구 제국이 15세기부터 아시아에 왔는데요. 그 이후로 동남아시아를 굉장히 중요시 했어요. 스파이스 루트(spice route)라고 해 가지고, 향료, 차 같은 것들을 그때부터 동양에서 가져갔어요.

아세안 회원국이 지금 10개국입니다. 이런 식의 지역협력기구로는 세계에서 두 번째로 오래됐어요. EU가 1957년에 결성됐고 아세안이 1967년에 결성됐습니다.[2] 결성 당시에는 동남아시아 각국에서 공산주의 세력이 상당히 득세를 했습니다. 그래서 말레이시아도 1980년대 초반까지 공산당하고 많이 싸웠어요. 요즘의 모습을 생각하면 말레이시아가 무슨 반공법이 있겠나 싶지만 우리 국가보안법하고 비슷한 반공법이 지금까지도 있습니다. 이 법이 야당을 탄압하는 데 잘못 사용되는 케이스가 있는데, 당시에는 이런 법을 만들 만큼 공산주의에 대한 두려움이 많았어요. 그래서 아세안이 처음에는 반공산주의 전선 비슷하게 출발했어요.

처음에는 5개국으로 시작했는데 지금은 10개국이 됐습니다. 1990년대 초에 소련이 해체되고 냉전이 끝났죠. 그 이후에 공산권 국가들이었던 캄보디아, 베트남, 라오스가 다 참여하게 되고 미얀마도 참여를 해서 지금은 회원국이 10개국이 됐습니다. 간단한 통계를 말씀드리면 2012년에 10개국의 GDP 합쳐 놓은 게 세계 6~7위 정도 되요. 2조 3천억 달러 정도 되는데 그 정도면 영국이나 브라질 수준입니다. 그러니까 결코 작지 않은 경제 규모지요. 그리고 경제 성장을 굉장히 빨리 하고 있습니다. 개괄적으로 아세안이 무엇인지 말씀을 드렸습니다.

아세안이 근래에 와서 굉장히 부각이 되고 있죠. 왜냐? 아세안이 2015년이 되면 단일 시장이 됩니다. 시장이 하나로 묶여요. 그런데 아직 우리나라 사람들은 그런 것에 대한 개념이 없는 것 같아요. 제가 말레이시아에서 근무할 때 우리 정부에 계신 분들이라

---

2 [편집자] 1957년 3월 로마조약을 통해 결성된 기구의 명칭은 유럽경제공동체(EEC)이다. 이 기구가 1967년에 결성된 유럽공동체(EC)와 현재의 유럽연합(EU)의 초기형태라고 할 수 있다.

든지 비즈니스 하시는 분들, 학계 분들 다 오시는데 아직 아세안에 대한 개념이 부족하시더군요. EU라고 하면 하나로 생각하시잖아요. 개별국가들로서가 아니라 EU라는 하나의 묶음으로 생각하시죠? 그런데 아세안에 대해선 아직 그런 개념이 없어요. 그러고 아세안이 얼마나 국제정치적으로, 경제적으로 중요하게 부각되고 있는지에 대한 인식도 아직 상당히 저조하시더라고요.

물론 저도 말레이시아에 가고 아세안에 대해서 공부를 하기 전에는 그런 것을 잘 몰랐어요. 제가 2011년에 외교부를 그만두고 광주로 갔습니다만, 그때부터 전직, 현직 동남아 주재 대사들이 함께 아세안을 프로모션하려고 책도 쓰고 강연도 하고 전국을 돌아다녔어요. 저는 광주에 있으니까 광주에서 주로 했고 다른 분들이 전국을 돌아다니셨는데 그래도 아직 인식이 낮아요.

김대중 대통령의 4강 외교

김대중 대통령님의 외교는 크게 보아 단기 전략과 중장기 전략이 있었습니다. 단기 전략은 4강과 국제기구들과의 협력 관계를 강화시키는 것이고 중장기적으로는 4강 외교의 틀을 벗어나고 통일시대를 대비하기 위해 동아시아 공동체의 비전을 제시하셨습니다.

먼저, 김 대통령께서는 4강 외교를 1동맹 3친선 체제라고 말씀하셨습니다. 1동맹은 물론 미국과의 동맹입니다. 한미동맹은 안보나 경제 발전을 위해서 절대적으로 필요하다는 굳건한 믿음을 가지고 계셨습니다. 또 햇볕정책을 추진하기 위해 4강 외교를 강화해야 한다고 생각하였습니다. 남북관계는 남한과 북한만의 관계라기보다는 국제정치적인 문제입니다. 그러니까 4강이 지지하고 호응해주지 않으면 남북한 관계가 원활하게 풀려가지 않아요. 물론 남북 관계가 원만하지 않으면 또 4강과 남한의 관계에도 영향을 주어서 4강 외교가 원만치 않게 되기도 하죠. 예를 들면 김영삼 정부에서 북한 핵문제가 터졌을 때에 한미 관계가 굉장히 안 좋았습니다. 카터 전 대통령이 방북을 해서 핵문제를 풀었잖아요. 그런데 카터가 방북한다고 했을 때 우리 정부가 굉장히 반대했어요. 그래서 갈등이 많았어요. 그리고 미국이 영변 핵시설을 공격하려고 했잖아요. 카터가 방북했을 때 실제로 미국 대통령과 정부 핵심인물들이 우리 식으로 말하면 안보회의에서 자기들끼리 그 문제를 토의했었어요. 당시에 남북 관계도 안 좋고 한미 관계도 안 좋았어요.

남북 관계하고 4강과의 관계는 굉장히 긴밀하게 엮여 있습니다. 그래서 어느 한쪽만 잘 해서는 안 돼요. 항상 같이 나가야 되요. 김 대통령께서 햇볕정책을 성공적으로 추진하실 수 있었던 것은 이 정책에 대해 미국과 완벽한 합의를 이뤘기 때문입니다. 김 대통령께서 처음 미국을 방문하셔서 클린턴하고 회담을 할 때 대통령님의 외교적인 능력이 발휘되었어요. 햇볕정책을 설명하시면서도 미국 외교의 사례들을 언급하셨어요. 가령 닉슨이 중국과 관계를 개선하고 수교를 하는 과정 같은 역사적인 사례를 들면서 햇볕정책의 당위성을 강조하신 거예요. 그러니까 클린턴 대통령도 완전히 동의를 하셨어요. 뭐 다른 나라 사례 같은 것을 가지고 설득을 하셨으면 훨씬 설득력이 덜했을 거예요. 그런데 김 대통령이 역사에 관한 지식이 많으셔서 상대방에 따라 아주 적합한 사례를 잘 거론하십니다. 클린턴 대통령이 앞으로 대북 정책은 김 대통령께서 운전대를 잡으시라고 했어요. 우리 역사상 미국 대통령에게 이런 이야기를 들은 일이 없어요. 그래서 한미 양국의 대북 정책을 우리가 주도하게 된 거예요.

이렇게 클린턴 대통령을 설득해서 일단 지원을 받으시고, 그 다음에 페리(William J. Perry)를 설득하셨어요. 페리가 클린턴 정부 1기 때 국방장관을 했어요. 이 분이 원래 굉장한 강경파에요. 1994년에 북한의 핵시설을 공격하자고 주장하신 분이 페리에요. 그런데 클린턴 대통령이 이 분을 대북 정책조정관에 임명했어요. 김 대통령은 임동원 당시 외교안보수석을 페리에게 보내서 햇볕정책을 아주 상세하게 브리핑하게 하셨어요. 그 뒤에 페리 프로세스를 우리 정부에서 주도했습니다. 미국에 가서 설득을 하고 그 다음에 미국이 대북 정책을 성안하는 과정을 우리가 주도한 것입니다. 이런 것은 우리 외교사에 유례가 없습니다.

중국에 가셔서도 장쩌민 주석과 정상회담을 하는데 장 주석이 유지자사경성有志者事竟成이라고, 뜻이 있으면 꼭 이룬다는 말씀을 했어요. 김 대통령이 죽을 고비도 다섯 번 넘기시면서 많은 난관을 헤쳐오신 분인데, 이런 분은 꼭 나중에 복을 받더라는 말씀도 했지요. 정상회담에서 상대방 정상에게 이런 이야기를 하는 일이 흔치 않아요. 그 만큼 김 대통령에 대한 존경심을 갖고 있었어요. 김 대통령이 햇볕정책을 설명하니까 장쩌민 주석이 "인내심을 갖고, 자존심을 상하지 않게 하고, 자극하지 않으면서, 너그러운 환경을 만드는 것이 중요하다."라고 하셨어요. 이건 뭐 우리의 대북 정책에 정확하게 들어맞는 말이라고 생각합니다. 항상 상대방의 체면을 살려주어야 합니다. 경제력으로 보나 다른 어떤 면으로 보나 북한이 우리의 상대가 안 되잖아요? 그러니까 장 주석은 너그러운 마음을 갖고 상대를 해야 된다는 말씀을 하시면서 우리의 햇볕정책을 지지했습니다.

일본과의 외교도 참 잘하셨어요. 요즘 역사 문제로 한일 관계가 냉전 상태를 벗어나지 못하고 있는데, 김 대통령 재임 당시의 외교가 한일 관계의 텍스트북입니다. '21세기 한일 파트너십'이라는 공동선언을 김 대통령과 오부치 총리가 합의를 해서 발표했는데 이 선언이 지금까지도 한일 관계의 정전으로 여겨지고 있어요. 지금도 한일 관계를 개선해 보자는 이야기를 하시는 분들은 꼭 이 선언을 거론해요. 1998년에 김대중 대통령께서 일본을 방문하셨을 때 오부치 수상이 사죄한 것이 우리나라에 대한 사죄로는 역사적으로 처음이에요. 그 전에는 우리나라를 지칭해서 사죄하지 않았습니다. 무라야마담화 같은 것도 우리나라를 지칭해서 한 게 아니고 폭넓게 전체를 대상으로 한 것인데 이때 처음으로 사죄를 받아냈어요. 그래서 일본 문화 개방도 하고 과감하게 미래지향적인 한일 관계를 추진할 수 있었던 것입니다. "오부치 총리 대신은 금세기의 한일 양국 관계를 돌아보고 일본이 과거 한때 식민지 지배로 인하여 한국 국민에게 다대한 손해와 고통을 안겨주었다는 역사적 사실을 겸허히 받아들이면서, 이에 대하여 통절한 반성과 마음으로부터 사죄를 하였다." 우리가 지금 요구하고 있는 것도 이 내용을 다시 확인하라는 것인데 현재의 일본 정부가 받아들이지 않고 있어요.

러시아는 김 대통령이 취임하시기 전에도 네 번이나 다녀오셨고 거기서 명예박사학위도 받으셨고 개인적으로 관계가 좋으셨습니다. 러시아도 우리 햇볕정책을 적극 지지해 줬어요. 그래서 김대중 대통령님께서 즐겨 쓰시는 말씀이 있습니다. 색시 하나를 두고 신랑감 넷이 프러포즈하게 만드는 것이 외교다. 색시라는 것은 우리나라를 얘기하는 거죠. 그러니까 4강이 우리에게 계속 구애를 하도록 만드는 것이 바로 우리의 외교다. 이렇게 아주 간결하고 명확하게 정의를 해 놓으셨습니다.

김대중 외교의 중장기 구상: 동아시아 공동체

김 대통령님의 중장기 구상으로는 동아시아 공동체를 꼽을 수 있습니다. 모두에도 말씀드렸지만 대통령님께서 동아시아 공동체 구상을 아세안+3 협의체를 통해서 아주 단계적으로 실천해 나가셨습니다. 동아시아 공동체 구상을 하시게 된 배경을 살펴보자면, 감옥에 계실 때 토인비(Arnold J. Toynbee)의 역사서를 읽으신 뒤로 21세기에는 아시아의 시대가 온다는 굳건한 믿음을 가지고 계셨습니다. 그리고 동아시아 공동체라는 방향으로 나아가면은 지정학적으로나 경제적으로나 우리한테 큰 이로움이 있고 우리가 통일시대를 열어가는 데 큰 도움이 되겠다고 생각하셨습니다. 유럽의 통합 과정이 없었다면 독일의 통일이 그렇게 쉽지 않았을 것입니다. 독일이 유럽에 통합되는 과정에서 유럽인들의 신뢰를 얻었기 때문에 주변국들이 독일이 통일되어도 괜찮겠다고 생각했던 것입니다. 왜냐하면 EU라는 큰 틀 속에 같이 묶여 있기 때문에 주변 국가들이 통일독일을 두려워하지 않았던 것입니다.

또, 우리나라가 독일 같은 강국은 아니지만 동아시아 공동체라는 큰 틀 안에 있으면 우리의 발언권이 훨씬 세질 수 있습니다. 지금은 남과 북이 나눠져 있기 때문에, 또 우리 주변에 강대국들만 있기 때문에 우리가 발언권을 제대로 행사할 수가 없어요. 미국과 얘기하면서도 그렇고 중국하고 얘기하면서도 그렇고 우리의 요구를 상대방에게 강하게 제기할 수 없는 입장이잖아요. 동남아 국가들이 바로 우리와 같은 처지에 있었는데, 아세안은 김 대통령이 말씀하신 것 같이 색시 하나를 두고 강대국들이 모두 구애를 하는 외교를 하고 있습니다.

대통령께서 이런 원대한 구상을 차근차근 실천해 나가셨는데, 1998년에는 아세안+3 회의에 가셔서 '동아시아 비전 그룹'을 제안하십니다. 동아시아 비전 그룹이라는 건 민간인들이 모여서 동아시아 지역협력에 대한 논의를 하는 것입니다. 기업인, 학자 같은 사람들이 모여서 함께 의논을 하는 거예요. 왜 이런 것을 먼저 제안하셨는지를 분명히 알 수 있는 자료는 없지만, 제가 추측하기로는 전술적인 접근을 하신 것 같아요. 당시에는 동아시아 공동체를 만들자는 합의가 없었어요. 지역공동체를 만들자는 합의가 없는데 정부 관료들이 모여서 이 문제에 대해서 연구하자고 하면 동의를 얻기가 어렵겠지요. 그러니까 우선 민간인들이 앞으로 동아시아 지역 협력을 어떻게 해 나갈 것인지 협의해보자고 제안하신 거예요. 뒤에 자세한 말씀을 드리겠지만 이 제안에 대해 아세안 국가들이 처음에는 뜨악하게 생각했습니다. 그래서 마하티르 수상 같은 분이 질문을 해요. "도대체 이 제안이 무슨 뜻이냐? 내가 제안한 동아시아 경제협력체하고 뭐가 틀리냐?" 이렇게 물어봐요. 그래서 김 대통령께서 설명을 하셨어요. 21세기는 정보화시대이고 민간인들 간에 논의할 수 있는 기구를 만드는 것이 중요하다. 정부 간도 중요하지만 민간 섹터에서 그런 걸 하는 게 굉장히 중요하다. 또, 21세기는 아시아의 시대다. 세계경제가 NAFTA (North American Free Trade Agreement), EU와 같이 블록화하고 있는데 동아시아만 개별 국가들이 독자적으로 움직이면 우리만 뒤떨어지고 손해를 보는 것 아니냐? 이런 논리를 가지고 설득을 하셨습니다. 그래서 비전그룹을 하게 되고 그런 과정을 우리나라 쪽에서 주도적으로 이끌게 됩니다. 제안을 한 국가가 제안된 내용에 한해서는 대개 주도를 하거든요. 그래서 우리가 주도적 역할을 했습니다.

동아시아 비전그룹의 결과보고서가 마무리되어가던 2000년에는 동아시아연구그룹을 만들자고 제안하셨습니다. 연구그룹에는 정부 관료들이 들어갑니다. 거기서 민간인들이 내놓은 연구 결과를 놓고 이것을 정부 차원에서 어떻게 추진해 나갈 것인지를 의논하자는 제안을 하셨습니다. 2003년에는 동아시아 포럼이라 해가지고 정부, 재계, 학계 등이 함께 모이는 국제적 단체를 하나 만드십니다. 이때는 물론 대통령직에서 퇴임하신 뒤이지만 김 대통령께서 제안을 해서 결성이 됐기 때문에 초청을 받으셔서 창립대회와 2차대회에 참석하셨습니다. 2005년에는 동아시아 정상회의(EAS, East Asia Summit)가 만들어졌습니다. 김대중 대통령님이 제안했던 비전이 일부 실현이 된 것이지요.

동남아에서 유명한 일종의 격언을 하나 소개하겠습니다. "The

grass suffers not only when the elephants fight each other, but also when they make love." 코끼리가 싸울 때뿐 아니라 코끼리들이 서로 사랑을 나눌 때에도 풀은 다친다. 이 말은 뭔 말이냐? 강대국들이 서로 싸워도 약소국은 다치고, 강대국들끼리 찰떡궁합이 되어도 약소국은 다친다는 것입니다. 닉슨이 중국과의 관계를 개선할 때 아무한테도 안 알렸어요. 키신저 회고록에 보시면 아주 재미있는 이야기가 나옵니다. 미국과 중국의 관계가 좋아지는 것을 주일 미국대사가 몰랐다는 거예요. 주일 미국대사가 이발소에서 이발을 하다가 닉슨 대통령이 중국을 방문한다는 멘트를 라디오로 들었는데, 누가 장난치는 줄 알았대요. 그러니 일본 정부가 발칵 뒤집어졌습니다. 한국정부도 그때 발칵 뒤집어졌잖아요. 그 뒤에 닉슨 독트린이 나오죠. 아시아의 방위는 아시아인들이 스스로 하라. 그래서 주한미군 2개 사단인가가 철수했어요. 동맹국과도 전혀 상의를 안하고 강대국들끼리 타산이 맞아서 딱 붙어먹으니까 다른 나라들은 완전히 뒤집어진 것이죠. 그러니까 강대국들이 너무 붙어도 우리같이 힘이 약한 나라는 중간에서 당해요.

강대국들이 서로 싸우지 않아야 되고, 강대국들이 서로 찰떡궁합이 되어서도 안 되고, 그러면 우리는 어떻게 해야 되겠습니까? 외교를 잘 해야 되요? 강대국들 사이에서 외교를 잘 하는 것도 한계가 있죠. 결국 대화의 자리에 같이 앉을 수 있어야 되요. 약소국들도 강대국들의 대화 상대가 되어야 합니다. 동아시아 공동체가 그래서 필요한 겁니다. 모두들 동아시아 공동체 속으로 들어가면 우리의 입장이 훨씬 나아지게 됩니다. 왜 그럴까요? 다른 멤버들과 함께 행동해야 하고, 공동체에 통용되는 규칙이 있으니까 강대국들도 함부로 행동하지 못하게 되는 것입니다. 물론 강대국이 동아시아 공동체의 리더 역할을 하게 되겠지만 행동의 제약을 많이 받게 될 것입니다. 그래서 우리의 궁극적인 외교 목표는 동아시아 공동체와 동북아 안보 협력 대화라고 대통령님께서 많이 강조하셨습니다. 동아시아 공동체를 만들고, 6자회담을 궁극적으로 동북아 안보 협력 대화로 만들어야 된다. 유럽의 NATO 같은 것을 만들어야 된다. 이렇게 말씀하셨습니다.

제가 『김대중 자서전』에 실린 말씀을 좀 옮기겠습니다. 2003년 12월에 서울에서 개최된 동아시아 포럼 창립 총회에서 하신 말씀인데, 김 대통령의 동아시아 공동체에 대한 꿈이 굉장히 이상적인 모습으로 그려져 있습니다. "동아시아에는 지금 21세기 미래에 대한 희망의 무지개가 떠오르고 있습니다. 우리는 평화롭고, 풍요롭고, 약자를 위한 정의가 실현되는 동아시아의 도래에 대한 희망을 가지고 있습니다. 동아시아 공동체의 실현이 바람직합니다. 우리는 할 수 있습니다."[3] 이렇게 굉장히 긍정적인 비전을 말씀하셨어요. 다음으로 2004년도 12월에 쿠알라룸푸르에서 개최된 동아시아 포럼 2차 회의 때 하타 스토무 일본 총리의 연설 중 일부를 소개하겠습니다. 이 연설에는 김 대통령님께서 동아시아 공동체 구상을 어떻게 이끌어 오셨는지가 잘 나타나 있습니다. "동아시아 정상회의 구상은 이 자리에 참석하신 김대중 전 대통령이 제창한 것입니다. 또한 동아시아 자유무역지대 구상 역시 김 전 대통령의 이니셔티브로 시작되었습니다. 김 전 대통령은 동아

3 김대중(2010), 앞의 책, 156쪽.

시아 비전그룹과 동아시아 연구그룹을 제안하였고, 작년 서울에서 동아시아 포럼 창립 총회를 주재국으로서 성공적으로 이끌었습니다. 동아시아 공동체를 만들어 가는데 큰 공헌을 한 김 전 대통령의 구상과 선견지명에 거듭 경의를 표합니다."[4]

동아시아 정상회담을 피크로 해서 최근에는 동아시아 자유무역지대 협상이 진행되고 있습니다. 모두 김대중 대통령님께서 이니셔티브를 취하고 주도면밀하게 추진하신 것들입니다. 대통령님의 외교에 대한 식견, 외교술, 능력 같은 것들이 잘 나타난 케이스라고 봅니다. 이 문제에 대해서는 좀 더 학문적인 연구가 필요한 분야가 아닌가 생각하고 있습니다.

청와대 홈페이지에 단편적으로 소개되어 있는 내용도 하나 옮겨 보겠는데요. 1999년 11월에 필리핀에서 아세안+3 회의가 열렸는데 김 대통령이 그곳 동포들과의 간담회에 참석하셔서 이런 말씀을 하십니다.

"아세안 회의에서 과거와 다른 획기적인 진전이 있었다. 아세안 국가들은 그동안 동북아에 거리감을 갖고 있었다. 그러나 이제 동남아냐 동북아냐의 문제가 아니라 동아시아 전체를 생각하는 기류가 생겼다."

이 말씀이 굉장히 중요한 말씀입니다. 외교관들도 그렇고 기업인들도 그렇고 국민 대다수가 동북아와 동남아를 따로 생각하고 있어요. 동남아에서 무슨 일이 생겨도 우리하고는 관계없다고 생각하게 돼요. 그런데 김대중 대통령은 이미 1999년에 동남아와

---

[4] 위의 책, 156쪽.

동북아가 둘이 아니라 하나다. 이런 비전을 가지고 계셨어요.

다음으로, 2001년 11월 아세안+3 정상회의 참석을 위해 브루나이로 출국하실 때 하신 말씀을 살펴보겠습니다.

"저는 이번 회의에서 한국이 주도적으로 작성한 동아시아 비전그룹 보고서를 중심으로 동아시아 포럼과 동아시아 정상회의 그리고 동아시아 자유무역지대의 창설을 제안할 예정입니다."

이렇게 말씀하시고 가셨는데, 오늘날 이 말씀이 모두 그대로 실현이 됐습니다. 동아시아 포럼이 2003년에 결성됐죠. 동아시아 정상회의는 2005년 시작되어서 지금도 매년 열리고 있습니다. 이제는 미국이 자기들만 외톨이가 될까봐 동아시아 정상회의에도 참석을 하고 있어요. 미국은 동아시아 국가가 아니죠? 그런데 자기나라도 아시아·태평양 국가라고 우겨서 들어왔어요. 김 대통령께서 이때 제기하신 동아시아 자유무역지대는 '역내 포괄적 경제동반자협정'이라고 해서 협상이 진행되고 있어요. 아세안 10개국에다 한·중·일, 인도, 뉴질랜드, 호주까지 16개국이 참여하고 있어요. 모두 김대중 대통령님이 오래 전에 제안하신 내용들입니다.

아세안과 중국

대통령님 외교의 큰 틀이 어떠했는지 좀 살펴봤는데요. 두 번째 말씀드릴 것은 아세안과 미·중·일입니다. 미국, 중국, 일본이 동아시아에서 가장 힘을 가진 나라들이죠. 2012년 11월에 오바마 대통령이 재선되자마자 미얀마를 가셨습니다. 역사상 처음으로 미국 대통령이 직접 미얀마를 방문했어요. 물론 테인 세인(Thein

Sein) 미얀마 대통령도 만나셨고, 아웅산 수치 여사와도 역사적인 회담을 하셨습니다. 일본의 아베 수상도 2013년 5월에 미얀마를 방문했습니다. 당시까지 일본에 갚아야 할 미얀마의 부채가 2,000억 엔이에요. 아베 수상이 이 빚을 그냥 탕감해줘 버렸어요. 거기다 910억 엔의 개발원조를 약속했는데, 이 중에 무상원조가 400억 엔입니다. 왜 그렇게 했겠습니까? 그만큼 거기서 얻을 게 많이 있기 때문에 도와주는 것 아니겠어요?

시진핑 중국 주석은 2013년 10월에 APEC 비공식 정상회의 참석차 인도네시아에 갔습니다. 인도네시아는 중국에 대해서 적대감이 많은 나라에요. 옛날에 중국 공산당이 인도네시아에 사는 화교들을 사주해서 정권을 전복하려고 했어요. 그리고 폭동이 일어나서 인도네시아 사람들이 화교들을 많이 죽였어요. 또, 중국계가 소수인데 경제를 장악하고 있습니다. 그런데 시진핑 주석이 가서 처음으로 인도네시아 국회에서 연설을 했어요. 또, 유도요노(Susilo Bambang Yudhoyono) 인도네시아 대통령과 정상회담을 했는데, 아시아 인프라 투자 은행을 설립하자고 제안하면서 500억 달러 규모의 펀드를 중국이 조성하겠다고 했어요.[5] 이밖에도 중국이 동남아에 돈을 엄청나게 쏟아 부었어요.

지금 동아시아 강대국인 미·중·일이 아세안에게 엄청난 구애를 하고 있습니다. 중국은 1990년대 초반까지는 지역 외교 개념

5 [편집자] 아시아인프라투자은행(Asian Infrastructure Investment Bank, AIIB)는 2014년 10월 24일 공식 출범하였다. 이 은행은 미국, 일본 등이 주도하는 세계은행(World Bank)과 아시아개발은행(Asian Development Bank, ADB) 등의 국제금융기구에 대항하기 위해 중국이 주도하여 설립하였다. 초기 자본도 대부분 중국이 제공하였다.

이 없었어요. 외교를 그냥 양자 관계 차원에서 했지, 지역협력체에 전혀 참여하지 않았습니다. 그런데 1990년대 초에 소련이 해체되고 동서냉전이 끝나버렸잖아요. 그 뒤로 국제정세가 완전히 바뀌면서 미국을 중심으로 단극체제(unipolar system)가 형성되었습니다. 그러니까 이대로는 안 되겠다면서 학자들이 미소외교(smile diplomacy)를 주장하고 중국 정부도 적극적으로 지역외교에 참여하기 시작합니다. 그래서 아세안과 '대화 관계(dialogue partnership)'를 맺고, 정치적 관계를 강화하려고 했어요. 일본은 이런 것을 1970년대에 했는데 중국은 1990년대 중반에 합니다.

또, ARF(ASEAN Regional Forum)라는 지역 안보 대화협력체가 있어요. 강제력은 없어요. 나토같이 군대가 있는 것은 아닌데, 유일한 안보 대화체이고 북한도 참가합니다. 앞에서 말씀을 못 드렸는데, 김대중 대통령님이 아세안+3 회의에서 북한도 ARF에 참여했으면 좋겠다고 하셨어요. 그래서 북한이 2000년에 가입하게 되었습니다. 중국은 ARF에도 가입해서 지역 안보 차원의 협력에도 적극적으로 나서는 등 대대적인 대동남아, 대아세안 외교를 펼칩니다.

중국이 돈도 엄청나게 쓰고 있습니다. 돈 쓰는 내용은 뒤에 다시 말씀을 드리겠습니다만, 여기에는 두 가지 이유가 있어요. 하나는 중국 위협(China threat)이라는, 동남아시아 국가들의 두려움을 누그러뜨리려는 것입니다. 앞에서 말씀드렸지만, 동남아는 중국의 공산주의 세력 확장 때문에 냉전시대 내내 고통을 받았어요. 그래서 항상 중국에 대한 의구심이 있습니다. 약소국은 다들 그런 의구심이 있잖아요. 미소 외교라고 아주 대대적으로 유화책을 펼치는 겁니다. 남중국해에서 영토 문제로 지금도 중국이 동남아 국가들하고 가끔 싸우고 있죠? 그 문제에 관해서도 시진핑 주석은 비교적 유화책을 쓰고 있어요. 평화적으로 하자고 실무대화를 가지고 있습니다. 2010년에는 이게 크게 터졌었죠. 그래서 ARF회의 때 중국이 아주 세게 나갔어요. 남중국해가 중국의 핵심 이익이라고 했습니다. 핵심 이익이라는 것은 중국이 도저히 양보할 수 없다는 의미에요. 다오위다오, 타이완, 티베트 문제 같은 것들을 핵심 이익이라고 하는데, 남중국해도 핵심 이익이라고 그때 처음으로 펑 터트렸어요. 그래서 2010년부터 시진핑 체제가 출범하기 전까지 굉장히 긴장 관계였습니다. 특히 필리핀, 베트남하고 아주 많이 싸웠죠. 실제로 군함끼리의 충돌도 있었어요. 그런데 지금은 다시 유화책을 쓰고 있습니다.

시진핑 주석이 인도네시아에서 귀국 한 뒤에 역내 포괄적 경제 동반자 협정(RCEF) 추진에 박차를 가하기 시작했어요. 이게 바로 동아시아 자유무역지대 구상과 같은 내용입니다. 이것을 중국과 아세안이 주도해서 추진하고 있어요. 그리고 앞에서 말씀드렸지만 500억불의 펀드를 중국이 제공해서 아시아 인프라 투자 은행을 만들겠다고 하고 있습니다. 동남아가 아직도 인프라가 완벽하지 않거든요. 그 인프라를 자기들이 은행 만들어서 같이 구축하자는 것이죠. 물론 공짜로 해주는 건 아니고, 경제적 침투의 의도가 있는 것이고. 그 다음에, 베트남하고는 아까 말씀드린 남중국해 문제로 다투고 있었는데, 유화책으로 '중국-베트남 해상개발 협상 공작팀'을 만들어서 해양 개발을 같이 하는 방안에 대해서 실무적으로 논의를 하기로 했습니다. 또 남중국해 자원 공동 개발에 관한 합의도 했습니다. 이렇게 중국이 대대적인 유화책을 쓰고 있습니다.

동남아시아 국가들은 중국하고의 경제 협력은 하겠다는 입장입니다. 그렇지만 남중국해 영토 문제나 역사 문제 같은 것들 때문에 동남아시아 사람들은 항상 중국에 대한 의구심을 가지고 있어요. 그리고 중국 눈치를 굉장히 봅니다. 중국이 어떻게 하느냐가 아세안 가입국들이 정책을 결정하는데 영향을 많이 미쳐요. 제가 말레이시아에 있을 때 천안함 사건이 났습니다. 그래서 정부에서 지시가 왔어요. 말레이시아가 북한을 비난하는 성명을 발표하게 하라. 그래서 제가 외무성에 가서 얘기를 하는데 반응이 시원치 않아요. 본국에서 지시가 강하게 오니까 몇 번을 갔죠. 제가 그러면서 비애를 느꼈습니다. 제가 가면 다음에 북한대사가 오고, 제가 먼저 누구를 만나면 또 북한대사가 만나요. 생각해 보십시오. 말레이시아 정부는 가만히 있는데, 하루에 남북한 대사가 같이 가는 경우도 있고, 남한 대사가 먼저 만나면 북한 대사가 밖에 앉아 있다가 만나고 말이죠. 서로 외교전을 하는 거죠. 국제적으로 정당성을 인정받아야 되니까요. 그런데 외무성 사람들이 거의 이야기가 없더니 마지막에 중국의 입장이 긍정적이지 않다고 하는 거예요. 당신들이 주장하는 바를 중국이 지지하지 않고 있다. 그런데 우리가 어떻게 당신들 입장을 대변하는 성명을 발표하겠냐? 이렇게 나와요. 이렇게 동남아시아 국가들이 중국 눈치를 많이 봅니다.

이웃이 있기 때문에 눈치를 더 많이 보는 것입니다. 미국은 한참 떨어져 있잖아요. 인접 국가가 강대국이라는 것이 얼마나 골치 아픈 일인지 몰라요. 2000년 이후 중국이 인도차이나 반도에 엄청나게 경제적 진출을 했습니다. '19억 경제권 만들기'라는 것이 중국에서 나온 구호에요. 자기들 13억 명 더하기 아세안 6억 명, 아세안을 자기들 경제권에 편입시키겠다는 정책이에요. 그래서 대대적인 캠페인을 벌였어요. 미국은 이라크, 아프가니스탄 문제 때문에 동남아를 거의 방임하는 상태였어요. 중국이 아무리 이렇게 해도 미국이 뭘 할 수가 없었어요. 부시 대통령 때는 그냥 방치 상태였죠. 일본도 소극적으로는 대응을 했지만 적극적으로 못 했어요.

중국은 2000년대에 동남아 진출을 위해 엄청난 노력을 했습니다. 대표적으로 원 엑세스 투 코리더스(one access two corridors)라는 정책이 있습니다. 원 엑세스는 중국 윈난성에서 싱가포르까지 도로와 철도를 연결하는 그런 플랜인데 거의 완공이 됐어요. 라오스 구간만 완성이 되면 중국 윈난성부터 도로가 연결됩니다. 메콩강이 4,000킬로미터나 되는 긴 강인데 중국의 윈난성을 거쳐서 동남아 5개국을 흐릅니다. 이 메콩강을 끼고 있는 나라들하고 철도, 도로를 남북으로 연결하는 공사를 엄청나게 했습니다. 그래서 이 지역을 거의 다 연결해 놨어요. 또 미얀마 항구에서 윈난성까지 파이프를 묻어서 개통이 됐습니다. 중국이 중동에서 오일이나 가스를 수입하잖아요? 그러면 이제 말라카 해협을 안 거쳐요. 거기는 지금 사실상 미국이 꽉 잡고 있거든요. 미국이 거기다 항공모함을 상주시키고 있잖아요. 그래서 미얀마 항구에서 윈난성까지 파이프를 묻어서 가스하고 오일을 말라카 해협을 안 거치고 중국으로 끌어와요. 그리고 중국 광시자치구에서 베트남으로 뚫은 도로도 있고, 태국으로 뚫은 도로도 있습니다.

일본은 중국의 경제적 진출에 어떻게 대응하느냐? 남북 연결망은 중국이 선점을 했으니까 베트남에서 라오스, 태국으로 연결하는 동서회랑(East-West Corridor)을 만들려고 하고 있어요. 횡적으로 인도까지 연결하려는 그런 프로젝트를 추진하고 있습니다. 경제적으로는 중국하고 일본의 싸움이에요. 미국은 그럴만한 돈이 없어요.

아세안과 미국

미국은 2000년대에 이 지역에서 중국이 영향력을 강화하는 것을 방임했는데, 오바마가 피봇 투 아시아(pivot to Asia)라고 하는 아시아 재개입 정책으로 돌아왔어요. 그래서 힐러리 클린턴이 2009년에 국무장관으로 취임하자마자 아시아 각국을 순방했습니다. 미국 국무장관이 동남아시아 국가를 서둘러 방문하는 일이 없었어요. 대게 중동에 먼저가거나 구라파에 먼저 가죠. 그런데 일본에 갔다가 인도네시아로 갔어요. 미국은 동아시아에 자기를 뺀 이 지역협력체가 생기는 걸 굉장히 싫어했어요. 오바마 정부에서는 도저히 막을 수가 없으니까 미국이 직접 동아시아 지역협력체에 발을 들여놓았습니다. 그래서 동아시아정상회의에 미국 대통령이 참석해요. 그리고 환태평양 경제 동반자 협정(Trans-Pacific Partnership, TPP)도 추진하고 있죠.

미국이 또 하나 하고 있는 것이 동남아와의 안보 협력을 통해 억지력을 가지게 해 주는 것입니다. 좋은 말로는 억지력이지만 중국은 자기를 포위하는 정책이라고 주장합니다. 중국이 재미있는 표현을 사용하고 있는데, 바다에 있는 게가 집게발 두 개를 가지고 있지 않습니까? 영어로 집게발을 크로우즈(claws)라고 합니다. 그래서 중국은 미국이 투 크로우즈(two claws) 정책을 쓴다고 그럽니다. 이것이 무슨 말인가 하면, 위에는 한국, 일본과의 동맹, 밑에는 호주와의 동맹을 통해서 미국이 중국을 꽉 잡으려고 한다는 것입니다. 동남아시아에서는 중국이 영토 문제로 필리핀, 베트남과 관계가 안 좋기 때문에 미국과 일본이 적극적으로 두 나라와의 관계를 강화하려고 열심히 노력하고 있죠. 또, 미얀마와 관계 개선을 한 것은 아주 획기적이에요.

그렇지만 2013년 10월에 미국 정부가 셧다운(shut down)되고 시리아 사태가 악화되고 하니까 오바마가 동남아시아 순방 계획을 취소해 버렸습니다. 또, 동남아시아 사람들이 느끼는 미국의 경제적인 가치도 떨어지고 있습니다. 중국은 투자, 교역 등 모든 부문에서 1위입니다. 미국도 과거에는 일본과 1위를 다퉜죠. 그런데 지금은 많이 뒤쳐졌어요. 그러니까 아세안을 비롯한 동남아 사람들은 미국이 아무리 동남아시아를 중시한다고 말을 해도 자기네들이 급하면 챙겨주지 않는다고 생각하고 항상 미국의 의지에 대해서 좀 회의적이에요.

아세안과 일본

일본도 1990년대와 2000년대에는 아주 수세적이었어요. 우선, 일본 경제의 잃어버린 20년이라는 것이 영향을 주었습니다. 일본 경제가 디플레이션 상태인데다 미국도 반대했기 때문에 일본이 적극적으로 아세안과의 관계를 강화할 수 없었습니다.

그런데 아베 신조 총리는 2012년 12월에 취임을 한 뒤, 2013년에만 동남아를 다섯 번 갑니다. 2013년 12월에는 도쿄에서 일·아세안 특별정상회의를 해요. 우리도 2014년에 한·아세안 특별정상회의를 합니다만, 일본이 동남아시아에 강하게 대쉬를 하고 있어요. 아베 총리가 미얀마에 가서도 돈을 팍팍 썼죠.

아베노믹스는 세 개의 화살(three arrows)이 있다고 이야기합니다. 첫째는 무차별 양적 완화, 중앙은행이 돈을 풀게 하는 것입니다. 둘째는 재정 정책으로, 정부 재정 지출을 확대하는 것입니다. 셋째는 신성장 전략으로, 규제 완화 등의 방법으로 민간 기업들이 투자하기 쉬운 여건 및 환경을 조성하는 것입니다. 그런데 아베 총리와 장관들이 동남아에 가서 그 지역이 세 번째 화살을 쏠 대상이라고 했습니다. 동남아시아와 그만큼 적극적으로 경제 협력을 할 것이라고 했어요.

동남아시아에는 프로덕션 네트워크라는 것이 있어요. 예를 들면 태국 자동차의 80% 이상이 일제거든요. 태국에 온갖 일본 자동차 회사들이 나가 있는데 부품은 주변 국가에서 생산한 것들이에요. 나라별로 다른 부품들을 생산해서 그것을 조립해서 자동차를 만드는 생산 시스템이 있습니다. 일본 제조업의 전초기지가 이미 동남아에 있기 때문에 일본이 앞으로 동남아시아에 투자를 더 많이 하고 경제 협력도 강화해서 아프리카, 중동으로 진출하는 기지로 삼겠다. 이렇게 이야기하고 있어요. 아베가 가서 직접 한 이야기에요. 당신들이 2020년까지 인프라를 현대화하려면 8조 달러가 필요하다. 그러니 일본이 적극적으로 협력하겠다. 이런 이야기를 하고 다녔어요.

중국과 다투고 있는 필리핀, 베트남과의 안보 협력에도 일본은 적극적입니다. 필리핀에는 해양경비정 10척을 주고 베트남에는 군사용 선박도 준다는 식입니다. 그러나 전체적으로 보면 중국의 정치·경제적 진출에 대해 미국은 안보 측면에서, 일본은 경제 측면에서 대응하고 있는 형국입니다. 일종의 역할분담을 하고 있습니다.

아세안의 정치적, 경제적 중요성

세 번째로는 아세안의 중요성에 대해 몇 가지 범주로 나누어서 말씀드리겠습니다. 먼저, 아세안은 모든 동아시아 지역협력체의 중심에 있습니다. 아세안 10개국 중심이 되고, 아세안+3은 여기에 한국, 중국, 일본이 합쳐진 것입니다. 지역적 개념으로 보면 아세안+3이 동아시아라고 봐야 되겠지요. 그런데 동아시아 나라들만 뭉치는 것을 가만 놔두질 않습니다. 그래서 동아시아정상회의(EAS)에는 뉴질랜드, 호주, 인도에다가 미국, 러시아까지 가입을 했어요. 그래서 완전히 잡탕이 되어 버렸어요. 아세안의 잠재력이 크기 때문에 모든 나라들이 달려드는 것이지요. 특히 미국은 지금 굉장히 적극적이죠. 자기들만 외톨이가 되면 아세안의 잠재력을 활용할 기회를 놓치는 것이기도 하고, 동아시아에 대한 레버리지가 없어지거든요. 다음으로, 유일한 지역안보대화체인 ARF(ASEAN Regional Forum)가 있어요. 여기에는 유럽연합도 들어와 있고, 서남아 국가들에다 북한도 들어와 있죠. 또, APEC에도 아세안이 참여하고 있습니다. 그래서 아세안이 동아시아의 모든 지역협력논의에서 중심 위치를 차지하고 있습니다. 그만큼 지정학적으로 중요해요.

아세안의 경제적인 잠재력이 얼마나 큰지도 살펴보겠습니다. 경제 규모 면에서 이미 2012년에 GDP가 2조 3,000억 달러가 됐어요. 이게 2017년에는 1조 5,000억 달러로 늘어날 것으로 예측되고 있어요. 우리나라 GDP가 아직 1조 5,000억 달러가 안 돼요. 그러니까 우리나라 GDP만큼 5년 만에 증가하는 거죠. 그래서 2017년에는 아세안의 GDP가 3조 8,000억 달러가 될 것으로 보고 있습니다. 이 정도면 독일에 조금 못 미치는 수준까지 경제 규모가 커지는 거예요. 세계 경제의 규모를 보면, 2012년 미국 GDP가 15조 달러 정도가 됩니다. 중국이 그 반이에요. 중국 경제가 얼마나 급격하게 성장하느냐면, GDP 기준으로 10년 전에는 미국의 8분의 1밖에 안됐어요. 이런 정도면 중국이 머지않아 경제 규모 면에서는 미국을 따라잡는다는 예상이 가능합니다. 아세안도 중국처럼 급격하게 성장하고 있는데 우리는 잘 모르고 있잖아요.

인구도 2012년에서 2017년 사이에 우리나라 인구만큼 증가할 것으로 예상됩니다. 약 4,700만 명이 는다는 것입니다. 인구가 가장 많은 인도네시아가 2억 5,000만 명 정도 되지요. 해변 국가들은 산아 제한을 안 해요. 제가 있던 말레이시아도 해변국인데 애들을 많이 낳습니다. 그래서 인구 구조가 굉장히 젊어요. 60% 이상이 25세 이하에요. 그러니까 경제적으로 얼마나 큰 성장 동력이 되겠습니까. 아세안 1인당 GDP도 2012년에 3,700달러 수준이었는데 2017년에는 약 5,700달러로 예상되니까 완전히 중진국 수준이 되는 것이죠. 중진국 중에서도 상당히 높은 클래스입니다. 중국이 2012년에 6,000달러 정도였고 우리나라가 올림픽을 개최했을 때 5,000달러 수준이었어요. 이것만 보셔도 아세안의 경제적인 잠재력이 얼마나 큰지 금방 아실 수 있으실 것입니다.

한·아세안 관계 현황과 대아세안 외교 강화의 필요성

네 번째로, 한·아세안 관계에 대한 통계 수치들을 말씀을 드리겠습니다. 우선, 모든 면에서 중국 다음으로 경제 관계가 긴밀한 지역이 아세안입니다. 무역액을 보자면, 한중 무역이 압도적으로 1위입니다. 총 교역액의 약 20%가 되고요. 그 다음으로 아세안이 12% 정도입니다. 많은 분들이 아직도 우리나라 무역 상대국으로 미국, 일본을 떠올리실 거예요. 그런데 이미 아세안이 2위에요. 우리가 투자하는 규모를 보자면, 이미 2012년에 대중국 투자를 넘어서 대 아세안 투자가 43억 불로 1위가 됐어요. 그리고 우리나라 국민들이 제일 많이 가는 방문 대상지도 아세안 지역이고, 우리가 건설 수주를 두 번째로 많이 하는 지역이 아세안이에요. 중동에 이어서 두 번째로 건설 수주를 많이 하고 있습니다. 우리의 최대 방위산업 수출 시장도 아세안입니다. 우리가 유일하게 잠수함, 훈련기 팔아먹은 곳이 인도네시아입니다.

이런데도 아세안이 우리와 얼마나 깊은 관계를 가지고 있는지에 대한 인식이 없었어요. 왜냐? 아세안을 통째로 보지 않기 때문입니다. 인도네시아, 말레이시아, 베트남 따로 따로 생각하지 이 걸 전체로 보는 인식이 없으시기 때문에 아직도 우리나라 분들이 아세안과 우리의 관계가 얼마나 긴밀한지를 느끼지 못하는 것이지요. 제가 말씀드린 통계 수치를 통해서 아세안의 중요성을 쉽게 아실 수 있으셨을 겁니다.

서두에도 말씀드렸는데, 아세안은 이제 우리와 정치·안보 면에서나 경제와 문화 측면에서나 명실상부한 중요 파트너가 됐습니다. 그래서 우리 외교도 늘 4강 이야기만 하지 말고 5강 외교를 생각해야 합니다. 아세안을 우리의 아주 친한 친구이자 파트너로 만들어야 합니다. 이런 새로운 생각을 가지시기를 간절히 바랍니다. 사실 박근혜 정부 들어와서도 상당히 변화가 있습니다. 박근혜 대통령께서 취임 6개월 이내에 베트남에 가셨고 2013년 10월에 인도네시아를 방문하시고 해서 아세안 국가들에 대한 우리나라 외교가 조금 업그레이드가 되고 있는 상황입니다. 여러분들께서도 아세안에 대한 새로운 인식을 가져주시기를 부탁드립니다.

1

South Korea and Asean: Strategic Partnership for Building an East Asian Community

Bong Ryull Yang and Norma Mansor

The 21st century is characterised as an era of globalisation and interdependence. In this era, the relations of South Korea and Association of Southeast Asian Nations (ASEAN) have progressed significantly. Since South Korea and ASEAN share some similarities, they sealed the relationship with the establishment of the Sectoral Dialogue Partnership[1] in 1989. Since then, the level of friendship and cooperation has seen a remarkable increase in terms of economic and cultural links.

The beginning stage of this development started with the establishment of the Sectoral Dialogue Partnership in 1989, leading to the Full Dialogue Partnership in 1991 that was elevated to a summit level in 1997. This summit led to the development of official mechanisms for cooperation in diverse sectors. These mechanisms were put into practice with the establishment of the Comprehensive Cooperation Partnership in 2004 wherein ASEAN- South Korea FTAs in commodity, service and investment were concluded. The First Commemorative ASEAN- South Korea Summit was held in Jeju Island, South Korea and the ASEAN-Korea Centre was established in Seoul as an intergovernmental organisation to promote exchanges between South Korea and 10 ASEAN member countries in 2009. After two decades, 2010 marked the maturation of the relationship with the upgrading of the Comprehensive Cooperative Partnership to the Strategic Partnership. From economic and socio-cultural areas, the cooperation has expanded into political and security areas.

In 2012, the first resident South Korean Ambassador was appointed to ASEAN. The ASEAN-South Korea Commemorative Summit, marking the 25th Anniversary of the ASEAN-South Korea Dialogue Relations that took place in Busan, South Korea on December 2014 is the most recent development

[1] The Sectoral Dialogue Partnership is the initial stage of the official relationship between ASEAN and its partner which will be gradually upgraded into the Full Dialogue Partnership, the Comprehensive Cooperative Partnership, followed by the Strategic Partnership.

symbolising the excellent status and immense potential of ASEAN-South Korea relations. The summit issued a joint statement acknowledging the deepening and broadening of the strategic partnership for peace and prosperity.

Meanwhile, within 25 years, trade volume grew to US$135 billion and the mutual investment amounted to approximately US$4 billion in 2013. Furthermore, there was a steady increase in the number of visitors traveling between ASEAN member states and South Korea, averaging more than five million people per year. In addition to the excellent status in economic fields, the cooperation expanded to political and security areas to address major global and transboundary challenges such as international terrorism, climate change and environment. Today, ASEAN is the second largest trading partner, one of the top five foreign direct investment (FDI) destinations for South Korea and the preferred destination for the largest number of South Korean visitors travelling overseas.

This chapter strives for an in-depth examination of the ASEAN-South Korea partnership in strategic, economic and socio-cultural areas and how they work together towards building an East Asian Community.

FORGING THE FAR-SIGHTED STRATEGIC PARTNERSHIP

Sharing Strategic Interests between ASEAN and South Korea

ASEAN and South Korea share inherent strategic interests to maintain peace and prosperity in East Asia. The joint statement of the 25th Commemorative Summit declared that ASEAN and South Korea agree that it is important to maintain sustainable peace and stability on the Korean Peninsula and in Northeast Asia. To this end, ASEAN and South Korea are committed to continue their efforts to achieve the early denuclearisation of the Korean Peninsula in a peaceful manner. North Korea's nuclear weapon development programme has been the most urgent security issue in the region since the early 1990s when their secret plan to develop nuclear weapons was first discovered. International efforts between the concerned parties to persuade North Korea to forgo their plans have been unsuccessful until now. For example, the Framework Agreement between the US and North Korea in 1994[2] was aborted and the Six Party talks[3] succeeded to produce the comprehensive agreement so-called '19th September Joint Statement',[4] which failed to be implemented. North Korea had conducted three nuclear tests since the first in 2006 and is estimated to possess about six

[2] The Geneva Agreement requires that North Korea freeze its nuclear reactor and related facilities in exchange for the provision of two 1,000 megawatts light water nuclear power plants.

[3] Six Party Talks have been the main vehicle to deal with the North Korean nuclear issue since the Bush administration in 2003. It consists of the US, China, Japan, Russia, North and South Korea. Its process has been stalled since 2009 when North Korea pulled out of it with UN Security Council Presidential Statement condemning North Korea's failed satellite launch.

[4] The 19th September Joint Statement agrees that North Korea should shut down its nuclear facilities in exchange for fuel aid and steps toward normalisation of relations with the US and Japan.

to 10 nuclear weapons (Baum 2015). If unchecked, North Korea will increase its stockpiles of nuclear weapons in the future. It is one of the most serious security concerns in which the international community including South Korea and ASEAN cooperate to resolve the issue with North Korea in a peaceful manner.

ASEAN and South Korea share similar geopolitical conditions. Southeast Asia is located in the crucial maritime line between the West and the East, particularly between Europe and China. Historically, this unique geopolitical feature in Southeast Asia often resulted in trials and subjugations by the major powers.

Since the early 15th century, colonial powers such as Portugal, Netherlands, England and France set up their own sphere of influence in Southeast Asia. In the Cold War era, the region was entangled in ideological and military conflicts between the US and the former Soviet Union. Only after the end of the Cold War was the region able to come together under the umbrella of ASEAN regardless of their diverse political systems to build a regional community based on the spirit of peace, cooperation and common prosperity.

Similarly, the Korean Peninsula has been a clashing point between continental and maritime powers. Conflicting interests of neighbouring powers such as the US, China, Japan and Russia occasionally caused the Korean Peninsula to be a theatre of military clashes. For example, in 1894 and 1905, Japan respectively won the war against China and Russia, which took place on the Peninsula and colonised the Peninsula. After the end of the Second World War, it was divided into two, leading to the establishment of two different governments in 1948. The democratic and free government in the south was named the Republic of Korea, while the communist government in the north was named the Democratic People's Republic of Korea. Since then, the Korean Peninsula has been divided. The Korean War broke out in 1950 and lasted for three years. It was a great calamity where more than one million Koreans were killed, among them 85 percent were civilians. Almost all infrastructure and manufacturing facilities were demolished. Furthermore, more than 10 million Koreans were separated, which still causes tragic humanitarian suffering.

After the confrontation and conflict during the Cold War, the year 2000 onward has marked an era of rapprochement and cooperation. The first Inter-Korean summit meeting was held in Pyongyang, the capital city of North Korea between President Kim Dae-Jung of South Korea and Kim Jong-il of North Korea wherein the historic agreement called the '15th June Joint Statement' was reached. The statement is a milestone turning the tide from old confrontation and conflict to new rapprochement and cooperation. The reunion of separated families took place and the Gaesung Industrial Complex was established about five kilometres north of the Demilitarized Zone. This joint industrial facility is a symbol of South-North Korean Joint economic cooperation. More than 120 South Korean firms including garment manufacturing, watch makers, among others, operate within the area. However, since 2010, South and North Korean relations have stalled.

Former president Kim Dae Jung described the peculiar geopolitical situation of the Korean Peninsula as akin to four bridegrooms competing with each other to woo a bride. To overcome this kind of strategic challenge, renowned American historian Dr Paul Kennedy said that the Korean peninsula is like a baby elephant surrounded by four big adult elephants; without good balance, it is easily hurt.

Korea should learn from Belgium's experience. Belgium was the first victim of the military conflicts between Germany, France and England. Former French military and political leader Napoleon Bonaparte attacked Belgium on his way to conquer England in the early 19th century. In the First and the Second World War, Germany attacked Belgium on their way to occupy France. Despite the destruction associated with these attacks, Belgium has become a centre for European integration wherein the EU Parliament is headquartered.

The geopolitics of ASEAN renders a similar strategic challenge as that of the Korean Peninsula because the conflicting interests of super powers such as the US, China and Japan converge on the region. The similar geopolitical features between ASEAN and South Korea naturally bring them together to make joint efforts to formulate a kind of mechanism in East Asia that promotes peaceful cooperation and conflict management. Table 1.1 shows the size and population of ASEAN and South Korea. ASEAN's population is third after China and India, increasing to 625 million in 2013 from 542 million in 2003. The region's population grew at an average rate of 1.44 percent annually compared to China's 0.52 percent and India's 1.41 percent during the 10-year period.

Since the partnership was initiated under the visionary leadership of former president of South Korea Kim Dae Jung and former Malaysian Prime Minister Dr. Mahathir Mohamad (now Tun), the process has been ongoing to build an East Asian Community (EAC) since early 2000.

Table 1.1: Size and Population of ASEAN and South Korea, 2013

Countries	Area (1,000 km2)	Population (million persons)
Brunei	6	0.4
Cambodia	181	15.2
Indonesia	1,860	251.2
Lao PDR	237	6.7
Malaysia	330	29.6
Myanmar	677	55.2
Philippines	300	105.7
Singapore	1	5.5
Thailand	513	67.4
Vietnam	331	92.5
ASEAN	4,436	629.4
South Korea	100	50.2

Source: ASEAN Secretariat

Working Closely on Various Regional Cooperation Processes in East Asia

The first outcome of the regional cooperation process is the East Asia Summit (EAS), which was held for the first time in Kuala Lumpur in 2005. It consists of 18 member countries including 10 ASEAN member countries, namely South Korea, China, Japan, the US, Russia and India. EAS is the leader-led forum for strategic dialogue and cooperation on political, security, economic and social issues of common regional concern. Because all major powers in the Asia-Pacific region are EAS members, it could play a pivotal role in maintaining peace and stability in the region if it works as originally planned. While its potential in that context has not fully materialised, ASEAN and South Korea should join hands to lead the forum towards achieving that purpose.

Another important regional mechanism in which ASEAN and South Korea closely work together is the ASEAN+3 (APT) process which consists of ASEAN members and China, South Korea and Japan. It began in 1997 when the Asian financial crisis swept the region to the brink of default. Realising the non-existence of self-sustainable regional mechanisms, helplessly bewildered Asian countries had come to the conclusion that a regional contingency formula was needed to prepare for a future financial crisis. Such was the background of the establishment of ASEAN+3. While various cooperative projects have been promoted, the most important outcome is the Chiang Mai Initiative Multilateral (CMIM). CMIM was a currency swap arrangement established among ASEAN member countries and China, South Korea and Japan in 2000. However, the initiative did not take off until the 2008 global crisis when ASEAN countries were faced with currency difficulties. Hence, in 2009, CMIM became a multilateral entity, whereby ASEAN countries contributed 20 percent while the remaining 80 percent were from three countries (16 percent by South Korea; 32 percent by China, including Hong Kong; and the rest from Japan). The CMIM came into effect on March 2010 with US$120 billion. In 2012, it doubled in size to US$240 billion.

Talks on regional-level cooperation between ASEAN and South Korea cannot be complete without addressing cooperation at the ASEAN Regional Forum (ARF). ARF is the only security forum in Asia, which ASEAN initiated in 1994 to foster constructive dialogue and consultation on political and security issues of common interest and concern, and to make significant contributions towards confidence-building and preventive diplomacy in the Asia-Pacific region.[5] Presently, 27 countries participate in the ARF process including the US, China, Russia, Japan, South Korea and North Korea.

From the Korean perspective, ARF is important in two ways. Firstly, both North and South Korea participated in the process of ARF. In this context, ARF could be instrumental in bringing both nations together to ease tension and come to terms with rapprochement and cooperation. The second is that ARF

5 This is included at the first ARF Chairman's Statement in 1994.

could be similar to the European Organisation of Security and Cooperation (OSCE) type of security and cooperation in East Asia. The OSCE has 57 members and is the world's largest security organisation concerned with early warning, conflict prevention, crisis management and post-crisis management. It originated in 1975 as the Conference on Security and Cooperation in Europe held in Helsinki, Finland. This process brought together countries of the West and the East during the Cold War and contributed substantially to its end through the promotion of political and economic cooperation and improvement of human rights in the East. ASEAN and South Korea are interested in creating a region-wide security mechanism like OSCE in East Asia to primarily prevent conflict and manage crisis in a peaceful manner.

Table 1.2: Summary of Key Events between ASEAN Member Countries

Year	Key Event
1967	ASEAN was established by the five original member countries, namely Indonesia, Malaysia, Philippines, Singapore and Thailand
1976	The First ASEAN summit was held and Bali Concord I agreement reached
1978	First ASEAN-European Economic Community ministerial meeting held in Brussels.
1992	Removal of import taxes on selected goods among ASEAN member countries.
1994	Establishment of the ASEAN Regional Forum (ARF)
1997	First meeting of ASEAN with dialogue partners from China, Japan and South Korea.
2000	The establishment of CMIM to assist ASEAN and East Asian countries to defend their currencies and economies in times of crises.
2003	The Bali Concord II was reached to set up the establishment of the ASEAN Economic Community supported by three pillars; political and security cooperation, economic cooperation and socio-cultural cooperation.
2004	The ASEAN bloc and China sign the China-ASEAN Free Trade Accord to remove tariffs by the end of the decade
2005	First meeting of the ASEAN plus Six, also called the East Asia Summit, comprising ASEAN countries plus China, Japan, South Korea, India, Australia and New Zealand
2007	ASEAN bloc members agree charter to ratify for the formation of AEC
2008	Establishment of AEC
2011	Bali Concord III agreement

Source: ASEAN Secretariat

Table 1.3: ASEAN and Other Economic Blocs, 2013

	ASEAN	EU	NAFTA	MERCOSUR	World
Nominal GDP (US$ billion)	2,406.5 (3%)	17,371.6 (23%)	19,883.2 (27%)	3,189.7 (4%)	73,982.1
Nominal GDP per capita (US $)	3,908.7	34,281.2	47,981.70	11,294.10	10,384.10
Population (million persons)	615.7 (9%)	506.7 (7%)	473.6 (7%)	282.4 (4%)	7,124.50
Surface Area (1,000 km^2)	4,326.1 (3%)	4,324.8 (3%)	20,199.4 (14%)	12,650.5 (8%)	148,940.00
Merchandise Trade (US$ billion)	2,528.2 (7%)	11,620.8 (32%)	5,613.5 (15%)	837.8 (2%)	36,890.20

Source: ASEAN Secretariat

MUTUALLY BENEFICIAL COMPLEMENTARY PARTNERSHIP

Economic Relationship

Economic cooperation is the main driver to enhance friendly and cooperative relations between ASEAN and South Korea. The economies of ASEAN and South Korea are deeply complementary whereby ASEAN is rich in natural resources while South Korea is not. On the other hand, South Korea registered significant economic growth earlier than most ASEAN member countries[6]. The different stages of economic development have led to deeper and broader economic cooperation between them after South Korea's joining the production network in this region. Since the mid-1980s, Japan rapidly expanded its overseas investment and Official Development Assistance (ODA)[7] in this region, which made a decisive contribution to the establishment of the production network[8] with ASEAN member countries. South Korea joined the Newly Industrialising Economies (NIE)[9] in the late 1980s and has been rapidly expanding trade and investment in ASEAN.

[6] In East Asia, Japan led the economic growth thrust in 1950s and NIEs followed it. NIEs comprise South Korea, Singapore, Hong Kong and Taiwan. Some ASEAN countries and China were next to NIEs in this economic growth thrust in East Asia.

[7] ODA is provided by official agencies including state or local governments to promote the economic development and welfare of developing countries and is concessional in character and conveys a grant element of at least 25 percent according to the definition of DAC and OECD.

[8] The production network consists of the vertical production chains extended across the countries in the region. The network involves a large number of countries at different income levels. Cross-country differences in factor prices and other location advantages are effectively utilised in the formation of the vertical production chain.

[9] NIEs comprise Korea, Singapore, Hong Kong and Taiwan. In Asia, Japan was the first to industrialise in the 1950s, followed by NIEs in the 1970s and some ASEAN members such as Malaysia in the 1980s.

Table 1.4 shows the economic indicators of ASEAN+3 for 2014. The ASEAN region is set to become a major global economic force, with the combined GDP of member states' economies growing by 4.6 percent in 2014 compared with 5.2 percent in 2013 and with the global growth of 3.4 percent. Between 60 percent and 70 percent of GDP in ASEAN economies grew faster than the global average (Figure 1.1). They also account for six percent of the world economy (3.2 percent in nominal terms). Most ASEAN economies are heavily dependent on trade. Removal of trade barriers and enhancement of trade facilitation are among the most important and earliest economic integration initiatives that ASEAN has been pursuing which lead to more open economies and increase in trade performance.

In 2014, the member states' annual GDP growth ranged from five to eight percent, namely, Lao PDR (by 8.5 percent), Myanmar (by 8.2 percent), the Philippines (by 7.2 percent) and Cambodia (by 7.4 percent) and recorded the highest GDP growth among the 10 ASEAN countries. GDP per capita of the member countries and South Korea varied, ranging from $37,000 to less than US$1,000 in 2014. South Korea, Singapore and Brunei posted a GDP per capita above US$20,000 while Myanmar and Cambodia's GDP per capita stood at less than US$1,000. The GDP per capita in Indonesia, Malaysia, the Philippines and Thailand ranged from US$1,500 to US$7,000.

Table 1.4: Key Economic Indicators of ASEAN and South Korea, 2014

Country	Annual GDP growth (%)	GDP per capita (US $)	GDP* (US$ billion)	Imports of goods and services[a]	Exports of goods and services[a]
Brunei	-1.75	24,554.09	10.10	4.16	5.30
Cambodia	7.36	711.16	10.72	7.43	7.28
Indonesia	5.58	1,787.50	449.14	140.67	160.18
Lao PDR	8.52	774.11	5.09	2.35	1.90
Malaysia	4.73	7,057.48	207.95	171.48	186.23
Myanmar	8.24	n/a	n/a	n/a	n/a
Philippines	7.18	1,594.82	155.61	70.57	64.89
Singapore	4.44	37,491.08	202.42	383.32	444.64
Thailand	2.89	3,415.37	230.37	182.46	189.39
Vietnam	5.42	1,028.63	92.28	84.85	80.87
South Korea	3.31	24,565.56	1,238.69	531.35	653.57

[a]Constant 2005 US$ billion
Source: World Bank Development Indicators, 2015

Figure 1.1: Real GDP Growth of Selected Countries (Annual percent)

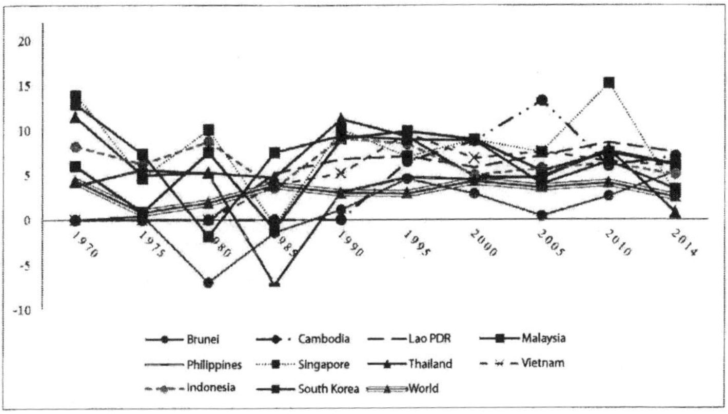

*Data from Myanmar is not available
Source: World Bank Development Indicators, 2015

ASEAN is the second largest trading partner for South Korea while South Korea is the fifth largest trading partner for ASEAN. In 2013, trade volume was approximately US$135 billion and is set to exceed US$150 billion in 2015. Its growth rate between 2009 and 2013 was remarkably rapid at 80 percent.

Table 1.5: South Korea's Major Trading Partner

Year	2009	2010	2011	2012	2013
1	China (140.9)	China (188.4)	China (220.6)	China (215.0)	China (228.9)
2	EU (78.8)	ASEAN (97.3)	ASEAN (124.9)	ASEAN (131.1)	ASEAN (135.3)
3	ASEAN (75.0)	EU (92.2)	Japan (108.0)	Japan (103.1)	EU (105.1)
4	Japan (71.1)	US (90.2)	EU (103.1)	US (101.9)	US (103.5)
5	US (66.6)	Japan (92.4)	US (100.7)	EU (99.3)	Japan (94.0)

Unit: US$ billion
Source: Trade Statistics, Korea International Trade Association (KITA)

Figure 1.2 clearly shows that trade between ASEAN and South Korea started to pick up in the middle of the 1990s. Trade in the ASEAN region is dependent on a few commodities, with the top 20 import and top 20 export commodities constituting more than half of ASEAN imports and exports. The top five import and top five export commodities represent around one-third of ASEAN imports and exports. ASEAN imports of the top 10 commodities are highly concentrated from a few major trading partners. South Korea is a very important export market for Brunei at 16 percent and a key import supplier for Vietnam at 16 percent (ASEAN Trade Report 2014). More than 75 percent of ASEAN exports to South Korea consists of intermediary textile products and woven fabrics.

Figure 1.2: South Korea's Trade with ASEAN, 1972 – 2014

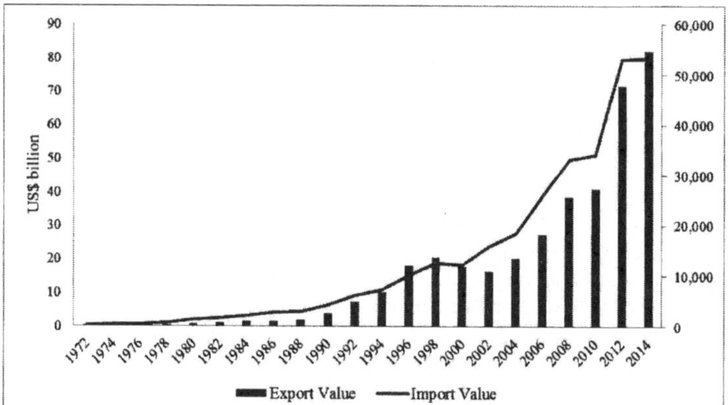

Source: Trade Statistics, KITA

Investment is another indicator for robust economic relations between ASEAN and South Korea. The first South Korean FDI in ASEAN was made by the South Korean Development Corporation to develop forests in Indonesia in 1968 (Leong 2007). Investments from South Korea to ASEAN began to increase in the late 1980s to 1990s. However, the amount was relatively minimal. In 1985, the total FDI made by South Korea to ASEAN was only US$16.1 million. The figure began to increase over the years, with US$254.1 million in 1990 reaching US$415.1 million in 1995. In 2013, South Korea's total investment in ASEAN amounted to US$3.8 billion, which was the third largest after the US and China. Its growth throughout the years can be considered fairly remarkable. Compared with that, in 2005, its growth rate was approximately 78 percent. About 15 percent of South Korea's total FDI during the 10-year period from 2003 to 2013 went to ASEAN. In 2013, South Korea was the eighth biggest investors in ASEAN after Japan, Netherlands, UK, China and the US. This growth may be due to the liberalisation policies in the host countries towards FDI as well as the comparatively lower wages in ASEAN.

Table 1.6: South Korea's FDI to ASEAN

Year / Destination	2009	2010	2011	2012	2013	Accumulated (2003-2013)
ASEAN	2,126	4,404	4,928	4,423	3,791	29,184
Total	20,420	24,468	27,591	25,119	24,053	193,469
Percentage	10.4	18.0	17.9	17.6	15.8	15.1

Unit: US$ million
Source: Export-Import Bank of South Korea

These investments drove the export performance of the ASEAN member states. Tables 1.7 and 1.8 show the export and import profile of ASEAN member states.

Table 1.7: ASEAN Top 10 Export Products*, 2013

Rank	HS Code	Products	Value	Share
1	85	Electrical, electronic equipment	259,228	20.9
2	27	Mineral fuels, oils, distillation products, etc.	225,407	18.1
3	84	Boilers, machinery etc.	138,045	11.1
4	15	Animal, vegetable fats and oils, cleavage products	43,348	3.5
5	40	Rubber and articles thereof	42,733	3.4
6	87	Vehicles other than railway, tramway	40,027	3.2
7	39	Organic chemicals	39,324	3.2
8	29	Plastics and articles thereof	36,568	2.9
9	99	Commodities not elsewhere specified	35,064	2.8
10	90	Optical, photo, technical, medical, etc. apparatus	31,886	2.6
Top 10 Major Products			891,630	71.7
Others			351,147	28.3
Total			1,242,777	100

*Data from Myanmar is not available and excluded from total
Source: PC-TAS (International Trade Centre)

Table 1.8: ASEAN Top 10 Import Products, 2012

Rank	HS Code	Products	Value	Share
1	27	Mineral fuels, oils, distillation products, etc.	269,494	22.4
2	85	Electrical, electronic equipment	235,758	19.6
3	84	Boilers, machinery etc.	159,766	13.3
4	72	Iron and steel	43,202	3.6
5	87	Vehicles other than railway, tramway	41,346	3.4
6	39	Plastics and articles thereof	39,023	3.2
7	71	Pearls, precious stones, metals, coins, etc.	28,493	2.4
8	90	Optical, photo, technical, medical, etc. apparatus	27,507	2.3
9	29	Organic chemicals	25,840	2.1
10	73	Articles of iron or steel	24,012	2.0
Top 10 Major Products			894,441	2.0
Others			310,508	25.8
Total			1,204,949	100

*Data from Myanmar is not available and excluded from total
Source: PC-TAS (International Trade Centre)

To name a few large and successful South Korean investment cases in Southeast Asia, the first is Samsung Electronics Co.'s Malaysian investment. Since it started from the late 1980s, the total accumulated amount of investment reached US$2 billion, which is one of the largest among foreign investments in Malaysia. Its manufacturing complex is located in Seremban, Negeri Sembilan. A gas development project in Myanmar initiated by Daewoo International in 2000 is another case in point that has succeeded in detecting huge gas reserves in Shwe gas fields located off the coast of Myanmar. It started to produce gas in 2013, sending it to China through a series of subsea and overland pipelines. Samsung Electronics is another huge investment in Vietnam producing approximately 60 percent of mobile hand phones of the total Samsung mobile phone production and accounts for some 25 percent of Vietnam's total exports.

In this profound trend of robust economic cooperation, two things are noteworthy. One is the conclusion of ASEAN-South Korea FTAs to expedite and facilitate economic cooperation. ASEAN- South Korea FTA in commodities was concluded in 2006, followed by FTA in Services and in investment in 2007 and 2009, respectively. At the Commemorative Summit Meeting in Busan in 2014, an agreement was made to further liberalise and improve the ASEAN-South Korea FTA by 2015 to increase the mutual trade volume up to US$200 billion by 2020. The other noteworthy point is South Korea's contribution to the formation of the

ASEAN Community. South Korea has made contributions of US$57 million as an ASEAN-South Korea Special Cooperation Fund and provided US$2.13 billion as grants or commercial loans from 1990 to 2012. ASEAN members are in diverse stages of economic development. South Korea has exerted her utmost effort to assist the economic development for some developing ASEAN member countries. Among others, the establishment of the ASEAN Innovation Centre was agreed at the 2014 Commemorative Summit Meeting to improve the innovative capability of ASEAN countries, maximise human capital development in ASEAN and improve the competitiveness of small- and medium-sized enterprises.

People-to-People Exchange

Another peculiar phenomenon illustrating the rapidly-growing relations between ASEAN and South Korea is the people-to-people exchange. Three areas are especially outstanding. The first is tourism. Visitor numbers have been increasing exponentially and doubled to 6.5 million from 2009 to 2013. Southeast Asia is the top tourist destination for South Koreans while South Korea is emerging as an attractive tourist destination for East Asia. For example, Kota Kinabalu is one of the most popular destinations for South Korean honeymooners and it is interesting to observe that more and more people living in ASEAN are visiting South Korea in winter to enjoy winter sports like skiing.

To illustrate this further, Tables 1.9 and 1.10 show tourists travelling between South Korea and ASEAN countries. In 2013, 32.4 percent of South Korean tourists visited ASEAN countries, which registered an increase of 19.7 percent since 2007 (Table 1.9). Thailand and Philippines received the highest number of South Korean visitors annually, followed by Vietnam and Malaysia. Meanwhile, the share of visitors from ASEAN to South Korea has also seen an increase from 9.7 percent in 2002 to 12.8 percent in 2013. The majority of tourists from ASEAN countries are from the Philippines, Thailand, Malaysia and Indonesia.

The second area is education and human development. South Korea has increased scholarships and promoted student and faculty exchanges and joint research in higher education with ASEAN. South Korea has also increased opportunities for ASEAN students for technical and vocational education. To this end, the international college student exchange programmes, the ASEAN-South Korea Academic Exchange program and the ASEAN Millennium Leaders College Student Exchange Program have been initiated. The ASEAN- South Korea Scholarship for South Korean Studies Programme has been ongoing since 2010.

Table 1.11 shows the number of South Koreans living in ASEAN countries and the flow of South Korean students into ASEAN institutions of higher learning. Table 1.12 depicts the total number of students from ASEAN studying in South Korea. While the percentage share of ASEAN students relative to those from other origins fluctuated over the years, the actual number of students from ASEAN countries registered a substantial increase from 158 in 1990 to 14,961 in 2013. Half of them are from Brunei.

Table 1.9: South Korea's Outbound Travel by Destination Country

Destination	2007	2008	2009	2010	2011	2012	2013
Brunei	3.8	17.5	1.6	1.7	1.7	4.3	4.3
Cambodia	329.9	266.5	197.7	289.7	342.8	411.5	435
Indonesia	337.2	331.4	260.3	296.1	320.1	303.9	324.6
Lao PDR	13.1	18.1	17.9	27.3	26.6	53.8	53.8
Malaysia	224.9	367.5	227.3	264.1	263.4	284	274.6
Myanmar	13.8	12.4	12.5	18.9	20.2	34.8	34.8
Philippines	653.3	611.6	497.9	740.6	925.2	1,031.2	1,165.8
Singapore	480.1	435.7	284.6	379.3	414.9	345.2	471.8
Thailand	1,083.7	889.2	618.2	805.4	1,014.3	1,169.1	1,308.7
Vietnam	475.4	449	360.1	495.9	535.7	700.9	748.7
ASEAN	3,615.2	3,398.9	2,478.1	3,319	3,864.9	4,338.7	4,822.1
World	13,325.0	11,996.1	9,494.1	12,488.4	12,693.7	13,737.0	14,846.5
Percentage Share (%)	27.13	28.33	26.10	26.58	30.45	31.58	32.48

Unit: 1,000 people
Source: ASEAN Tourism Database

Table 1.10: Visitor Arrivals to South Korea by Nationality

Nationality	2002	2004	2006	2008	2010	2012	2013
Brunei	0	1	1	1	1	2	2
Cambodia	1	2	4	7	7	19	21
Indonesia	57	62	63	81	95	149	189
Lao PDR	0	0	1	1	2	3	6
Malaysia	56	94	90	84	114	178	208
Myanmar	31	29	41	51	58	68	63
Philippines	211	213	248	277	297	331	401
Singapore	71	85	88	96	113	154	175
Thailand	73	103	129	161	261	387	373
Vietnam	20	34	46	76	90	107	117
ASEAN	520	623	711	835	1,038	1,398	1,555
World	5,347	5,818	6,155	6,891	8,798	11,140	12,176
Percentage Share (%)	9.73	10.71	11.55	12.12	11.80	12.55	12.77

Unit: 1,000 people
Source: Korea Tourism Statistics (KTO)

Table 1.11: Total South Koreans Overseas, 2013

Country	Green-card holder	Resident	Student
Brunei	4	115	7
Cambodia	-	4,307	57
Indonesia	814	38,401	664
Lao PDR	6	960	167
Malaysia	50	11,490	2,450
Myanmar	-	2,035	48
Philippines	785	55,974	31,316
Singapore	2,267	14,867	3,039
Thailand	114	17,098	2,735
Vietnam	-	83,668	2,330
Total	3,002	222,942	38,349

Source: Overseas South Koreans' Status (Korea Ministry of Foreign Affairs and Trade)

The third phenomenon that demonstrates the growing relations between ASEAN and South Korea is cultural exchange. *Hallyu*, the Korean wave is the most conspicuous and is part of the worldwide Korean cultural pop culture phenomenon. PSY's Gangnam Style was a big hit worldwide with over 1.6 billion YouTube views. *Hallyu* reminds me of many delightful but somewhat embarrassing moments during my diplomatic service in Kuala Lumpur as Ambassador of South Korea to Malaysia from September 2007 to August 2010. It was delightful to witness the love for South Korean films and pop songs among South-East Asian people, especially youngsters, but it was also embarrassing because most of the questions they asked me were of South Korean films or dramas and many of the actors and K-pop singers were unfamiliar to me.

This unique trend is also true in other East Asian countries and plays a positive role towards enhancing awareness and closer bonds between South Korea and ASEAN. According to the survey titled "Southeast Asian Perceptions of Korea" by the South Korea Institute of Southeast Asian Studies in 2011 (Park 2011), *Hallyu* was rated positive, exceeding the neutral point in all member countries of ASEAN. According to the paper titled "The Korean Wave in Southeast Asia: An Analysis of Cultural Proximity and the Globalisation of Korean Cultural Products" since the late 1990s (Suh, Cho and Kwon n.d.) *Hallyu* has been introduced to Vietnam, then Thailand, Malaysia and Indonesia. The order of entry of cultural genre was dramas, movies and popular music. The provision of the programmes by the South Korean government initiated *Hallyu* by breaking the cultural barrier between the two countries and paved the way for other cultural products while the cultural marketing of South Korean companies provided the momentum for growth, enabling South Korean cultural products to be firmly rooted in Vietnam.

Table 1.12: Number of Students from ASEAN Studying in South Korea

Country	1990	1995	2000	2005	2010	2013
Brunei	79	164	443	1,221	5,748	7,511
Cambodia	0	0	5	41	265	345
Indonesia	7	10	32	54	527	962
Lao PDR	0	0	0	16	85	83
Malaysia	65	115	51	241	609	714
Myanmar	2	6	65	81	229	292
Philippines	2	7	126	78	482	583
Singapore	1	2	2	5	67	279
Thailand	2	5	39	48	400	432
Vietnam	0	19	12	616	3,005	3,760
Total from ASEAN	158	328	775	2,401	11,417	14,961
World	803	1,487	5,628	26,677	106,874	81,847
Percentage Share (%)	19.7	22.1	13.8	9.0	10.7	18.3

Note: The ferm 'students' refers to elementary-middle high schoolers, language trainees, college and higher education.
Source: South Korea Immigration Service Statistics (South Korea Immigration Service)

The entry path of South Korean cultural products in Malaysia significantly differs from other Asian countries such as China, Japan and Vietnam. The entry was relatively late compared with other countries in the region and the initial response was not agreeable. Only since 2000 have South Korean TV dramas and movies become popular among Malaysians followed by South Korean popular music. The South Korean cultural products which gained popularity in China, Taiwan and Hong Kong were transferred to Kuala Lumpur through overseas Chinese trading networks. In 2002, *Hallyu* began in Malaysia with a big hit by the South Korean TV drama, Winter Sonata, followed by Jewel in the Palace and the Autumn in my Heart. Nowadays, K-pop leads *Hallyu* in Malaysia. Since TVXQ performed for the first time in Malaysia in 2006, K-pop stars such as Rain, Super Junior and Wonder Girls have become wildly popular.

A two-way flow is important in people-to-people exchange. One-sided exchange tends to result in rapid cooling off. In that sense, the South Korean government proposed at the 25th Commemorative Summit last year to establish an ASEAN Culture House to enhance understanding of ASEAN and Southeast Asian culture in South Korea. The South Korean government will be in charge of the infrastructure while ASEAN countries will provide the cultural content.

TOWARDS BUILDING AN EAST ASIAN COMMUNITY (EAC)

Regionalism has been on the rise globally since the late 1980s. The first mover was Europe. Directly after the end of the Second World War, Europeans worked towards integrating Europe because they were tired of a nation state system which caused unprecedented catastrophes in Europe with the previous two world wars. The first entity was the European Coal and Steel Community (ECSC). It was formally established in 1951 with the Treaty of Paris, signed by six European countries: France, West Germany, Italy, Belgium, the Netherlands and Luxembourg. The treaty was to create a common market for coal and steel among its member states. The ECSC was the first regional organisation based on the principles of supranationalism. The ECSC was first proposed by French foreign minister Robert Schuman in 1950 as a way to prevent further wars between France and Germany. From this market integration of two minerals, the seeds of integration of the whole economy of Europe were sown.

The region-wide economic integration entity called the European Economic Community (EEC) was created by the Treaty of Rome in 1957 and signed by the same six countries. It began as a customs union, having evolved into a single market, next into EU in 1994 and finally, a monetary union in 1999. Today, EU is not only a regional economic body, but also a politically integrated entity to fulfil a dream of the "United States of Europe" though it faces a grave challenge after the 2008 global economic crisis.

There is no such regional integration entity in East Asia, however, ASEAN exists in the sub-regional level. Its process has been slow and strenuous. ASEAN started as a security-oriented regional association and has grown into a mover and shaker to play a central role in East Asia. Since its inception in 1967, ASEAN has made every effort to establish the ASEAN Community by 2015. It has three pillars: ASEAN Political-Security Community (APSC), ASEAN Economic Community (AEC) and the ASEAN Socio-Cultural Community (ASCC). APSC envisages three key characters: a rule-based community of shared values and norms; a cohesive, peaceful, stable and resilient region with shared responsibility for comprehensive security; and a dynamic, outward-looking region in an increasingly integrated and interdependent world. The key character of AEC is as a single market and production base, a highly competitive economic region, a region of equitable economic development and one that is fully integrated into the global economy. Finally, ASCC envisages the following characteristics: human development, social welfare and protection, social justice and rights, ensuring environmental sustainability, building the ASEAN identity and narrowing the development gap. If integrated economically, politically, and socially as envisioned, ASEAN has huge potential. It has over 600 million people and its labour force is the world's third largest. It will emerge in 2050 as the world's fourth largest economy. As ASEAN Chair in 2015, Malaysia should bear the responsibility of propelling ASEAN to emerge as a community as the way forward for Southeast Asia.

While ASEAN has concentrated on its own integration, there have been strenuous efforts in East Asia for region-wide cooperation. It started with launching Asia-Pacific Economic Cooperation (APEC) in the late 1980s. When the financial crisis swept East Asia in 1997, ASEAN leaders invited leaders of China, Japan and South Korea to its annual ASEAN Summit Meeting in Kuala Lumpur on December 1997. It was the first ASEAN+3 Summit meeting. The financial crisis gave impetus to the region to formulate its own regional cooperation mechanism. At the following ASEAN+3 summit meeting in Hanoi in 1998, the South Korean president Kim Dae Jung proposed to set up the 'Vision Group' with the primary purpose to study how to strengthen regional cooperation. According to the final report submitted to the 2002 APT summit meeting, creation of the East Asia Summit (EAS) and the agreement of East Asia FTA were the most important proposals in the long-term basis. EAS was officially launched in 2005 and has proposed the formation of the Regional Comprehensive Economic Partnership (RCEP) in 2012 to promote free trade in East Asia.

Further to it, a report by the East Asia Vision Group II (EAVG II) proposed an approach based on three pillars to promote community building in East Asia. The first is a political-security pillar. To that end, the report proposes prioritising cooperation to promote good governance, strengthen the rule of law and promote and protect human rights through policy dialogue and capacity-building activities. The EAVG II further proposes to strengthen policy dialogue and capacity- building activities in the political and security area and to enhance security cooperation such as non-traditional security issues particularly on counter-terrorism, cybercrimes and maritime security. The second is the economic pillar. The EAVG II proposes to establish the East Asia Economic Community (EAEC). EAEC will be composed of four key elements: (1) single-market and production base; (2) financial stability, food and energy security; (3) equitable and sustainable development; and (4) constructive contribution to the global economy. The establishment of the Regional Comprehensive Economic Partnership (RCEP) is the key element to create a single market and production base. Negotiations on RCEP started in 2012 by ASEAN+ 3, India, Australia and New Zealand to create a kind of regional FTA in East Asia. It aims to finalise negotiations by 2015. Regarding financial stability and food and energy security, recommendations are made to explore the possibility of establishing an East Asia monetary fund and the expansion of local currency bond market. For the equitable economic development of the region, the setting-up of a possible East Asia Infrastructure Investment Fund is recommended.

The third pillar is socio-cultural. In this area, human resource development is emphasised because the global economy is rapidly transforming itself into a knowledge-based digital economy. Human development in East Asia aims for extended life expectancy and a higher standard of living. East Asia's caring and sharing society will emphasise the value of sustainable development, strengthened social protection and closer cooperation within the region in various social policies, disaster and natural resources management as well as food and health issues. East Asia will respect human rights of all genders, ages, nationalities and physical ability and expect multinational cooperation to act in socially responsible ways. The cultural heritage of East Asia should be preserved and promoted, while attempts at cultural innovations should be encouraged and pursued. East Asia should strive to become a cultural and heritage centre in the 21st century. In this regard, it is quite encouraging that the South Korean government has made an investment of around US$800 million to build the Asian Culture Complex in Gwanju City, the centre of the Southwestern Korean Peninsula. It is a cultural facility promoting the creation and production of new cultural content through the collection and research on Asian cultural assets.

The follow-up to the EAVG II report will be submitted to the 18th APT Summit which was held in Kuala Lumpur, Malaysia in late 2015. The final report will provide a detailed blueprint for building an East Asian Community by 2020 as envisaged at the Vision Group II report. There is still a long way to go to realise an East Asia Community, but as the South Korean proverb goes, a journey of a thousand miles begins with a single step. ASEAN and South Korea together with other EAC should do their utmost to realise the formation of an East Asian Community to promote peace and prosperity in the region.

REFERENCES

Baum, S. (2015). 'Deterrence, without Nuclear Winter.' *Bulletin of the Atomic Scientists*. 9th Mar. 2015. http://thebulletin.org/deterrence-without-nuclear-winter8083.

Leong, H. K. (2007) *ASEAN-Korea Relations: Security, Trade and Community Building*. Institute of Southeast Asian Studies.

Park, S. Y. (2011). Southeast Asian Perceptions of South Korea. The KISEAS Research Series No. 7, Myung in publishers.

Suh, C. S. Cho, Y. D. Kwon, S. Ho (n.d.) World Congress of Korean Studies. Retrieved from: http://congress.aks.ac.kr/orean/files/2_1358476377.pdf.

참고문헌

1. 단행본

국립외교원 외교안보연구소(2014), 『2014년 정책연구과제 1』, 국립외교원 외교안보연구소.

______________________(2015), 『2015년 정책연구과제 1』, 국립외교원 외교안보연구소.

김대중(2010), 『김대중 자서전 1,2』, 도서출판 삼인.

김세원(2004), 『EU 경제학-유럽경제통합의 이론과 현실』, 박영사.

김하중(2013), 『김하중의 중국이야기 1,2』, 비전과 리더십.

김학준(1993), 『전환기 한국 외교의 시련과 극복』, 조선일보사.

_____(2005), 『러시아사』, 대한교과서주식회사.

박번순(2010), 『하나의 동아시아: 동아시아 경제공동체, 통합과 공존의 모색』, 삼성경제연구소.

서현섭(1994), 『지금도 일본은 있다』, ㈜고려원북스.

안주섭 외(2006), 『영토한국사』, 소나무.

양기운(1999), 『동아시아 협력의 역사, 이론, 전략』, 소화.

양성철 외(2015),『김대중 외교-비전과 유산』, 연세대학교대학출판문화원.

외교부(2014), 『2014 외교백서』, 외교부.

윤영관(1996), 『전환기 국제정치경제와 한국』, 민음사.

이선진 외(2011), 『중국의 부상과 동남아의 대응』, 동북아역사재단.

________(2013), 『대사들, 아시아 전략을 말하다』, 늘품 프러스.

이용희(2013), 『일반국제정치학(상)』, 도서출판 이조.

임동원(2008), 『피스 메이커』, 중앙 books.
장대환(2011), 『원아시아 모멘텀』, 매일경제신문사.
정인교 외(2009), 『동아시아 경제통합 주요국 입장과 통합관련 이슈』, 서울경제경영.
한국무역협회(2015), 『중국의 일대일로정책 활용 전략 세미나 자료집』, 한국무역협회.
한국외교협회(2013.1-2016.4), 『외교』 제104호, 제105호, 제106호, 제107호, 제108호, 제109호, 제110호, 제111호, 제112호, 제113호, 제114호, 제115호, 제116호, 한국외교협회.
한-아세안센터(2016), 『동남아 문화 예술의 수수께끼: 다양성 vs 통일성』, 한-아세안 센터.
__________(2016), 『아세안 공동체를 말하다』, 한-아세안 센터.
Hook, Steven W.(2014), 『미국 외교정책』, 이상현 옮김, 명인문화사.

2. 학술논문

권혁재(2013), 「세계 통상질서의 재편-3대 FTA의 부상」, 『CEO Information』 제895호, 삼성경제연구원.
김기석(2007), 「일본의 동아시아 지역주의 전략」, 『국가전략』 제13권 제1호, 세종연구소.
김동열(2015), 「분점정부 하의 미국 외교정책: 오바마 정부의 대한반도 정책에 미칠 영향」, 『주요 국제문제분석』 No. 2015-8, 국립외교원 외교안보연구소.
김용복 외(2000), 「동아시아지역 국제경제기구의 형성 및 제도화-유럽통합의 경험」, 『한국과 국제정치』 제16권 2호, 극동문제연구소.
김미경(2012), 「경제통합, 주권 그리고 민주주의」, 『한국정치회보』 제

46집 제5호, 한국정치학회.

김석수(2014), 「아시아·태평양지역 경제통합과 아세안의 중심성」, 『동남아연구』 제23권 제3호, 한국외국어대학교 동남아연구소.

김형종(2014), 「동아시아공동체와 인간안보」, 『국제관계연구』 제19권 제2호, 고려대학교 일민국제관계연구원.

민경식(2007), 「중국의 대외경제정책변화와 FTA 추진: 일, ASEAN 관계를 중심으로」, 『동서연구』 제19권 제2호, 연세대학교 동서문제연구원.

박사명(2013), 「동아시아 경제통합의 동향과 전망」, 『동아연구』 65권, 서강대학교 동아연구소.

배긍찬(2015), 「최근 중국·ASEAN 관계동향: 중국의 2+7 이니셔티브를 중심으로」, 『주요 국제문제분석』 No. 2015-17, 국립외교원 외교안보연구소.

양병기(2013), 「아시아지역공동체의 창설전망」, 『동북아 논총』 69권, 한국동북아학회.

원동욱(2015), 「중국의 일대일로 전략과 유라시아 이니셔티브의 정합성 제고를 위한 고찰」, 『2015 KIEP 신흥지역연구통합학술회의 발표논문집』, 대외경제경제연구원.

유준구(2014), 「환태평양 경제공동체(TPP)의 정치·경제적 의의: 협상쟁점과 전망」, 『주요국제문제분석』 No. 2014-21, 국립외교원 외교안보연구소.

이선진(2015), 「중국 실크로드(Silk Road) 구상의 전략적 의미」, 『JPI 정책포럼』 NO. 2014-19/26, 제주평화연구원.

이승주(2009), 「일본 FTA 정책의 형성과 변화: 행위자 제도의 상호작용을 중심으로」, 『한국과 국제정치』 제25권 제3호, 경남대학교

출판부.

이옥현 외(2015), 「유럽지역통합의 장단점이 아시아에 주는 함의에 대한 일고」, 『세계지역연구논총』 제33권 제1호, 한국세계지역학회.

이지용(2015), 「집권 3년 차 시진핑의 중국 정치·경제개혁 현주소 평가」, 『주요 국제문제분석』 No. 2015-14, 국립외교원 외교안보연구소.

조성대(2013), 「RCEP 추진동향 및 전망」, 『Trade Brief』 No. 34, 한국무역협회 무역연구원.

한국무역협회 국제무역연구원(2013), 「RCEP 추진 동향 및 전망」, 『Trade Brief』 No. 34, 한국무역협회 무역연구원.

한국무역협회 국제무역연구원(2015), 「환태평양경제동반자협정(TPP) 상품분야 주요내용 및 시사점」, 『Trade Brief』 No. 54, 한국무역협회 무역연구원.

황기식 외(2013), 「환태평양경제동반자협정(TPP)의 진전에 따른 동아시아 경제협력 범주에 관한 고찰」, 『국제정치연구』 제16집 제1호, 동아시아국제정치학회.

3. 외국 문헌

Acharya, A.(2009), "Whose Ideas Matter? Agency and Power in Asian Regionalism.", *Contemporary Southeast Asia* 31(3). Ithaca: Cornell University Press.

Acheson, Dean(1969), Present at the Creation, W. W. Norton & Company, New York·London.

Artis, M. and Nixson, F.(2001), *The Economics of the European Union*, Oxford University Press.

Balassa, Bela(1961), *The Theory of Economic Integration*, IL Homewood.

Baldwin, Richard E.(1994), "Domino Theory of Regionalism.", *Graduate Institute of International Studies*, University of Geneva.

__________________(2004), "Stepping Stones or building blocs? Regional and

Multilateral integration.", G20 Workshop organized by European Central Bank and the People's Bank of China in Beijing, 22-23 Sept. 2004.

________________(2005), "Asian Regionalism: Promises and Pitfalls." *East Asian Regionalism*, Springer.

________________(2005), "Sequencing and Depth of Regional Economic Integration: Lessons for the Americas from Europe.", *World Economy* 31(1).

________________(2008), "Managing the Noodle Bowl: The Fragility of East Asian Regionalism.", *Singapore Economic Review* 53(3).

________________(2011), "Sequencing Regionalism: Theory, European Practice, and Lessons for Asia.", *ADB Working Paper Series on Regional Economic* Integration No.80.

Beeson, M.(2014), "Regionalism and Globalization in East Asia: Politics, Security, Economic Development.", *Palgrave Macmillan* N.Y.

Best, Edward(2005), "Supranational Institution and Regional Integration.", ECLAC-DFID-UK Embassy in Brazil Workshop on Experiences in Processes and Regional Integration and Impacts on Poverty, Lima, 3-4 March, 2005.

Booth, Ken and Smith, Steve(edited, 1995), *International Relations Theory Today*, Polity Press, Cambridge.

Braudel, Fernand(1982), On History, The University of Chicago Press, Chicago.

________________(1995), *A History of Civilizations*, Penguin Books, New York.

Burckhardt, Jacob(1979), Reflections on History, Liberty Fund, Indianapolis.

Bush, George W.(2010), Decision Points, Crown Publishers, New York.

Capannelli, Giovanni and Filippini, Carlo(2009), "East Asian and European Economic Integration: A Comparative Analysis.", *ADB Working Paper Series on Regional Economic Integration* No. 29.

Caporaso, James A.(1998), "Regional Integration Theory: Understanding Our Past and Anticipating Our Future.", *Journal of European Public Policy* Vol. 5 No. 1.

Carr, Edward H.(1961), What is History?, Vintage Books, New York.

Cerny, Phillip G.(1980), The Politics of Grandeur, Cambridge University Press, London.

Cheny, Richard B. and Cheny Lynne V.(1996), Kings of the Hill, A Touchstone Book, New York.

Christopher, Warren(1998), In the Stream of History, Stanford University Press, California.

Clinton, Bill(2004), My Life, Alfred A. Knopf, New York.

Den, Christopher M.T.(2010), "Free Trade Agreements in the Asia-Pacific's Decade on: Evaluating the Past, Looking to the Future.", *International Relations of the Asia-Pacific* Vol. 10.

Deutsch, Karl W.(1954), *Political Community at the International Level: Problems of Definition and Measurement*, New York: Doubleday & Co.

Drucker, Peter F.(1995), Management in a Time of Great Change, Butterworth-Heinemann Ltd., Oxford.

Elms, D.(2012), "The Trans-Pacific Partnership: A Quest for a 21st Century Trade Partnership.", Presentation at WTO Public Forum 2012, Geneva, September.

Elms, D. and Lim, C. L.(2012), "The Trans-Pacific Partnership Agreement(TPP) Negotiations: Overview and Prospects.", *Rajaratnam School of International Studies, RSIS Working Paper* No. 232, Singapore.

Fang, H.(2004), "China's Role in East Asia Regional Integration.", *China-ASEAN Project Occasional Paper* No. 6, Center of Asian Studies, University of Hong Kong.

Frieden, Jeffry A. and Lake, David A.(1995), *International Political Economy, Routledge*, London & New York.

Fukunaga, Y. and Kuno, A.(2012), "Toward a Consolidated Preferential Tariff Structure in East Asia: Going Beyond ASEAN+1 FTAs.", *Economic Research Institute for ASEAN and East Asia, ERIA Policy Brief* No. 2012-03.

Galbraith, J. Kenneth(1985), The Anatomy of Power, Corgi Books, London.

__________________(1994), The Affluent Society, Andre Deutch, London.

__________________(1997), The Great Crash 1929, A Mariner Book, New York.

Goodwin, Doris Kearns(1994), No Ordinary Times, Touchstone, New York.

Grugel, Jean(2004), "New Regionalism and Modes of Governance-Comparing US and EU Strategies in Latin America.", *European Journal of International Relations* 10(4).

Guohua, Yang and Jin, Cheng(2001), "The Process of China's Accession to the WTO.", *Journal of International Economic Law* Vol. 4(2), Oxford University Press.

Haas, Ernest B.(1968), *The Uniting of Europe: Political, Social, and Economic Forces 1950-1957*, Stanford: Stanford University Press.

Hansen, Roger D.(1969), "Regional Integration: Reflections on a Decade of Theoretical Efforts.", *International Organization* 21(2).

Heffner, Richard(edited, 1956), Democracy in America by Alexis de Tocqueville, New American Library, New York.

________________(1976), A Documentary History of the United States, The New American Library, Inc., New York.

Herz, John H.(1970), International Politics in the Atomic Age, Colombia University Press, New York.

Higgins, Hugh(1982), Vietnam, Heinemann Educational Books, London.

Hill, Hal and Menon, Jayant(2010), "ASEAN Economic Integration: Features, Fulfillments, Failures and the Future.", *ADB Working Paper Series on Regional Economic Integration* No. 69.

Hogan, Michael J.(edited, 1996), Hiroshima in History and Memory, Cambridge

University, Cambridge.

Irwin, Douglas A.(1996), *Against the Tide*, Princeton University Press, New Jersey.

Isaacson, Walter(2003), Benjamin Franklin, Simon&Schuster, New York.

Katada, Saori N.(2009), "Political Economy of East Asian Regional Integration", *ADB Working Paper Series* 112.

Katzenstein, P.K.(1996), "Regionalism in Comparative Perspectives", *Cooperation and Conflict*, Vol.31, No.2, London Sage Publication and Cooperation.

Kawai, Masahiro(2005), "East Asia Economic Regionalism: Progress and Challenges.", *Journal of Asian Economics*, Vol. 16. No. 1.

Kennan, George F.(1951), American Diplomacy 1900-1950, The University of Chicago Press, Chicago.

__________________(1993), Around the Cragged Hill, W. W. Norton & Company, New York.

__________________(1996), At a Century's Ending, Reflections 1982-1995, W. W. Norton & Company, Inc. New York.

Keohane, Robert O.(1984), *After Hegemony: Cooperation and Discord in the World Political Economy*, Princeton N J, Princeton University Press.

Keohane, Robert O. and Nye, J.S.(1989), *Power and Interdependence*, Harper Collins Publishers.

Keynes, Milo(edited, 1975), Essays on John Maynard Keynes, Cambridge University Press, Cambridge.

Kim, Dae Jung(2004), The 21st Century and the Korean People, Selected Speeches of Kim Dae Jung, 1998-2004, Hakgojae, Seoul.

Kim, Hakjoon(1978), *Unification Policies of South and North Korea- A Comparative Study*, Seoul National University Press.

____________(1993), Korea's Relations with Her Neighbors in a Changing World, Hollym Corporation, Seoul.

Kissinger, Henry A.(1966), The Troubled Partnership, Anchor Books, New York.

__________________(1994), *Diplomacy*, Simon & Schuster.

__________________(2001), *Does America need a Foreign Policy?*, Simon & Schuster, New York.

Krugman, Paul(1996), Pop Internationalism, The MIT Press, Cambridge, Massachusetts.

Kumaraseri, G.K.A.(2004), Professional Diplomacy and Foreign Affairs Management: An Ambassador's Insight, Utusan Publications and Distributors, SDN BHD, Kuala Lumpur.

Lardy, Nicholas R.(2002), *Integrating China into the Global Economy*, The Brookings Institution, Washington, D.C.

Larson, Finn(2008), *Theory and Practice of Regional Integration Presented at the European Union Center*, University of Miami, Coral Gables, Florida.

Lasch, Christopher(1995), The Revolt of the Elites and The Betrayal of Democracy,

W. W. Norton & Company, New York.

Lee, Kuan Yew(1998), The Singapore Story, Times Editions, Singapore.

Li, Chunding, and Whalley, John(2014), "China and the Trans-Pacific Partnership: A Numerical Simulation Assessment of the Effects Involved.", *The World Economy* 37(2).

Liang, Wei(2002), "China's WTO Negotiation Process and its Implications", *Journal of Contemporary China*, 11(33).

MacIntyre, A.(2003), *The Power of Institutions: Political Architecture and Governance*, Ithaca, N Y: Cornell University Press.

Macomber, William B.(1975), *The Angels' Game*, Stein and Day, New York.

Mcgrath, Jim(edited, 2001), Heartbeat, George Bush in His Own Words, Scribner, New York.

Mandelbaum, Michael(2002), The Ideas that Conquered the World, PublicAffairs, New York.

McDougall, Walter A.(1997), *Promised Land, Crusader State*, Houghton Mifflin Company, New York.

Menzies, Gavin(2003), 1421 The Year China Discovered America, William Morrow, New York.

Moravcsik, Andrew(1998), *The Choice for Europe: Social Purpose and State Power from Messina to Maastricht*, Ithaca: Cornell University Press.

Neustadt, Richard E. and May, Ernest R.(1986), Thinking in Time, The Uses of History for Decision Makers, The Free Press, N.Y.

Oberdorfer, Don(1997), *The Two Koreas: A Contemporary History*, Addison-Wesley.

Olasky, Marvin(2000), Compassionate Conservatism, The Free Press, New York.

Petri, P.A. and Plummer, M.G.(2012), "The Trans-Pacific Partnership and Asia-Pacific Integration: Policy Implications, Peterson Institute for International Economics", *Policy Brief* No. PB12-16, Washington.

Phillips, Donald T.(1992), Lincoln on Leadership, Warner Books, New York.

__________(1997), The Founding Fathers on Leadership, Warner Books, New York.

Preeg, Ernest H.(1995), *Traders in a Brave New World*, The University of Chicago Press, Chicago.

Rosamond, Ben(2000), *Theories of European Integration*, Palgrave.

Rubin, Robert E. and Weisberg, Jacob(2003), In an Uncertain World, Random House, New York.

Salidjanova, Nargiza(2015), "China's Trade Ambitions: Strategy and Objectives behind China's Pursuit of Free Trade Agreements." *U.S.-China Economic and Security Review Commission Staff Research Report*.

Sally, R.(2006), "Free Trade Agreements and the Prospects for Regional Integration in East Asia", *Asian Economic Policy Review* 1(2).

Scollay, Robert(2012), "APEC's Regional Economic Integration Agenda and the

Evolution of Economic Integration in the Asia-Pacific Region", *APEC Study Series* 2-02 by KIEP.

Soesastro, H.(2006), "Regional Integration in East Asia: Achievements and Future Prospects", *Asian Economic Policy Review* 1(2).

Storry, Richard(1968), A History of Modern Japan, Penguin Books, New York.

Trachtenberg, Marc(1991), History & Strategy, Princeton University Press, Princeton.

Trebilcock, Michael J. and Howse Robert(1995), The Regulation of International Trade, Routledge, New York.

Wain, Barry(2009), Malaysian Maverick, Mahathir Mohamad in Turbulent Times, Palgrave Macmillan, UK

Waltz, K.N.(1979), *Theories of International Politics*, New York: McGraw Hill.

__________(1990), "Realist Thought and Neorealist Theory", *Journal of International Affairs* 44(1).

Watanabe, Matsuo(2011), "Issues in Regional Integration of East Asia: Conflicting Priorities and Perception", *Asia-Pacific Review* Vol. 11. No 2.

Zhang, Yunling(2010), *China and Asian Regionalism*, World Scientific Publishing Co. Pte. Ltd. Singapore.

Zhang ,Yunling and Minghui, Shen(2011), "The Status of East Asian Free Trade Agreements", *ADBI Working Paper Series 282*, Asian Development Bank Institute, Tokyo.

Yang, Yongzheng and Huang, Yiping(1999), "How Important is APEC to China", *The Australian Economic Papers* Vol. 38 Issue 3.